Leonard Heffels
Volkes König

Das Buch: Wie alle Bibeltexte ist auch das Lukas-Evangelium nicht als historischer Bericht zu verstehen. Man verfehlt seinen Sinn, wenn man es so liest, als würde es über etwas berichten, das in ferner Vergangenheit geschah. Nährender und heilsamer sind seine Erzählungen, wenn wir sie als Sinnbilder auf unsere Seele einwirken lassen. Ihre Bedeutung liegt nicht in der geschichtlichen Zeit, sondern in einer Realität, die mit der historischen Zeit mitschwingt.

Epen sind wogende, rhythmisch gefasste Heldengesänge. Dieser Satz ist ein Vers, genauer gesagt ein epischer, antiker Hexameter. Sobald man eine Erzählung in solche Verse gliedert, wandelt sich nicht nur die Form, sondern auch die Schwingung des Gesagten. Das kann jeder feststellen, der zum Beispiel die Verse auf der Rückseite dieses Buches laut liest. Spürbar wird eine harmonisierende Wirkung auf unseren Organismus.

Auch bei allem, was wir tun, sagen, fühlen oder denken schwingen unablässig Rhythmen mit, die Körperrhythmen der Atmung und des Pulses. Sie sind wie Abbilder der Ewigkeit in unserem zeitlichen Dasein. So hebt auch der rhythmisch gefasste Heldengesang das Erzählte aus der geschichtlichen Zeit heraus und lässt es zu etwas werden, das im Jetzt mitschwingt. Der Held wird zu einer Realität, die uns unmittelbar angeht.

Der Autor: Leonard Heffels studierte Kunst in Maastricht und Pädagogik in Amsterdam. In seinem literarischen Werk setzt er sich immer wieder mit biblischen Themen auseinander. Dabei bewegt er sich im Grenzbereich zwischen Lyrik und Prosa, so zum Beispiel in „Wer mit Gott geht". Auch seine Novellen „Hiobs Freunde" und „Marthas Geschick" sind geprägt von einem lyrischen Sprachstil, der eine große atmosphärische Dichte schafft. Gleichzeitig werfen sie ein neues Licht auf ihre Protagonisten, die einfühlsam und tiefsinnig dargestellt werden. Bei TWENTYSIX erschien von ihm ferner der historische Roman „Daniels Vermächtnis" und der unkonventionelle Glaubensroman „Sieben". Unter dem Pseudonym Nerodal Feh Fesl veröffentlichte er den zweiteiligen Roman „Die Vorbotin".

https://www.leonard-heffels.org

LEONARD HEFFELS

Volkes König

Ein Epos von jenseits geschichtlicher Zeit

TWENTYSIX – Der Self-Publishing-Verlag

Eine Kooperation zwischen der Verlagsgruppe Random House und Books on Demand

© 2020 Heffels, Leonard

Herstellung und Verlag: BoD – Books on Demand, Norderstedt

Grafik: wessam Noufal/ Shutterstock.com

ISBN: 9783740768195

DER BOTE

Israels Enkel, die stolzen, ruhmreichen Nachfahren Davids
leiden und klagen erneut unter fremder Gewalt und Bedrängnis,
so wie in früherer Zeit, als der Herr die Seinen erprobte.
Diesmal jedoch hat sie niemand verschleppt, kein Herrscher Chaldäas.
Babylons Reich ist zerfallen, Staub sind die einstigen Herren.
Auch die Ägypter halten die ihren nicht länger gefangen.

Vielmehr steht nun eine knechtende Macht im eigenen Lande.
Römische Heeresverbände schlugen die Städte Judäas,
zwangen die Juden dem Kaiser in Rom Tribut zu entrichten.
Äußerlich herrscht in Judäa weiter ein Nachkomme Jakobs.
König Herodes jedoch ist bloß ein Vasall der Besatzer.
Zwar ist er Jude, doch hilft er den Römern, Juden zu knechten.

Mächtige Häuser für sich und den Hof erbaute der Herrscher.
Hinter gewaltigen Mauern sitzt und berät er sich seitdem,
stets von beflissenen, unterwürfigen Knechten umgeben.
Kosten noch Mühen wurden gescheut, den geschwächten Monarchen
mächtig und stark wie ehedem David erscheinen zu lassen.
Herrliche Werke kundiger Hände schmücken die Hallen.

Fernab vom Prunk der Paläste, fern der geheuchelten Treue
lebt unterdessen der fromme Diener des Herrn, Zacharias,
lebt als ein Priester der Ordnung Abijas, hütet den Tempel.
Lautere Seelen sind er und sein Weib im Lichte des Himmels.
Zeit seines Lebens jedoch blieb das Ehepaar ohne Kinder.
Diese Enttäuschung tragen die Liebenden stillschweigend trauernd.
Hochbetagt sind nun beide, Nachwuchs erwarten sie nicht mehr.

Dann eines Tages trifft Zacharias das Los, das den Priester
aufträgt im Innern des Tempels ein Räucheropfer zu bringen,
darzubringen dem Herrn zum erhofften Wohle des Volkes.

Doch als er heute im stillen Heiligtum andächtig betet,
gleich wie die große Menge der Gläubigen draußen im Vorhof,
da leuchtet plötzlich ein Licht auf, der unfassbar klare
Glanz eines himmlischen Boten, der rechts vom Räucheraltar steht.

Furcht übermannt Zacharias, schwer pocht sein Herz vor Erregung.
Das also ist sie, die Stunde des Todes, jäh kommt der Abschied.
Niemand erblickt einen Boten des Herrn und lebt einfach weiter.
Aber der Engel beruhigt den blass gewordenen Priester,
lässt eine Stimme erklingen, die ganz erfüllt ist vom Frieden.
Zärtlich ist sie wie der Hauch einer kühlen Brise im Sommer,
kraftvoll zugleich wie ein schmetterndes Horn, das Aufbruch verkündet.

„Fürchte dich nicht!", sagt der Bote, während dem Priester das stetig
schillernde Licht im innersten Selbst als Führung bewusst wird.
„Höre und freue dich, Mensch, denn erhört wurden deine Gebete.
Wisse, die Sehnsucht, die dich und dein Weib ein Leben lang quälte,
blieb eurem Vater im Himmel nicht einen Tag lang verborgen.
Dir wird endlich dein Weib einen männlichen Nachkommen schenken."

„Gib diesem Sohn am Tag der Beschneidung den Namen Johannes!
Siehe, vom ersten Tag an wird er euch Glückseligkeit bringen.
Auch viele andere freuen sich, ihn geboren zu wissen.
Groß wird er sein unter Seinesgleichen, ein Künder des Einen."
Kurz hält er inne, der Engel, schaut in die Seele des Priesters.
Dann fährt er fort und erzählt über das, was nunmehr bevorsteht.

„Vor der Geburt schon wird er vom heiligen Geiste erfüllt sein.
Diese Erfüllung wird auch seine Mutter innig berühren.
Er wird sich früh schon, während der Schwangerschaft, ihr offenbaren.
Achtet darauf, wie ihr ihn ernährt und erlaubt ihm die Auswahl.
Schenkt ihm die Ruhe und Zeit, sich auf Gottes Reich zu besinnen
Zeitlebens trinken soll er weder Wein noch starke Getränke."

„Zahlreiche Israeliten wird euer Sohn unterweisen,

aufzeigen allen Verirrten Wege zum himmlischen Herrscher,
aufzuwecken die schlafenden Seelen zur Wende der Zeiten.
Ihm wird gegeben sein, was auch Elia zu wirken erlaubte:
Jene die Menschheit erschütternde Macht durchgeistigter Worte,
zeitlose Schau und die Strahlkraft aller vom Himmel Erwählten."

„Damit vermag er, umzuwenden die Herzen der Väter
hin zu den Kindern, in denen die reine Unschuld des Herrn ist,
umzuwenden auch die, die nicht hören, zur rechten Gesinnung,
anzumahnen, ein gottgefälliges Leben zu führen.
Dergestalt lehrt und richtet er zu für die kommende Gnade
Israels Volk, mit dem euer Schöpfer sein Bündnis geschlossen."

Doch als der Priester vernimmt die freudvolle Kunde des Engels,
zögert er, sind an die Stelle der Furcht doch Zweifel getreten,
Zweifel mit Blick auf die Welt der Erfahrung, Wachstumsgesetze.
„Wie soll das gehen?", fragt Zacharias, die Stirne in Falten.
„Ich bin schon alt und alt ist mein Weib, die noch niemals geboren.
Sah man denn je eine Hochbetagte gesegneten Leibes?"

Da lässt der Bote des Herrn erneut seine Stimme erklingen.
„Ich, Zacharias, bin Gabriel, einer der sieben Regenten,
einer der Söhne des Feuers, ich bin beauftragt vom Höchsten,
Abrahams Enkel zu führen und Volkes Seele zu bilden.
Auf ihrem gänzlich eigenen Weg durch die Zeit steht den Juden
Großes bevor und ich bin gekommen, dir davon zu künden."

„Nimm meine Worte hinein in dein Wesen, wäge sie sorgsam!
Lass sie im Innern erklingen, spüre den Nachhall im Leibe!
Noch ist für dich die Zeit nicht gekommen, davon zu sprechen.
Deshalb sollst du nun bis zur Geburt deines Sohnes verstummen,
schweigend die innere Welt deiner Seele Weisheit erkunden.
Möge sich dir in der Stille des Geistes Sinn offenbaren."

Draußen im Vorhof wartet indessen das Volk auf den Priester.

wundert und fragt sich schon, wann Zacharias endlich herauskommt.
Dann, als er vor sie getreten, sehen die Leute auf Anhieb:
Ihm ist dort drinnen irgendein Geist oder Dämon erschienen.
Stumm steht er da, eine zitternde Hand zum Gruße erhoben.
Kaum in der Lage, den ihm obliegenen Dienst zu versehen,
geht er bewegt und tief in Gedanken versunken nach Hause.

Und im Verlauf der Zeit wird Elisabeth tatsächlich schwanger.
Groß ist die Rührung der Alten, groß ihre Freude im Herzen.
Staunend und dankbar preist sie den gütigen Vater im Himmel,
lobpreist den Herrn für das Wunder der ihr erwiesenen Gnade.
Fünf Monde lang bleibt Elisabeth ganz im Schutze des Heimes,
hält sich verborgen, freut sich der wachsenden Frucht ihres Leibes.

DIE MAGD

Als dann der sechste Monat gekommen, tritt in Erscheinung
wieder der Bote, diesmal im nördlichen Land Galiläa.
Dort in der Stadt, die man Nazareth nennt, besucht er Maria.
Ähnlich Elisabeth wandelt Maria im Lichte der Demut.
Rein ist ihr Herz, geläutert ihr Denken, ihr Glaube lebendig.
Ihr offenbarte der Himmel bereits so manches Geheimnis,
Wissen vom Wirken des Geistes im Schicksal suchender Seelen.

Sie ist befreundet mit Josef, der ihr vom Wesen verwandt ist.
Er ist ein angesehener Zimmermann, Nachfahre Davids.
Beide sind fromm und bescheiden, suchen die Wahrheit im Innern,
sehen sich weise geführt und beschützt vom Geist ihres Schöpfers.
Wie es der Seelen Absicht entsprach und der Himmel es wollte,
fanden die beiden einander, zu teilen Weg und Berufung.

Gabriel tritt zu der Magd Maria hinein und begrüßt sie:
„Heil dir Begnadete, all das, was ist, und der Eine sind mit dir."
Bei diesen Worten erschrickt allerdings die achtsame Jungfrau.

Nie hörte sie aus dem Mund eines Menschen solch eine Rede.
Also versteht sie, dass ihr geistig Wesenhaftes begegnet.
Doch der behutsame Bote des Herrn beruhigt Maria.

„Fürchte dich nicht, meine Liebe, du hast schon immer beim Vater
Gnade gefunden und wirst nun seine Geneigtheit erfahren.
Bald trägst du unter dem Herzen ein Kind, den einen geliebten
Sohn deines himmlischen Herrn und allein die Frucht seines Geistes.
Sorge dafür, dass das Söhnchen am achten Tag seines Lebens
Jesus genannt wird, denn so sollen fortan alle ihn rufen."

„Groß wird er sein auf der Erde, so wie er groß ist im Himmel.
Alles, was lebt, wird sich dankbar und freudig vor ihm verneigen.
Ihm ward gegeben Weisheit und Thron seines Vorfahren David.
König ist er in der Tat, ein König und Führer der Seelen.
Groß ist sein Volk, umfasst es doch alle Nachfahren Noahs.
Ewig wird währen sein leuchtendes Reich zum Wohle des Menschen."

Weit geöffneten Auges vernimmt Maria die Kunde.
„Wie soll das gehen?", erwidert sie, „unverheiratet bin ich.
Noch hat mich kein Mann erkannt, woher soll die Leibesfrucht kommen?"
Diese Entgegnung der Magd hat Gottes Gesandter erwartet.
„Schwanger, Maria", erklärt er deshalb, „wirst du nicht vom Manne,
sondern vom Heiligen Geist, denn dieser wird über dich kommen.
Heilig ist also das Kind, und heilig ist gleichfalls sein Name."

„Deswegen werden ihn viele als Sohn des Höchsten bezeichnen.
Auch Elisabeth, deine Verwandte, ist schwanger geworden.
Unfruchtbar nannte man sie, zu alt schon, ein Kind zu gebären.
Nun ist sie schwanger im sechsten Monat und bald eine Mutter.
Alles ist möglich für den, dessen Wort die Welten hervorbringt.
Siehe, dem Allgeist sind niemals und nirgends Wege verschlossen."

So spricht der Engel, ein Wesen, vom Geiste gänzlich durchdrungen.
Da ist die Jungfrau im Glauben gestärkt, bewegt im Gemüte.

„Mir soll geschehen", entgegnet sie leise, „wie Ihr gesagt habt.
„Ich bin bereit, den vorgesehenen Weg zu Ende zu gehen."
Dann ist er fort, der Gesandte des Herrn und mit ihm sein Leuchten.
Aber im Herzen bewahrt die Erwählte Licht und Verkündung.

DIE MÜTTER

Weiterhin tief von der Botschaft ergriffen, macht sich Maria
früh schon am Morgen des folgenden Tages auf in die Berge.
Oben im Königreich Juda will sie Elisabeth sehen,
sie, die ihr nicht nur durchs Blut, sondern auch im Geiste verwandt ist.
Angekommen im Hause des Priesters, begrüßt sie die alte,
schwangere Freundin und findet sie glücklich strahlend und blühend.

Doch als Elisabeths Kind, der werdende Künder, gewahr wird,
wer, noch geborgen im Leib, das Haus seiner Eltern betreten,
hüpft es im Bauch seiner Mutter, regt sich zum Gruße des Einen.
Plötzlich erregt von der Hörweite Jesu, scheint es zu rufen.
Kindes große Begeisterung greift auf Elisabeth über,
wogenden Wellen gleich, lässt ihre Stimme freudvoll erschallen:

„Welch eine Gnade, dass du mich besuchst, du himmlische Herrin!
Welch eine Freude, die Mutter göttlichen Heils zu begrüßen!
Welch eine Ehre, den keimenden König bei uns zu empfangen.
Selig, Maria, bist du, da du Gottes Boten geglaubt hast!
Denn was der Engel dir angekündigt, vollendet wird's werden.
Ewigen Segen gewiss bringt die Frucht deines Leibes dem Volke."

Nun ist Maria gleichfalls ergriffen und antwortet rege:
„Unentwegt lobpreist mein Herz die Gnade und Güte des Himmels.
Ich ward vom Himmel erkoren, den neuen König zu tragen.
Wie durch ein Wunder tatsächlich machte der Herr mich zur Mutter.
Freudig und dankbar empfing ich Samen und Segen des Geistes.
Seit dieser Stunde erfüllt, beglückt mich ein himmlischer Friede."

„Noch kann ich gar nicht ermessen, was mir das Schicksal bereithält.
Aber ich sehe mich über Israels Frauen erhoben,
ich, eine einfache Magd und Tochter aus einfachem Hause.
Eingegeben ward mir die schaffende Lichtkraft des Geistes.
Unmittelbar drang die Schöpferkraft Gottes mir in den Körper.
Seit jenem Tage bin ich durchdrungen vom Licht dieses Kindes.“

„Nun ist mein ganzes Gemüt auf einmal vollkommen verändert.
Groß sind die Kräfte des Alls, die dergestalt Neues erschaffen.
Mir ward gezeigt, offenbart in den dunklen Tiefen des Leibes
All das, was ist, als die unerschöpfliche Quelle des Lebens.
Mir ward gegeben als Jungfrau, unter dem Herzen zu tragen
Israels Hoffnung, des Volkes Lehrer, Erlöser und König.“

„Dies ist der Geist, der in all seinen reichen Schöpfungen da ist.
Dies ist der Geist, der einhaucht den Seelen das Licht ihres Lebens.
Dies ist der Geist, der die Hungrigen nährt und gibt ohne Ende.
Zärtlich ist er, eine helfende Macht, die keine Gewalt kennt.
Wahr ist sein Wort, darin aufgehoben sind sämtliche Wesen.
Wahr ist der Liebe Licht, das uns einleuchtet, ohne zu blenden.“

Drei Monde lang bleibt Maria dort, im Haus Zacharias,
Tage, in denen sich also die ungeborenen Söhne
ebenfalls nahe sein können, ständig im geistigen Austausch.
Dann nimmt sie Abschied, die Magd, von der liebgewonnenen Freundin,
wendet sich wohlgemut, rasch und heiteren Sinnes nach Norden,
wiederzukehren nach Nazareth, heim ins Land ihrer Väter.

Nun ist die Zeit für Elisabeth da, ihr Kind zu gebären.
Wie ihr vorausgesagt wurde, bringt sie zur Welt einen Jungen.
Frauen der Nachbarschaft helfen fassungslos bei der Entbindung.
Nie sahen sie eine werdende Mutter, die schon betagt ist,
älter gewiss als sie selbst, deren Kinder schon groß sind.
Alle preisen den Herrn, der sich seiner Getreuen erbarmt hat.

Als dann des Sohnes achter Tag da ist, der Tag der Beschneidung,
wollen Verwandte den Knaben heißen gleich seinem Vater.
Aber Elisabeth möchte das nicht und wehrt sich dagegen.
„Ihm sollt ihr geben", so fordert sie ein, „den Namen Johannes."
Das überrascht die Verwandten sehr und sie halten dagegen.
„Keiner unserer Ahnen, Elisabeth, trägt diesen Namen."

Nachdrücklich schüttelt, weiterhin wortlos, sein Haupt Zacharias,
schaut voller Ernst in die großen fragenden Augen der Seinen.
Gestenreich bittet der Priester, ihm eine Tafel zu bringen.
Er heißt Johannes, ritzt dann der Schriftgelehrte entschieden
ein in das glatte Gestein und reicht es dem wartenden Rabbi.
Dieser nimmt's schweigend entgegen, liest aber laut vor die Botschaft.

Kaum ist er ausgesprochen, des erstgeborenen Namen,
findet der Vater zur Sprache zurück und redet erleichtert,
redet zum ersten Mal wieder, seit der Verkündung im Tempel.
Dankbar erkennt Zacharias: Wahr ist, was damals verheißen.
Dies ist wahrhaftig ein Kind, durchdrungen vom Heiligen Geiste.
Aufgetragen ist uns, diesem künftigen Künder zu helfen.

Alle, die Zeugen des wiedergefundenen Wortes geworden,
alle, die da sind, das Kind zu begrüßen, schweigen betroffen.
Jeder erkennt, dass der Herr in diesem Haus Großes getan hat.
Ehrfürchtig ruhen sämtliche Augen auf ihm, dem geduldig
wartenden Knäblein dort in den Armen der seligen Mutter.
Ohne zu weinen lässt es geschehen, das Schneiden der Klinge.

Schon in den folgenden Tagen spricht man in ganz Galiläa
Über die Wundergeburt jenes einzigartigen Sohnes.
Zahlreiche Herzen berührt diese vielversprechende Kunde.
Groß ist, so zeigt sich, die lange verhehlte Sehnsucht des Volkes.
Was wird, so fragen sich viele, aus diesem Kinde wohl werden?
Was wird der Junge dereinst für unser Gemeinwohl bedeuten?

DER PRIESTER

Seit Zacharias erneut zu sprechen vermag, ist der Priester
gänzlich erfüllt vom Heiligen Geist und redet prophetisch,
weissagt den Seinen das Kommen des Königs, Volkes Erlösung.
„Groß ist der Herr", verkündet er feierlich, „unser Beschützer.
Groß ist sein Wirken und unermesslich weise sein Weben.
Freut euch, ihr Nachkommen Jakobs, heißt die Erfüllung willkommen!"

„Seht dieses Kind, meinen Sohn, geboren, als Künder zu wirken,
anzukündigen zeit seines Lebens den großen Erlöser!
Er wird vorangehen, wortgewaltig und ohne zu zögern,
vorzubereiten das Kommen des Einen, Erben des Höchsten.
Preisen will ich meinen Herrn, denn er kam ins Haus seines Dieners,
kam um sein Volk zu erlösen, und Übel von ihm zu nehmen."

„Aufgerichtet hat er nun ein Horn, unser Heil zu verkünden.
Laut wird es schallen und wachrufen Volkes Hoffnung und Sehnsucht.
Seht, unser Herr hat sein altes Bündnis mit uns nicht vergessen!
Führen wird er aus Not und Gewalt die zu Unrecht Bedrängten,
lenken die Schritte der Sucher, aufzeigen Wege des Friedens.
Nah ist das Licht, es dämmert herauf ein ganz neuer Morgen.
Dankbar bin ich, dass der Himmel mir diese Gnade erwiesen,
unverhofft mich zum Vater des neuen Propheten erkoren."

Heil ist der Körper des Jungen, sein Geist von besonderer Klarheit.
Ausgeglichen ist er, genügsam und immerzu fröhlich.
Rasch wächst das Söhnchen heran, zur innigen Freude der Eltern.
Wie Zacharias vernimmt, wird Johannes bald seine Tage
tief in der Wüste, fernab der Dörfer und Städte, verbringen.
Dies, so erklärt ihm der Engel, sei des Propheten Berufung.
Er braucht der Ödnis Stille, sich innerlich vorzubereiten,
schweigend sich einzustimmen auf das, wozu er gekommen.

DIE GEBURT

Kaiser Augustus, der Herrscher der Welt, verfügt, dass man zähle,
sorgfältig zähle in all den vielen Provinzen des Reiches
jeden, der ihm zu gehorchen hat, Römer gleich wie Barbaren.
So macht er Menschen zu Münzen, zum Maßstab weltlichen Reichtums.
Rasch wird die Order des Kaisers im ganzen Reiche verbreitet.
Auch der Statthalter Syriens befiehlt nun jeden im Lande
unverweilt heimzukehren zu *dem* Ort, in dem sie geboren.
Dort will man alle in namenlosen Listen erfassen.

Da macht sich Josef aus Nazareth gleichfalls auf in die Heimat,
zieht hinauf in die Berge Judäas, ins Land seiner Väter.
Römischer Weisung gemäß muss er sich in Bethlehem melden.
Sie ist des Davids und David hinwieder Ahne des Josef.
Nazareths Zimmermann aber geht diesen Weg nicht alleine.
Beigesellt hat sich ihm die hoch schwangere Jungfrau Maria,
schwanger geworden allein durch das Wort des Heiligen Geistes.

Josef beschützt die Vertraute und steht ihr liebend zur Seite.
Er hat beschlossen, aufzuziehen das Kind als das Seine.
Wie sich Maria gewandelt, wie sie vom Geiste erfüllt ward,
das hat er selbst aus nächster Nähe beobachten können.
Vor der Empfängnis bereits, sobald sie die Kunde erfahren,
war ihre Ausstrahlung reiner, stärker und heller gewesen.
Nun fühlt er deutlich, auch er muss es tragen, tragen als Auftrag,
dieses besondere, gottgegebene Kind der Erwählten.

Kaum sind in Bethlehem angekommen die beiden Gefährten,
drängt zur Geburt das erwartete Kind, die Zeit ist gekommen.
Aber sie finden nirgendwo Platz in den Häusern der Siedlung.
Überall lagern Besucher und niemand heißt sie willkommen.
Deswegen suchen sie schließlich Zuflucht in einem der Ställe.
Dort, inmitten von Rindern und Eseln, bettet nun Josef
sorgsam auf Stroh die inzwischen sichtlich erschöpfte Maria.

Hier kommt sie nieder die Magd, gebärt den verheißenen Jungen.
Strahlend ist er, ein friedliches Leuchten im Dunkel des Stalles.
Ohne zu weinen betrachtet er lächelnd diesen Geburtsort,
grüßt mit den Augen seine vom Anblick verzauberten Eltern.
Als sich der Junge erholt hat, hüllt ihn sein Vater in Tüchern,
hebt ihn empor und legt ihn ins warmweiche Stroh einer Krippe.

Unweit vom Stall, auf dem nächtlichen Felde nahe den Hürden,
hüten in Stille derweil ihre Herden mehrere Hirten.
Da erscheint ihnen plötzlich ein Licht, ein Leuchten am Himmel.
Aufgeschreckt weichen die Männer zurück und wenden den Blick ab.
Unruhig pochen die Herzen und allen stockt gar der Atem.
Keiner von ihnen versteht, was geschieht, doch tief im Gemüte
Weiß jeder wohl, wie außergewöhnlich sie ist, die Begegnung.
Selten gewiss treffen Menschen auf überirdische Wesen.
Selten steht ihnen ein Engel unmittelbar gegenüber.
Tausende Leben durchleben die Meisten, ohne doch jemals
Anteil zu haben an solch einem großen Schicksalsereignis.

Sanft und kraftvoll zugleich spricht der Bote des Herrn zu den Hirten.
„Fürchtet euch nicht, denn gekommen bin ich aus freudigem Anlass.
Söhne der Erde! Dies ist fürwahr eine Stunde der Freude.
Eure Propheten und auch die Propheten anderer Völker
sahen voraus und sehnten herbei diese Nacht der Erfüllung.
Wisset, von diesem Tag an wird alles auf Erden sich wandeln!
Jetzt hat die große Wende der Welt ihren Anfang genommen.
Aufgegangen ist eben das Licht einer geistigen Sonne."

„Nahe bei euch ist nunmehr der Herr, ein Mensch unter Menschen,
Fleisch geworden als heilender Helfer und wegweisender Lehrer,
einer, wie ihn diese Erde nie sah, ein König des Himmels.
Drüben in Bethlehem ward dieses Kind gerade geboren.
Geht und begrüßt diesen Sohn eures Herrn, erweist ihm die Ehre.
Seht in den Viehställen nach, ihr findet das Kind eurer Hoffnung
eingewickelt in Tüchern, gebettet im Stroh einer Krippe."

Aufgewühlt von der Kunde, treiben die Hirten die Herde
ohne zu zögern hinab zur nahe gelegenen Siedlung.
Stillschweigend einig geworden, tun sie, wie ihnen geheißen,
ziehen nach Bethlehem, wollen das Neugeborene sehen.
Sicher von ihrem eigenen inneren Wissen geleitet,
finden die Männer sofort jenes schlichte Obdach des Heilands,
finden es nahe der Stadt, genau wie es ihnen gesagt ward.

Plötzlich befangen, berührt vom Segen der heiligen Stunde,
treten sie ein und begrüßen die darob staunenden Eltern,
schauen sich um und gewahren die Krippe, so wie beschrieben.
Als sie das darin gebettete Kind mit Ehrfurcht betrachten,
schaut es sie aufmerksam an und sein warmes, friedvolles Lächeln
rührt ihre Herzen und lässt der Männer Gesichter erstrahlen.

Sichtlich vom Anblick bewegt, berichten die Hirten dem Josef
was ihnen vorhin, draußen am nächtlichen Himmel erschienen,
was ihnen kundtat der plötzlich heraufgeleuchtete Engel.
Josef bemerkt, dass die Männer die Botschaft selbst kaum erfassen.
Alles Geschehen wundert sie sehr und erschüttert ihr Wesen.
Doch sie erkennen ihn nicht, den tieferen Sinn des Gesagten.
Vorerst entgeht ihnen jener Verkündung wahre Bedeutung.

Anders Maria, die junge Mutter, die alles Gehörte
tief in der Seele verwahrt, es prüft in der Stille des Herzens.
Noch als die Hirten längst wieder auf ihren Weiden zurück sind,
denkt die Begnadete nach über Gottes Wege und Ziele.

IM TEMPEL

Acht Tage nach der Geburt, am Tag also seiner Beschneidung
nennt man den Neugeborenen Jesus, genau wie es Gabriel,
Erzengel Gottes, auftrug Maria am Tag der Verkündung.
Dann, als die Mutter dem Ritus gemäß geläutert und rein ist,

bringen die Eltern das Kind hinauf in Jerusalems Tempel.
Darstellen wollen sie es seinem Herrn, dem Schöpfer der Welten,
darbringen auch das gesetzlich vorgeschriebene Opfer,
lösen den erstgeborenen Sohn, ihrem Erben zum Wohle.

Als sie den Tempel betreten, Jesus im Arm seiner Mutter,
hören sie plötzlich Worte des Lobes, der Freude,
ausgerufen von einem, den viele als Simeon kennen.
Hochbetagt ist der Mann, aber regsam und lauteren Herzens.
Simeon gilt als Gerechter, würdigt das Licht eines jeden.
Weise ist er, ein Liebender, treu seinem Herrn und bescheiden.
Ihm hat der Heilige Geist prophezeit, er würde nicht sterben,
ehe er Christus den Einen, den Sohn des Höchsten erblickt hat.
Nun hebt er lobpreisend hoch die Hände und Tränen der Rührung
fließen ihm über die Wangen, während Maria vorbeigeht.

Staunend betrachten die Eltern den Mann, der nun auf sie zukommt.
Beide, Maria und Josef, erkennen: Wahr ist sein Wesen,
rein ist sein Licht, und sein Geist so klar wie der Himmel am Morgen.
Ohne Bedenken legt in des Mannes ausgestreckte Arme
also Maria das Kind in Erwartung segnender Worte.
Wohlgefällig ruht Simeons Blick auf dem schlafenden Säugling.

Kurz schließt der Mann seine Augen, summt, wie es scheint, eine Weise.
Dann schaut er auf, und innige Freude erhellt seine Züge,
während er ausspricht, was für ihn die Begegnung bedeutet.
„Nun lässt der Herr mich", so Simeon, „endlich fahren in Frieden.
Denn meine Augen haben tatsächlich den Heiland gesehen.
Welch eine Gnade gewährtest du mir, Adonai, deinem Diener!
Welch eine süße Erfüllung meiner verborgenen Sehnsucht!
Seht bloß das Licht dieses Kindes, das reine Licht zur Erleuchtung
sämtlicher Völker, Israels Sonne am künftigen Himmel!"

Das, was der alte Mann äußert, wundert die Eltern des Kindes.
Simeon sieht nun vom Heiland auf zu den beiden und lächelt,

hebt seine knochige Hand und segnet Maria und Josef.
„Viele", erklärt er der Mutter, „werden in Israel fallen,
viele, die jetzt noch hochmütig auf ihre Mitmenschen schauen.
Er, dein geheiligter Sohn, ist dazu bestimmt und beauftragt,
all diese falschen Führer und Lehrer im Lande zu stürzen."

„Aber sein Wirken wird auch dazu führen, dass aufstehen werden
viele im Volk, die unter dem Dünkel der Herzlosen leiden.
Wisse, dein Sohn wird als Christus dereinst auf Widerspruch stoßen.
Das, was er tun wird und sagen, dringt wie das Schwert des Gerechten
ein ins Gemüt eines jeden, trennt von der Wahrheit die Lüge.
So wird auch dir, Kind, ein glühendes Schwert die Seele durchdringen.
Doch wird dein Kummer, das wisse, zahllose Herzen erweichen."

Nachdenklich wägen die Eltern alles vom Weisen Gesagte,
sieht doch der Seher voraus dramatische, schwierige Zeiten.
Innerlich aufgewühlt ist Maria, geweckt hat die Botschaft
Wissen vom Weg ihrer Seele, das schlummernd immer schon da war.
Ahnungsvoll spürt sie die Nähe lauernder Schatten des Unheils,
spürt, dass ihr Los neben Freude auch Kummer bereithält.

Strahlenden Auges tritt nun hinzu die Seherin Hanna,
eine von Phanuëls Töchtern, vom großen Stammvater Asser.
Vierundachtzig ist sie, eine Witwe im Tempel zu Hause.
Hier verbringt sie die Tage und Nächte mit Beten und Fasten.
Dankbar, dass ihr ein Blick auf den Heiland doch noch gewährt wird,
hebt die Prophetin die Hände und preist die Güte des Himmels.

„O, Elohim, meine Augen erblickten wahrlich schon vieles:
Tröstliches, Schönes und manchmal sogar erhabene Reinheit.
Unvergleichlich jedoch ist das goldene Licht dieses Kindes."
Um den Gelobten herum versammeln sich immer mehr Leute.
Gläubige drängen heran und wollen den Lichtblick erhaschen.
Also erhebt ihre Stimme die weithin schauende Alte.

„Preiset den Herrn, ihr Kinder des Einen, und preiset euch glücklich!
Vieles hätten die Fürsten und Führer vergangener Zeiten
dafür gegeben, diesen Erlöser bloß ansehn zu dürfen!
Ihr nun seid Zeugen der aufgehenden Sonne des Geistes.
Seht es euch an, dieses Kind, fürwahr ein künftiger König!
Hell wird er leuchten, die Irrenden sicher heimwärts zu führen.
Trost wird er spenden denen, die müde und mutlos geworden.
Heil wird er bringen den vielen an Leib und Seele Erkrankten.
Seht, was ich sehe, des Schöpfers Heiliger Geist ist mit ihm!
Israel – hier ist das Zeichen! – ward in der Not nicht vergessen.
Zeugen sind wir der Geburt eines neuen lichteren Reiches.
Aufgegangen ist Allgeistes Sonne in unserer Mitte.“

Also spricht Hanna im Tempel und alle schweigen ergriffen.
Dann beugt sich vor die Prophetin, neigt sich mit Ehrfurcht zum Kinde,
hebt ihre Hand und berührt seine Stirn ganz sanft mit den Fingern.
Während sie leise betend begrüßt den vom Himmel Gesandten,
öffnet der Junge plötzlich die Augen und lächelt verstehend.
Dann geht sie fort und ebenso Simeon, fort voller Freude.
Damit zerstreut sich die Menge, wieder allein sind die Eltern.

Als sie geopfert zum Dank für den erstgeborenen Jungen
zwei junge Tauben, so wie seit Alters die Vorschrift es vorsieht,
kehren die Eltern nach Hause zurück ins Land Galiläa.
Dort, in der Stadt seiner Mutter Maria, wächst der geliebte,
liebende Junge heran und leuchtet im Kreis der Geschwister,
lebt von der Freude bewegt, umhüllt von der Seligkeit Aura.

DER ZWÖLFJÄHRIGE

Jährlich ziehen Maria und Josef mit Nachbarn und Freunden
südwärts ins Königreich Juda, hinauf ins weite Gebirge,
Passah zu feiern in Salomos Stadt, im Tempel des Höchsten.
Dann nach den Tagen des Festes kehren sie immer zusammen

wieder nach Hause zurück in das weite fruchtbare Flachland.
Doch als ihr Erstgeborener zwölf ist, da ändert sich alles.

Während die Eltern nach Festes Ende im Tross ihrer Leute
über die Berge in Richtung nördlicher Ebene wandern,
gehen sie ohne den Sohn, was sie anfangs gar nicht bemerken.
Fast einen Tag lang dauert es, bis sie den Knaben vermissen.
Erst als die große Gruppe am Abend ihr Lager errichtet,
merken die Eltern von Sorge erfüllt, dass Jesus nicht da ist.
Überall suchen sie ihn, bei allen Verwandten und Freunden.
„Wo ist der Junge?", fragen sie, „wer hat den Knaben gesehen?"
Aber der Sohn ist verschwunden und keiner hat ihn begleitet.

Voller Besorgnis kehren die Eltern am folgenden Morgen
wieder zurück nach Jerusalem, hoffen dort ihn zu finden.
Drei Tage lang durchstreifen die beiden die Straßen und Viertel,
sprechen mit Händlern, fragen die Wachen, doch keiner kann helfen.
Stündlich wächst die Verzweiflung Marias und ratlos ist Josef.
Niedergeschlagen und matt betreten sie schließlich den Tempel.
Nun da die Suche vergeblich geblieben, möchten sie beten.

Aber was sehen sie da, dort vorne im Vorhof des Tempels?
Aufrecht im Kreis der Gelehrten sitzt der verloren Gewähnte,
lauscht ganz entspannt deren Worte, redet und stellt ihnen Fragen.
Was macht er da, denkt Maria und blickt verwundert zu Josef.
Unsicher gehen sie näher heran, den Jungen im Auge.
Jesus, das hören sie staunend, lehrt und beantwortet Fragen.
Höchst verwundert sind darüber auch die alten Gelehrten.
Alles, was Jesus erzählt und erklärt, erscheint ihnen weise,
weise wie sonst nur die Allerweisesten reden und denken.

Schließlich vermag seine Mutter nicht länger an sich zu halten.
Aufgebracht stellt sie den sichtlich sorglosen Jungen zur Rede.
„Jesus, was hast du dir dabei gedacht, uns gar nichts zu sagen,
uns, deine Eltern, ohne ein einziges Wort zu verlassen?

Weißt du, wie lang wir verzweifelt bereits nach dir suchen?
Nirgendwo warst du, kein Mensch konnte sagen, wo du dich aufhieltst.
Kind, überlege doch mal, wir haben das Schlimmste befürchtet."

Dann trifft Maria der Blick des Sohnes und lässt sie verstummen.
Niemals zuvor sah der Junge sie an mit Augen wie diesen.
Tief ist das Mitgefühl, mit dem Jesus Maria betrachtet,
sichtlich bekümmert wegen der Furcht und dem Leid seiner Mutter.
Aber zugleich ist ihr Liebling ihr fremd, auf einmal kein Kind mehr.
Nun, im Moment dieser Wiederbegegnung, ahnt die Geprüfte:
Er wird von diesem Tag an dem Himmel alleine gehorchen.

„Mutter", antwortet Jesus, „ihr sucht mich und solltet doch wissen:
Ich bin dort, wo mein Vater ist, immer am Ort meines Vaters."
Dann steht er auf und hebt eine Hand den Gelehrten zum Gruße.
Froh sind die Eltern, den Sohn zuletzt noch gefunden zu haben.
Aber der Sinn seiner Worte bleibt ihnen beiden verborgen.
Schweigend kehrt nun die wieder vereinte Familie heimwärts.

Jahre vergehen und Jesus von Nazareth, nunmehr erwachsen,
wandert oft weit und bleibt dabei stets auf der Suche nach Wahrheit,
bleibt auf der Lichtspur und findet zu manchen Quellen der Weisheit.
So reift der Jüngling zum Manne heran, wird Lehrer von Meistern.
Freude verbreitet sein Wesen, dort wo sein Wesen erkannt wird.
Hoffnung weckt er bei vielen, die lange schon Wandel erwarten.

DER RUFER AM FLUSS

Auch Johannes, der Sohn Zacharias, hat Weisheit erworben,
weise ward er, vom Geiste erfüllt, in der Stille der Wüste.
Ihm hat der Herr offenbart das Wissen vom Kommen des Einen.
Er kennt die Absicht des Himmels, weiß um das Wirken des Lichtes.
Suchende Seelen kommen zu ihm, sich an Wahrheit zu laben,
aufgefordert vom Ruf des Propheten, dem Weckruf des Geistes.

Mehr und mehr Menschen pilgern gen Osten, ans Ufer des Jordans.
Dort lebt Johannes ohne Behausung auf einfachste Weise.
Während er jahrelang Tage und Nächte schweigend verbrachte,
heißt ihn inzwischen der Heilige Geist vom Lichte zu künden.
Eindringlich mahnt er zur Umkehr und abzulassen von Lügen,
Unrecht in Wort oder Tat und zu meiden falsche Gedanken.

„Hütet", so lehrt er die Leute, „achtsam das Tor eures Herzens,
sorget dafür, dass ihr keinerlei Bosheit Einlass gewähret!
Wisset, dass ihr im Geiste allein euer Schicksal besiegelt.
Hegt ihr im Herzen Gedanken der Wut, Gewalt und Vergeltung,
wahrlich, ihr werdet schon bald in heillosem Unglück versinken.
Reinigt euch, Nachkommen Noahs, löst euch von Hochmut und Habgier."

„Seht, der Heiland ist nahe, er kommt mit dem Schwert der Entscheidung.
Wollt ihr als Lügner und Gauner vor seine Herrlichkeit treten?
Wollt ihr dem Herrn gekleidet in stinkenden Lumpen erscheinen?
Jetzt ist gekommen die Zeit, euch innerlich vorzubereiten.
Öffnet der Liebe euer Gemüt und der Herr wird euch sehen.
Wandelt im Licht und tragt nicht die schweren Lasten der Lüge!"

„Schaut nicht herab auf den Bruder; Kinder des Einen sind alle.
Glaubt mir, ihr irrt, wenn ihr meint, vom Vater bevorzugt zu werden.
Auserwählt ist der Mensch, sich im Sternenzelt wiederzufinden,
auserwählt als Geschöpf zum Schöpfer im Geiste zu werden.
Aber das gilt für sämtliche Stämme und Völker der Erde.
Unsere Väter wurden von Helfern des Höchsten beraten.
Das aber macht uns nicht höherstehend als Volk unter Völkern.
Niemand steht über dem anderen, nicht im Lichte des Himmels."

Übt euch, ihr stolzen Enkel der Erzväter, übt euch in Demut!
Tief werden fallen die, die sich über den Bruder erheben.
Suchet nicht Schutz hinter Schildern, legt nieder Schwerter und Äxte!
Wehrt euch nicht länger gegen die Herrschaft wahrhaftiger Liebe!
Rüstet euch nicht für den Kampf, sondern öffnet furchtlos die Herzen.

Sicher ist nur, wer sich schutzlos liebend dem Leben anheimgibt."

So spricht zur täglich wachsenden Menge der Künder am Jordan.
Zahlreiche Pilger folgen dem mahnenden Ruf des Propheten,
umzukehren und endlich die Werte der Seele zu leben.
Eingetaucht werden wollen die Sucher im Wasser des Flusses,
untergetaucht und herausgehoben zum Zeichen der Wandlung.
Viele im Wesen vom Worte Berührten tauft der Verkünder,
hebt sie empor aus dem endlos fließenden Strom, der die Zeit ist.

Manche jedoch sind verwirrt, bedrängen Johannes mit Fragen,
wollen, dass er ihnen ganz genau sagt, was nunmehr zu tun ist.
„Horcht auf die Stimme des Herzens", rät er den Leuten beharrlich.
„Fühlt, was ihr fühlt, wenn ihr seht, wie andere hungern und leiden.
Weint, wenn ihr ob dieser Nöte Kummer im Herzen empfindet.
Schämt euch der Tränen nicht, denn mit ihnen erwacht ihr zum Menschen.
Folgt eurem inneren Drang, den Brüdern und Schwestern zu helfen.
Gebt, was ihr habt und entbehren könnt, dem, der nichts hat und hungert!"

„Haltet euch fern von Gewalt, denn das Schwert ist immer im Unrecht.
Zwang ist Gewalt, ganz gleich *wie* ihr ihn einzusetzen begründet.
Unrecht tut der, der sein Kind dazu drängt erwachsen zu werden.
Unrecht tut auch, wer vom Feigenbaum plötzlich Weinbeeren fordert
Lernt zu erkennen, was sein soll, denn alles hat seine Stunde!
Lernt zu verstehen, welches Verhalten euch wirklich gemäß ist!
Lernt zu verantworten, Brüder, was ihr zum Allganzen beitragt!"

Viele der Gläubigen meinen, *so* sprechen könne nur einer.
Vor ihnen stehe gewiss der herbeigesehnte Messias.
Aber Johannes weist sie zurück, die Erwartung der Menge.
„Ich bin gekommen, um anzukündigen den, dem ich diene.
Bald wird der Künder verstummen, dann wird ein anderer reden.
Dieser ist ungleich viel lichter und stärker, als ich es je war.
Ich bin ein Mensch bloß, berufen Israels Acker zu pflügen.
Säen jedoch wird der Sohn eures Vaters, säen und ernten.

Einer wie ich, ein Sohn dieser Welt, kann bloß taufen mit Wasser.
Doch der da kommt, der tauft mit dem Feuer des Heiligen Geistes."

Quer durch Judäa hallen die Worte des kühnen Propheten.
Überall findet die Kunde des Mannes Anklang im Volke,
auch bei jüdischen Söldnern im Dienste des Fürsten Herodes.
Dieser betrachtet das Wirken des Künders deshalb mit Sorge,
fürchtet, Johannes könnte das Volk noch zum Aufstand bewegen.
fürchtet das wachsende Licht, das vom Wortgewaltigen ausgeht.

DIE TAUFE DES KÖNIGS

Dann ist gekommen der Tag, da Himmel und Erde verschmelzen.
Niemals zuvor kam der Herr den Seinen im Leibe so nahe.
Niemals zuvor verneigte sein Geist sich tiefer als heute.
Himmlische Heerscharen schauen freudig gebannt auf die Erde,
Geistwesen tönen gewaltig von fern, die Sterne verharren!
Endlich bricht an die Zeit der Erhebung, die Herrschaft der Liebe.
Das, was sich jetzt offenbart, wird der Erde Antlitz verwandeln.

Jesus geht hin zum Künder Johannes ans Ufer des Jordan,
geht mit den Scharen des Volkes, sich gleichfalls taufen zu lassen.
Er weiß genau, was geschehen wird, weiß um die heilige Absicht,
weiß, dass Johannes, sein Freund, ihn heute am Wasser erwartet.
Auch der Prophet hat früh schon erkannt, was nun auf ihn zukommt.
Augenblicklich gewahrt er den Einen inmitten der Menge,
geht auf ihn zu, verneigt sich und kniet dann ehrfurchtsvoll nieder.

Staunend und raunend betrachten die Leute beider Begrüßung.
Weder Johannes noch Jesus beachten Volkes Verwunderung.
Er, der gekommen ist, hilft dem Propheten hoch aus dem Staube.
Leise und lächelnd begrüßen die Seelenfreunde einander.
Aufgeregt und zuinnerst gerührt von der Stunde Bedeutung,
hämmert dem Künder auf einmal das Herz als sei's eine Trommel.

Aber sein Freund, von Frieden durchdrungen, beruhigt Johannes.

Jesus verneigt sich der Sitte entsprechend vor dem Propheten.
Diesmal ist er es, der niederkniet und Verehrung bekundet.
Dann führt Johannes ihn, den Erwählten, hinüber zum Wasser.
Dort liegt auf flachem Gefels ein einfaches Flechtwerk aus Binsen.
Oft nimmt der Rufer dort Platz und redet zu denen, die da sind.
Heute besteigen beide, Johannes und Jesus, den Felsen,
bitten die Menge sodann gemeinsam mit ihnen zu beten.

Schweigend bereiten die Freunde sich vor auf das, was nun ansteht.
Schließlich erhebt seine Stimme der Künder, spricht zu den Leuten:
„Brüder und Schwestern, preiset euch glücklich und freut euch der Stunde!
Ihr seid zugegen, wenn Geistes Wesen und Macht offenbart wird.
Endlich gekommen ist der, der's vermag, den Weltlauf zu wenden.
Endlich gekrönt wird sein Haupt, zu zeigen der Welt seine Herkunft.
Endlich gestärkt wird jedermanns Glaube an Wahrheit und Liebe."

Aufmerksam klettert der Künder sodann vom Felsen am Flusse,
watet hinein in das Wasser des Stromes, dreht sich zum Freund hin,
winkt ihn herbei und spricht mit geöffneten Händen gen Himmel:
„Herr, du allmächtiger Geist, bereit ist dein Sohn für die Taufe.
Offen ist er und gereinigt, sorgsam von dir unterwiesen.
Tauche ihn ein ins Licht deines Wesens und sei seiner gnädig!"

Jesus steht vor ihm und wartet mit halbgeschlossenen Augen.
Innerlich scheint er zugleich noch anderen Stimmen zu lauschen,
scheint in Berührung mit höheren, überirdischen Mächten.
Dann, als der Zeitpunkt gekommen, fasst ihn Johannes am Nacken,
legt ihm die Hand an die Schulter und drückt ihn kraftvoll ins Wasser.
So verharren sie, während die Augenblicke vergehen,
bis der Prophet den Getauften aus Wassers Strömung heraushebt.

Keinem der Pilger am Ufer entgeht Jesu Verwandlung.
Rein taucht er auf, eine Seinsgestalt aus dem Zeitstrom gehoben.

Alles Vergängliche scheint er zurückgelassen zu haben,
losgelassen und abgestreift im endlos fließenden Wasser.
Über dem Haupt des Getauften, gleich einer Sonne auf Erden,
strahlt eine hell leuchtende Kugel pulsierenden Lebens.

Nun, nachdem Jesus sich rein und frei aus dem Wasser erhoben,
fließt und ergießt sich in ihm der Lichtstrom des Heiligen Geistes.
Lautlos für Leibes Ohren bekennt sich zum Sohne der Vater.
Aber für die, die zum Wesen erwacht sind, tönen die Himmel.
Hier offenbart sich der Welten Wahrheit, das Wesen der Liebe:
Eins und vereint sind auf ewig Geschöpf und Schöpfer im Menschen.
Ein und dasselbe, das lehrt dieses Bild, sind Leib und Gedanke.

Demütig neigt nun Johannes das Haupt, erfüllt ist sein Auftrag.
Langsam verlässt er das Wasser, hebt seine Hände, verkündet:
„Nun ist's vollbracht, denn gekrönt ist der Eingeweihte zum Christus.
Nun ist erfüllt, was die Seher und Weisen oft prophezeiten.
Endlich erschienen ist Israels König, Volkes Befreier.
Seht eure Hoffnung, feiert das Kommen des himmlischen Sohnes!"

DIE 75 GESCHLECHTER

Dies sind die Ahnen des Einen, gottesfürchtige Väter,
Samen aus Abrahams Lenden, Reben am Weinstock des Winzers.
Dies sind die Schultern, die alle einst dieser Erde erwuchsen,
jenen zu tragen, der mehr tragen wird als alle zusammen.
Dies sind die Vorfahren Jesu, der selbst vom Himmel gesandt ward,
losgeschickt, um als Christus die Herzen der Seinen zu öffnen.
Er ist der Erzväter Nachkomme, lichter Abkömmling Adams,
tief in Judas Erde verwurzelt, doch himmlischer Herkunft.

Jesus hat Josef, die Demut des Herrn, zum Vater erkoren.
Ihm hat die innere Weisheit geraten, Maria zu schützen,
sie und ihr ungeborenes Kind als die Seinen zu sehen,

Maria, die Mutter des Einen, des lang erwarteten Königs.
Josef indes war von Eli gezeugt, dem Liebling des Lichtes.
Dieser war Sohn des Mattat, des innig von Freude erfüllten
Ältesten Levis, einer der Hüter beständiger Werte.
Levi jedoch war Nachkomme Melchis des allseits geschätzten
Erben Jannais, der sich ganz dem Gott seines Geistes verschrieben.

Dieser Jannai war von Josef gezeugt, einem Diener der Wahrheit,
so wie es auch schon Mattitja, Josefs Erzeuger, gewesen.
Treugesinnt horchten sie beide der weiten Stille des Herzens.
Nun war Mattitja der Erbe des großen, duldsamen Amos.
Amos hinwieder war Sohn des Nahum, der fest stand im Glauben.
Vater Nahums war Hesli, ein unerschrockener Kämpfer.
Hesli war Sohn des Naggai, dessen stolzer Vater Mahat war.
Vater Mahats hieß gleichfalls Mattitja, ein Nachkomme Schimis.
Schimi indes war von Josech gezeugt und dieser von Joda.
Joda war Johanans Erbe und der der Älteste Resas.

Resa lebte als Wahrer würdiger Worte in Frieden,
lebte als Erbe Serubbabels, eines der wahrhaft Gerechten.
Selbst war Serubbabel einst Schealtiëls Samen entsprossen.
Der war der Erstgeborene Neris, des weisen Gelehrten,
dieser die süße Frucht seines Vaters, der Melchi genannt ward.
Melchi war Nachkomme Addis, Addi der Erbe des Kosam.
Kosam indes war der schöne, friedvolle Sohn von Elmadam.
Der war der Älteste Nachkomme Gers, welcher Joschuas Sohn war.

Joschua nun war ein Sohn Eliësers, ihm treu ergeben.
Nachkomme Jorims war dieser, des Erstgeborenen Mattats.
Vater von Mattat jedoch war der schriftgelehrige Levi.
Levi war Simeons Sohn, der selber ein Kenner der Schrift war.
Simeons Vater hieß Juda und dessen Erzeuger war Josef,
Josef, der Sprössling des Jonam, der grob nach Babel verschleppt ward.
Jonam war Eljakims Sohn, des glücklosen Herrschers von Juda.
Eljakims Vater, Melea, ahnte schon Babels Verlangen,

spürte Gefahr aus Chaldäa, dem großen Reich der zwei Ströme.

Sorgloser waren die Tage für Menna, den Vater Meleas.
Menna gezeugt hat Mattata, der selbst der Erbe Natams war.
Den hatte David gezeugt, der ruhmreiche Herrscher der Worte.
Machtvoll war David als König von Juda, siegreich als Feldherr,
schlug seine Feinde, eroberte Länder, Städte und Herzen.
Unendlich machtvoller aber, ein Herrscher in anderem Sinne,
sollte dereinst sein gesalbter Nachfahr aus Bethlehem werden.

David war Jüngster Isais, Spross einer Sippe Efratas.
Diesen Isai gezeugt hat Obed, der lange ersehnte
Nachkomme Boas, den Rut ihrem milden Löser geboren.
Vater des Boas' war Sala, ein reich begüterter Landmann.
Seinerseits nun ward Sala dem Obersten Nachschon geboren.
Dieser war Sohn Amminadabs, des Schwiegervaters von Aaron.
Der wiederum war der Erbe Admins im Land der Ägypter.
Dort ward Admin von Arni gezeugt, und dieser von Hezron.
Hezron war oft in den Gärten am Nil und liebte die Pflanzen.

Hezrons Erzeuger hieß Perez, ein erstgeborener Zwilling.
Ihn hat Juda gezeugt mit der Witwe der eigenen Söhne.
Juda war einer der Kinder, die Lea Jakob geschenkt hat.
Jakob war gleichfalls ein Zwilling, Isaaks listiger Zweiter.
Isaak aber war Abrahams spät geborener Erbe,
aufgestanden vom Opferaltar, von der Schwelle zum Tode.
Abraham schließlich war auserkoren, wie Boten ihm raunten,
Ahnherr zu sein, eines herrlichen, Licht tragenden Volkes.

Abrahams Vater, der letzte der wahrhaft Alten, war Terach,
Sohn des Nahor aus der Tempelstadt Ur, im Land der Chaldäer.
Vater Nahors war Serug, das Haupt einer wachsenden Sippe.
Der war von Regu gezeugt, eines stillen, ausgeglichenen
Mannes, der treu seinen Gnadenzustand im Innern bewahrte.
Regu jedoch war ein Sohn des beherzten Ältesten Peleg.

Dieser entschloss sich das Stammesgebiet in Hälften zu teilen.
Groß in der Tat war die Sippe seit Noahs Bündnis geworden.
Eber, der Vater des Peleg, war's immer wichtig gewesen,
alle die Seinen im Sinne des Herrn zusammenzuhalten.

Eber indes war von Schelach gezeugt und dieser von Kenan,
einem der uralten Väter, die viele Jahrhunderte lebten.
Kenan jedoch war der Sohn Arpachschads, des ostwärts gewandten
Suchers des Herrn, der daselbst Chaldäas Stammvater wurde.
Er war ein Nachkomme Sems, des Urvaters aller Semiten.
Sem ging hervor aus dem Samen des größten aller Getreuen,
Noah, mit welchem der Herr sein neues Bündnis geschlossen.

Vater des Noah war Lamech, der Freie, und der wiederum
einer der Söhne Metuschelachs, jenes weithin geschätzten
Hüter der Aufrichtekraft, deren wahres Sinnbild der Speer ist.
Er war von Henoch gezeugt, eines eingeweihten und klugen
Dieners des Herrn, der der Erde noch vor dem Tode entrückt ward.
Henochs Erzeuger hieß Jered, der selbst Mahalalels Sohn war.
Licht war Mahalalels Leib, denn der Herr war immerzu bei ihm.
Licht trug bereits seines Vaters Samen, das Leuchten des Schöpfers,
war dieser Kenan doch selbst wie ein ferner Sohn aus der Sonne.

Ihn hat nun Enosch gezeugt, der vom Geistes Ursprung noch wusste.
Ältester Nachkomme Sets war dieser, das Glück seines Vaters.
Set wiederum war der dritte von Adams ungleichen Söhnen.
Adam erlebte verstört, wie er als vollkommenes Abbild
göttlicher Ganzheit jählings herausbrach, so schien es zumindest,
aus der Verbindung mit allem, was ist, aus Ursprung und Einklang.

Jesus jedoch kennt sie alle, die fünfundsiebzig Geschlechter,
weiß, welches erdumfassendes Ahnengedächtnis in ihm ist.
Sämtlicher Vorfahren Leben trägt er als Kunde im Leibe.
Alle sind immerzu bei ihm, Adam und Henoch und David.
Namhafte Ahnen fürwahr umgeben den König mit Weisheit,

bleiben zugegen, wo immer er lehrt, verweilt oder hingeht.

DIE VERSUCHUNG

Nach seiner Taufe am Fluss durchwandert der Heiland die Wüste,
zieht sich für vierzig Tage zurück und begegnet den tiefen
Abgründen menschlichen Daseins, ringt mit den eigenen Schwächen.
Jesus verzichtet auf Nahrung, möchte das süße Geflüster
innerer Stimmen, den Hunger nach Herrschaft, Verehrung und Reichtum
nüchtern zurückweisen können, eindeutig, klar und entschieden.

Doch, als er vierzig Tage gefastet hat, müde und schwach ist,
kommt erst die stärkste Versuchung, der Welten größte Verlockung.
Ausgehungert betrachtet er ringsum die steinige Wüste.
Unüberhörbar befiehlt ihm, endlich zu essen, sein Körper.
Da dringt ein kühner Gedanke ein in den Geist des Gesalbten.

„Bist du denn nicht", so fragt ihn gereizt eine innere Stimme,
„Gottes allmächtiger Sohn, vom Heiligen Geiste durchdrungen?
Bist du denn nicht in der Lage, machtvoll die Welt zu bezwingen,
Steine wie diese sofort in nahrhaftes Brot zu verwandeln?"
Schon steigt ein feiner, verlockender Duft ihm in die Nase.
Kosten sogar kann er nunmehr Brotes Geschmack auf der Zunge.

Dann entsinnt sich der Heiland der mahnenden Worte des Moses:
Brot ist es nicht, Mensch, was dir dein Leben erhält und ermöglicht.
So steht's geschrieben, der Himmel allein ernährt die Geschöpfe.
Während er innewird dieser unumstößlichen Wahrheit,
sieht er gestärkt seinen Leib; für immer ist nun überwunden
gieriges Wollen, der Wunsch für sich selbst zu haben und horten.

Bald aber suchen ihn heim verlockende Bilder der Stärke,
Bilder von fürstlicher Größe, Befehlsgewalt über alle.
Er könnte jeden weltlichen König an Macht übertreffen.

Stärker als David, weiser als Salomo könnte er herrschen.
Lebhaft und wirklichkeitsnahe sieht er die Möglichkeit vor sich.
Sämtliche Stämme und Völker würden sich ihm unterwerfen.
Ruhm sowie unermesslicher Reichtum wären ihm sicher.
Doch – er müsste sich seinerseits selbst der Welt unterwerfen,
müsste folgen den Regeln der Angst, Gewalt und Bedrohung.

Da entsinnt sich erneut der Geprüfte ewiger Wahrheit,
dessen, was Gott seinem Diener als erstes Gebot offenbarte:
Du bist des Geistes – und leben allein sollst du aus dem Geiste!
Diene dem Schöpfer in dir – und nicht seinen vielen Geschöpfen!
Kaum sind die Worte gedacht, verschwinden die Bilder der Lüge,
machtvoll auf immer zurückgewiesen vom Geist des Gesalbten.

Ausgesetzt ist der Heiland sodann einer dritten Versuchung.
Machtvoll und schmeichelnd zugleich bedrängt ihn ein kühner Gedanke:
Wirst du vom Geiste gelenkt, ist das, was du tust, immer richtig.
So spricht die Stimme des Dünkels: Fehltritte kannst du nicht machen.
Stürze dich runter, du himmlischer Sohn, vom höchsten Gemäuer –
bleibst doch am Leben, denn dir ist erlaubt, Gesetze zu brechen.
Weiche vom vorgesehenen Weg ab, erschaffe dir laufend,
fortlaufend selbst deine Bahn und Bestimmung ganz nach Belieben!
Einem wie dir müssen Himmel und alle Engel gehorchen.
Tu, was du möchtest! Du kannst den Lauf der Gestirne verändern.

Ungemein stark und betörend lockt ihn die Süße der Freiheit.
Wozu sich binden, wozu den Geist in den Körper verbannen?
Doch diese Fragen verblassen zu schwachen, leblosen Schatten,
während sich Jesus erinnert, dass niemand über dem Sinn steht.
Stelle die heilige himmlische Ordnung, so steht geschrieben,
niemals in Frage, gehe im Licht deiner Sterne und diene!
Damit bestanden ist schließlich Heilandes dreifache Prüfung.

Friedvoll verlässt er die Wüste und kehrt zurück zu den Menschen,
wandert gesalbt und geläutert hinein ins Land seiner Mutter.

Tief beeindruckt vom Wesen des Mannes ist ganz Galiläa.
Viele berühren Erscheinung, Liebe und Licht des Entsandten
Überall sprechen die Leute vom einzigartigen Rabbi.
Er zieht von Tempel zu Tempel, predigt vom Reich seines Vaters.

PREDIGT IN NAZARETH

Schließlich gelangt er nach Nazareth, weilt im Ort seiner Kindheit.
Wieder ist Sabbat und Jesus besucht mit allen den Tempel.
Nach dem Gebet erhebt er sich, wünscht aus den Schriften zu lesen,
vorzulesen den Seinen, sich ihnen als Heiland zu zeigen.
Also wird ihm das Buch des Propheten Jesaja gegeben.
Jesus entrollt es und sucht eine ganz besondere Stelle.

Ohne ein Wort der Erklärung liest er die folgenden Verse:
„Adonais Geist ist auf mir, da Er mich gesalbt und gesandt hat,
aufgetragen zu künden den Armen vom Reich ihres Vaters,
die, die gefangen sind, Freiheit zu lehren, Ketten zu brechen,
Blinden die Augen zu öffnen, Wunden und Kranke zu heilen,
anzukündigen also die Ära der himmlischen Gnade. "
Dann rollt er wieder zusammen das Buch und gibt es dem Diener.
Schweigend setzt er sich nieder, beäugt von der wartenden Menge.

Laut und vernehmlich erklärt er sodann den Menschen der Heimat:
„Diese Worte Jesajas sind jetzt in Erfüllung gegangen."
Ungläubig hören die Bürger Nazareths seine Behauptung.
Ist er nicht, fragt man sich, einer von uns, der Älteste Josefs?
Was fällt ihm ein, sich vor uns als Künder des Herrn zu bezeichnen?
Was? Wie kann er es wagen, sich so über uns zu erheben?

Jesus erkennt, was die Leute bewegt, doch bleibt ganz gelassen.
„Ihr habt gehört", erklärt er, „dass Wundersames passiert ist
drüben etwa in Kapernaum oder an anderen Orten.
Nun möchtet ihr, dass ich hier solche Taten gleichfalls vollbringe,

hier in der Stadt meiner Eltern, wo ich die Kindheit verbrachte.
Aber ich sage euch: Seht, was sich heute wieder bestätigt!
Niemals war je ein Prophet willkommen im Land seiner Väter."

„Denkt an Elia, dem erst in der Fremde Obdach gewährt ward!
Fernab der Heimat half eine hungernde Witwe dem Künder.
Zahlreich gewiss gab es damals Witwen im Land seiner Herkunft.
Aber der Herr schickte ihn nach Sarepta, unweit von Sidon.
Denkt an das Schicksal Elisas, der Aussatz zu heilen vermochte!
Keinem der Kranken daheim, nicht einem, konnte er helfen.
Einzig ein Hauptmann aus Aram wurde vom Seher genesen.
Immerzu wurde verkannt der Prophet im eigenen Lande.
So geschieht es auch jetzt, denn ihr schaut, doch vermögt nicht zu sehen."

Als nun die Leute das hören, werden sie zornig und haltlos,
springen empört auf die Füße, schreien und ballen die Fäuste.
Aufgebracht ist die Menge, verletzt wie noch nie ihre Ehre.
Solch eine Schmähung, die einer der ihren sich hier erlaubt hat
dürfen die Bürger der Stadt auf keinen Fall ungesühnt lassen.

Jesus gerät in Bedrängnis und wird aus dem Tempel getrieben.
Quer durch die Stadt führt die unerbittliche Meute den Frevler,
treibt ihn hinaus aus der Heimat, die er, wie's scheint, so verleumdet.
Nazareth wurde dereinst am Hang eines Berges errichtet.
Nun führt man Jesus zum Rand, ihn dort in die Tiefe zu stürzen.

Dann aber traut sich auf einmal niemand den Heiland zu stoßen,
über den Abhang den wehrlosen Nachkommen Davids zu drängen.
Unschlüssig schauen die Männer sich an und zögern gemeinsam.
Jeder von ihnen scheint auf den Vorstoß des anderen zu warten.
Bald verstummen die zornigen Rufe nach Tod und Vergeltung.
Aufrecht steht Jesus vor ihnen, Nazareths Abgrund im Rücken.
Ohne Gewalt oder Angst betrachtet der Heiland die Meute.
Tiefes Verständnis und Mitgefühl leuchten ihm aus den Augen.
Jesu Verhalten verwirrt seine selbstgerechten Verfolger.

Hier ist ein Mann, der weder zu fliehen sucht noch sich verteidigt.
Selbst auf der Schwelle zum Tode hält ihn sein Frieden umfangen.
Irgendwie spüren nun alle, dass dieses Leben geschützt wird,
fühlen, dass ihre Empörung und Wut an Boden verlieren.
Angeschaut vom Gejagten, der steht als hätte er Wurzeln,
angeschaut vom Verdammten, ohne von diesem verurteilt,
ohne gestoßen zu werden, geraten sie selber ins Wanken.

Stirnrunzelnd kehren die ersten nun um und wenden sich heimwärts.
Andere bleiben, erwarten wie's scheint, ein Wort des Verfolgten.
Aber der Heiland bleibt stumm und geht durch die schweigende Menge,
geht ohne Furcht, ohne Stolz und verlässt die Stadt seiner Väter.

KAPERNAUM

Auch in Kapernaum lehrt er am Sabbat, redet im Tempel.
Und wie zuvor ist die Wirkung der wahren Worte gewaltig.
Die, die ihn hören, sind innerlich aufgewühlt und erschüttert,
aufgewühlt von der Rede, doch mehr noch vom Sein dieses Mannes.
Einer wie er ist noch keinem von ihnen jemals begegnet.
Manch einer fragt sich, wer er in Wahrheit wohl sei, dieser Rabbi.

Dann allerdings beschimpft ihn ein übel erregter Verleumder:
„Schweig, Nazarener! Halt dein verlogenes Maul und verzieh dich!
Geh doch zu deinen eigenen Leuten und lass uns in Ruhe!
Listige Schlange, du bist doch nur hier, um uns zu vernichten.
Meinst wohl, du könntest uns trügen mit deinem feinen Gerede.
Hörst du, du Gottesmann, hier will dich keiner, also verschwinde!"

Starr vor Entsetzen blicken die Tempelbesucher hinüber,
sehen das hässlich verzerrte Gesicht des rasenden Wüters,
hören sein krankhaft gemeines und unverschämtes Gerede.
Jesus indessen scheint die Verleumdung gar nicht zu kümmern.
Ihm ist bewusst, woher die zersetzenden Schimpfreden kommen.

Er hat den Dämon erkannt, der dieses Geschöpf überschattet.

Kraftvoll begegnet der Heiland der Wut des unreinen Geistes:
„Geh! Ich gebiete dir, auszufahren für immer und ewig,
abzulassen von diesem und jedem Geschöpf meines Vaters!
Du sollst nicht länger hier bei den Meinen dein Unwesen treiben.
Geh und erkenne sie an, die heilsame Wirkung der Liebe!
Sehe dich vor und verbreite nicht weiter Angst und Verderben!"

Aufschreiend weicht vom Besessenen schließlich Hasses Gehilfe,
fährt aus dem Manne und wirft seinen Leib gewaltsam zu Boden.
Dann ist es still und die Leute im Tempel starren auf Jesus,
manche mit Furcht in den Augen, andere voller Verwunderung.
Welch eine Macht muss er haben, fragen sich viele im Stillen,
welch eine himmlische Vollmacht, wenn er gar Geistern gebietet?

Bald redet ganz Kapernaum über den himmlischen Heiler,
über die Botschaft des Mannes, weise dem Volk übermittelt.
Auch in den umliegenden Dörfern spricht man vom Rabbi.
Überall weckt seine Kunde Freude und große Erwartung.
Viele, die lange schon krank sind, hoffen mit Inbrunst auf Heilung,
glauben, dass dieser Jesus gekommen ist, alle zu retten.

Simon, ein Mann aus Kapernaum lädt den Heiland zu sich ein.
bittet ihn kniefällig, rasch der Ehefrau Mutter zu helfen.
Diese liegt krank mit beängstigend hohem Fieber darnieder.
Keines der Kräuter war es gelungen, das Fieber zu senken.
Linderung bieten die wassergetränkten Tücher nur wenig.
Alle befürchten, die Mutter werde nicht lange mehr leben.

Kaum ist der Heiland über die Schwelle des Hauses getreten,
breitet sein Wesen sich aus, beruhigt der Menschen Gemüter.
Plötzlich erhellt und weich sind die Züge der pflegenden Frauen.
Müdigkeit, Schwermut, Sorgen und Ängste sind gänzlich verschwunden.
Froh und erleichtert atmen sie auf, die erschöpften Verwandten.

Gut ist, das fühlen sie wohl, was immer er tut, dieser Rabbi.

Jesus tritt nahe heran ans zerwühlte Lager der Kranken,
geht in die Hocke, lässt seinen Blick auf der Leidenden ruhen.
Diese erwacht, denn sie fühlt eine wohltuende Nähe,
fühlt und vernimmt, wie ihr Name erklingt, ein Beben im Herzen.
Weit sperrt sie auf ihre Augen, ihr hilfesuchendes Wesen.
Dankbar begrüßt sie die Gegenwart tiefen, himmlischen Friedens.

Dann legt ihr Jesus die Hand auf, berührt die glühende Stirne.
Aufstöhnend atmet sie aus, ein Schauder durchfährt ihren Körper.
Schmerzverzerrt, wie es scheint, sind in diesem Moment ihre Züge.
Einatmend aber wirkt die Erkrankte erlöst und erleichtert.
Klarer sind nun ihre Augen, nicht länger aufgeregt flackernd.
Zart wie ein Windhauch umspielt ein Lächeln die rissigen Lippen.

Eine der Frauen, die Tochter der Kranken, neigt sich zum Lager,
möchte der Mutter abermals einflößen kühlendes Wasser.
Staunend erkennt sie jedoch: Das Fieber ist gänzlich verschwunden.
Mehr noch, die Mutter erhebt sich munter vom Schilf ihrer Matte,
greift nach den Händen des Heilands und kniet gerührt vor ihm nieder.
Er aber lächelt und hilft ihr sorgsam zurück auf die Füße.

Später, als untergegangen die Sonne, Sterne sich zeigen,
bringen die Leute ihm ihre Kranken mit mancherlei Leiden.
Groß sind Verzweiflung und Not, doch größer noch Hoffnung und Sehnsucht.
Jedem von ihnen legt der Gesalbte geduldig die Hand auf.
Alle erlöst er im Geiste vom Übel falscher Gedanken.
Heil wird ein jeder und angehalten, das Rechte zu glauben.

Weiter bis tief in die Nacht behandelt er zahlreiche Kranke.
Erst als der Morgen graut, geht er hinaus und möchte allein sein.
Aber die Menge bemerkt es, sucht ihn, verlangt, dass er bleibe.
Jesus ermutigt sie, nun auf eigenen Beinen zu stehen,
stärkt ihren Glauben an sich als Grundlage jeglichen Glaubens.

Klein machen solle sich keiner, denn jedes Wesen sei göttlich.

Dann nimmt er Abschied und heißt sie, sich seiner stets zu erinnern,
fortan den Frieden des Geistes zu wahren, Wahrheit zu lieben.
Er müsse weiter und seinen heiligen Auftrag erfüllen.
Auch in den anderen Städten solle er heilen und lehren.
Also zieht Jesus durchs Land und bewegt die Menschen im Herzen,
redet in Tempeln, spricht von der Liebe des himmlischen Vaters.

FISCHER

Mehr und mehr Menschen erfahren von Jesu Worten und Taten.
Groß ist die Menge der Pilger, wenn und wo immer er auftaucht.
So ist es auch, als der Heiland am See Genezareth Halt macht.
Schnell spricht sich Jesu Erscheinen herum, bis weit in die Dörfer.
Schon kommen scharenweise die Leute der Gegend ans Ufer.
Jesus ist bald von unüberschaubaren Massen umgeben.
Alle erwarten, gereinigt und angesprochen zu werden.

Unweit entfernt vom Bestürmten liegen zwei Boote am Ufer.
Fischer sind ausgestiegen und waschen betrübt ihre Netze.
Jesus geht hin zu den Männern und steigt in eines der Boote,
bittet sodann den darob erstaunten Besitzer der Barke,
ihn, den Bedrängten, ein wenig hinaus aufs Wasser zu fahren.
Nickend wirft dieser Simon noch einmal ins Boot seine Netze,
ruft seine Leute herbei und rudert hinaus mit dem Fremden.

Still wird die Menge, während das Boot sich vom Ufer zurückzieht.
Jetzt erst erblicken die Fischer auch auf den Hügeln dahinter
zahlreiche Menschen, gekommen, um Jesus reden zu hören.
Hunderte schauen auf sie und der Heiland bittet die Fischer,
innezuhalten und auszuharren mit ihm auf dem Wasser.
Jesus betrachtet die Leute am Ufer, hebt seine Hände,
fängt an zu reden und alle lassen sich nieder am Boden.

Weit trägt die klare Stimme des Lehrenden über die Wasser.
Auch noch die Letzten ganz hinten hören sie merkwürdig deutlich.

Nach seiner Rede jedoch überrascht der Heiland die Fischer,
fordert sie auf, erneut zu den tiefen Gewässern zu fahren,
ebendort abermals auszuwerfen zum Fang ihre Netze.
Simon bezweifelt den Nutzen, sagt dem Messias erklärend,
er und die anderen hätten dort draußen die ganze Nacht lang schon
Fische zu fangen versucht und nichts in die Netze bekommen.

Wissend, dass dieser Verkünder ein ungewöhnlicher Mann ist,
willigt der Fischer am Ende doch ein und tut wie geheißen.
Kaum sind sie ausgeworfen, die Netze, reißen sie fast schon,
so überwältigend groß und schwer ist der Fang dieser Stunde.
Deswegen rufen die Fischer zur zweiten Barke hinüber,
rufen herbei die Gefährten, ihnen beim Ziehen zu helfen.

Randvoll bereits hat Simon sein Boot, als das zweite hinzukommt.
Dann wird auch dessen Inneres gänzlich mit Fischen beladen.
Schließlich erreichen mit Mühe das Ufer die schweren Barken
liegen so tief, dass man meint, sie könnten jederzeit sinken.
Als sie das Ufer erreichen, staunt das Volk, dort versammelt.
Niemals zuvor haben Fischer so viel auf einmal gefangen.

Wieder an Land wirft sich Simon zu Boden, kniet vor dem Heiland.
Heftig erschreckt hat der unerwartete Fang ihn, er zittert.
Hinter ihm stehen Jakobus und dessen Bruder Johannes,
Männer, die Simon sehr schätzt, Zebedäus' feurige Söhne.
Sie sind genauso erschüttert von dem, was eben passiert ist.
„Herr", bittet Simon verängstigt, „verlasst diesen Ort, verzeiht uns!
Wir sind nur Fischer, Herr, viel zu groß sind für uns Eure Taten.
Nie könnte unsereins jemals Gottes Erwartung entsprechen."

Aber der Angesprochene lächelt und schüttelt den Kopf bloß.
„Simon, steh auf!", heißt Jesus den Fischer und hält ihm die Hand hin.

„Hab keine Angst vor der Fülle, dir wird noch viel mehr gegeben!
Alles, was du dir vom Vater erbittest, wirst du erhalten.
Du bist berufen im Zeichen des Geistes Menschen zu fangen.
Einst wird, das kannst du mir glauben, um vieles reicher dein Fang sein."

Jesu Verkündung öffnet den Männern auf einmal die Augen.
Schlagartig sehen sie klarer denn je den Weg ihrer Herzen.
Stark ist der Ruf ihrer Seele, stärker als Furcht oder Zweifel.
Also verlassen sie alles, ihr liebgewonnenes Leben,
lassen zurück ihre Frauen und Kinder, weltliche Heimat,
lösen sich los von den Sorgen des Alltags, folgen dem Heiland.

DER AUSSÄTZIGE

Wieder besucht der Messias eine der jüdischen Städte.
Ihm eilt inzwischen voraus der Ruf eines machtvollen Heilers.
Überall, wo man ihn sieht und erkennt, bedrängt ihn die Menge,
strömen die Kranken aus dunklen Häusern ihm zahlreich entgegen.
Einer von ihnen ist übel entstellt, befallen vom Aussatz.
Angewidert vom Anblick weichen die anderen von ihm.
So tritt er schließlich allein ins Licht seiner einzigen Hoffnung,
schleppt sich vom Glauben getragen zum Heiland, fällt vor ihm nieder.

„Seht mich bloß an, Herr!", fleht der Verseuchte mit bebender Stimme.
„All meine Leute wenden den Blick ab, sobald ich erscheine.
Seht nur, sie fürchten, wie ich vom Aussatz befallen zu werden.
Fortgeschickt von den Meinen, einsam bin ich und verlassen.
Keiner berührt mich, ich bin zum lebenden Toten geworden.
Ihr, Herr, das weiß ich, Ihr könntet, wenn Ihr es wolltet, mich heilen.
Rabbi, ich bitte Euch, sprecht und erlöst mich Sünder vom Siechtum!"

Schweigend, mit angehaltenem Atem betrachten die Leute
ringsum den Vorgang, getrieben zugleich von Neugier und Ekel.
Was wird geschehen, wie wird sich nun dieser Heiler verhalten?

So sehr ist missgestaltet der Leib des Verseuchten, dass keiner
auch nur sich vorstellen kann, dass er wieder vollständig rein wird.
Dem wird sogar dieser Rabbi nicht mehr zu helfen vermögen.

Jesus indes betrachtet den Kranken mit anderen Augen.
Jenseits der schorfigen Hülle sieht er das Wesen des Mannes,
sieht das Woher und Wohin des elend im Staube Gekrümmten.
Dann blickt er auf und bittet die Leute nach Hause zu gehen,
ihn mit dem hilfesuchenden Manne alleine zu lassen.
Langsam, da sichtlich ungern, entfernt und zerstreut sich die Menge.

Als sie allein sind, tritt Jesus sogleich zur gebeugten Gestalt hin,
geht in die Hocke, streckt seine Hand aus, berührt den Verdammten,
streift mit den Fingern über die blätternden, weißlichen Schuppen.
„Ja, es ist wahr", erklärt er, „mein Vater erlaubt mir zu heilen.
Du hast dich Seiner Heilkraft geöffnet, den Zweifel bezwungen.
Dieses allein schon erlöst dich nunmehr von all deinen Leiden.
Nichts wird dem Sohne verwehrt, was der Sohn vom Vater erbittet."

Während er spricht, verschwindet der Aussatz vom Leib des Geprüften,
fällt von ihm ab wie zu Staub gewordenes Tuch alter Kleider.
Sprachlos ob dieser Verwandlung weint der Geheilte vor Rührung.
Jesus gebietet ihm, über die Wunderheilung zu schweigen.
Zeigen jedoch solle er sich dem Priester, opfern im Tempel,
danken dem Herrn für die große Gnade, die Er ihm erwiesen.

Aber die Kunde vom unverhofft rein gewordenen Manne
breitet sich rasend schnell aus, so dass bald schon zahllose Leute
eilen um Jesus vom Reich seines Vaters reden zu hören,
eilen noch mehr, um durch seine Hände Genesung zu finden.
Jesus jedoch entweicht in die Stille der Wüste und betet,
sammelt, erholt sich, bereitet sich vor auf weitere Wege.

VERGEBUNG

Kurze Zeit später ist Jesus zu Gast im Haus eines Freundes.
Der hat zudem Pharisäer und Schriftgelehrte geladen.
Viele Rabbinen und Weise sind hergekommen aus allen
Dörfern in ganz Galiläa, auch hergereist aus Judäa.
Selbst aus Jerusalem eingetroffen sind Deuter des Wortes.
Draußen derweil, vor dem Haus, versammeln sich zahlreiche Pilger.

Während der Heiland sich angeregt unterhält mit den Weisen,
hört er Geschrei auf der Straße, Krach und Tumult vor der Türe.
Einige Männer wollen sich Zutritt zum Heiler verschaffen,
tragen ein Bett auf den Schultern, bringen herbei einen Kranken.
Doch das Gedränge ist groß und die Männer kommen nicht weiter.
Kurzerhand steigen die Träger aufs Dach, entfernen die Ziegel.
Losgeschickt wird indes einer der Männer, Seile zu holen.
Schließlich gelingt es den Unbeirrten, das Bett durch die Öffnung
niederzulassen und abzustellen direkt vor dem Heiland.

Jesus blickt auf zu den Männern, sieht und erkennt ihren Glauben.
Alle sind fest überzeugt, dass des Vaters Allmacht im Sohn ist.
Nichts oder niemand vermag diese Leute daran zu hindern,
aufzusuchen den Einen, um nahe zu sein dem Erlöser.
Nur dieser Glaube verleiht ihnen so viel Mut und Entschlusskraft.
Leichtlich erhebt sich der Heiland, nickt und betrachtet den Kranken.

Der ist schon lange gelähmt, wie alle von ihm nun erfahren.
Aber er zweifelt nicht, sieht die Zeit seiner Heilung gekommen.
Jesus beeindruckt des Leidenden ungebeugtes Vertrauen
Lächelnd ergreift er das Wort und beruhigt also den Kranken:
„Mensch, deine Sünden, dein unreines Denken, sind dir vergeben",
einfache Worte, die gleichwohl die größte Wirkung entfalten.

Tiefbewegt hört und fühlt der Gelähmte, wie Jesus ihn freispricht.
Heftiges Beben erschüttert den Mann, ihm fließen die Tränen.

Anders jedoch begegnen die Weisen dem Wort des Gesalbten.
Manche verstört, was sie hören, betrachten Jesus entgeistert.
Andere halten die Worte für selbstgefälligen Frevel.
Einzig der Herr, denken diese empört, darf Sünden vergeben.
Wer meint er denn, dass er sei, dass er solche Reden sich anmaßt?

Aber der Heiland erkennt, was sie denken, spürt die Entrüstung,
sieht seine Worte von Israels Weisen heimlich missbilligt.
„Sagt mir, ihr Schriftgelehrten", so fragt er, „was denkt ihr im Herzen?
Was sagt sich leichter: Dir sind vergeben, Mensch, all deine Sünden?
Oder: Gelähmter, steh auf und geh diese Straße hinunter?
Wissen sollt ihr, dem Menschensohn wurde die Vollmacht gegeben,
Jedermanns Unrecht, Verfehlung, ja selbst Verrat zu verzeihen."

Dann wendet er sich erneut zum Gelähmten, redet nun lauter:
„Hör, was ich sage, steh auf, nimm dein Bett und kehre nach Hause!"
Da nun, vor aller Augen stellt sich der Mann auf die Füße,
richtet sich auf vor der Menge, haltsuchend schwankt er ein wenig,
neigt sich hinunter, nimmt seine Liege, auf der er gelegen,
lospreist den Herrn, bedankt sich bei Jesus und geht durch die Türe.

Groß ist der Schriftgelehrten Verwunderung, tief ihr Entsetzen.
Niemals zuvor erlebten die Weisen solch eine Heilung.
Viele verneigen sich tief und danken dem Herrn für die Gnade.
Aber auch Furcht ist in ihnen und lässt sie innerlich zittern,
Furcht vor der unbegreiflichen Macht dieses einfachen Mannes.
Das, was sich hier offenbart hat, gibt ihnen Vieles zu denken.

ZÖLLNER

Als er hinausgeht, sieht der Gesalbte am Zoll einen Zöllner,
sieht ihn dort sitzen, erkennt ihn, weiß um das Los dieses Mannes.
Also geht er auf ihn zu und sogleich erhebt sich der Zöllner,
weitet die Augen, öffnet den Mund und erstarrt vor dem Rabbi.

Jesus hält inne, jetzt nahe dem Mann, und nickt zur Begrüßung.
„Folge mir nach!", sagt er dann und er sagt es unmissverständlich.
Mehr sagt er nicht, doch mehr braucht der Zöllner auch gar nicht zu hören.
Ohne ein Wort lässt er alles zurück und folgt dem Entsandten.

Levi, so heißt dieser Zöllner, richtet am Abend ein großes,
fürstliches Mahl dem berühmten Heiler zu, lädt in sein Haus ein.
Zahlreiche Gäste erscheinen, Zöllner und andere Freunde.
Und … gemeinsam mit ihnen am Tisch sitzt nun gleichfalls der Heiland.
Auch seine Jünger sind da, die von ihm berufenen Fischer.
Levi, der bislang als geizig bekannt war, scheut keine Kosten.
Jesus zu Ehren wird aufgetragen das Beste vom Besten.
Reichlich und lang wird gespeist und man trinkt erlesene Weine.

Davon erfahren die Lehrer, die Jesu Schritte verfolgen.
Immerzu prüfen diese Gelehrten, ob Jesu Verhalten
uneingeschränkt den Gesetzen entspricht – nach ihrem Ermessen.
Da sie mitnichten eintreten wollen ins Haus eines Zöllners,
warten sie draußen, bis dieser Jesus vom Gastmahl genug hat.
Schon so nahe dem Hause zu stehen, verletzt ihre Ehre.
Zöllner sind schlimmer als Diebe, achten nicht Gottes Gebote.
Während sie ausharren, murren die Schriftgelehrten verärgert.
Sie würden nie und nimmer mit solchen Verbrechern verkehren.

Schließlich verlässt der Gesalbte endlich die Heimstatt des Sünders.
Jesu Begleiter, die Jünger, treten als erste hinaus auf die Straße.
Aufgebracht eilen die wartenden Lehrer ihnen entgegen.
„Warum seid ihr", verlangen die Deuter des Wortes zu wissen,
„ausgerechnet mit diesen Betrügern zusammengesessen?
Seid ihr nicht Jünger des Wunderheilers, der Christus genannt wird?
Wie wollt ihr so, von Unrecht umringt, eure Reinheit bewahren?"

Dann tritt der Heiland hinzu und die Schriftgelehrten verstummen.
Aber gehört hat er wohl ihre anklagenden Reden.
„Weswegen regt ihr euch auf, Pharisäer?", fragt er die Männer.

„Wisst ihr denn nicht, wo ein Heiler wie ich am meisten gebraucht wird?
Soll er Gesunde besuchen, etwa Geheilte behandeln?
Oder bedürfen nicht vielmehr die Kranken seiner Behandlung?
Ist es nicht gar seine Pflicht, bei denen zu sein, die ihn brauchen?
Ich bin nicht hier, um Gerechte zu rufen, das müsst ihr wissen.
Ich bin gekommen zu helfen, zu helfen denen, die leiden."
Daraufhin schweigen die meisten und blicken schamvoll zu Boden.

Manche der Büchergelehrten jedoch ermangeln der Weisheit.
Sie wollen weiter im Recht sein, sind blind für Wahrheit und Liebe.
„Rabbi", erwidern sie, „sollten die Geisterfüllten nicht fasten
so wie die Jünger des Täufers, die öfter beten als essen?
Unsere Jünger enthalten sich gleichfalls häufig der Speisen.
Ihr und die Euren dagegen schlemmen und trinken vom Wein gar."

„Jeder der Meinen", antwortet Jesus, „ist Gast einer Hochzeit.
Seht, sie sind glücklich, denn auch der Bräutigam weilt unter ihnen.
Jetzt und so lange der Bräutigam da ist, feiern sie mit ihm.
Doch es wird kommen der Tag, da ihr aller Bräutigam fort ist,
fortgenommen von ihnen, von jedem der zahlreichen Gäste.
Dann werden sie, meine Jünger, fasten und beten wie jene."

Jesus erkennt, dass die Büchergelehrten gar nicht erfassen,
was ihnen hier als wesentlich Neues wahrhaftig begegnet.
„Niemand", erklärt er, „reißt aus dem Stoff eines neuen Gewandes
Lappen heraus, um damit ein brüchiges altes zu flicken.
Keiner füllt neueren Wein in älter gewordene Schläuche,
könnte der Alte den Neuen doch gar nicht richtig enthalten.
Einreißen würde der Schlauch, der Rebensaft wäre verloren.
Ganz neuer Wein, bedenke es wohl, braucht auch ganz neue Schläuche.
Viele gewiss, die gewohnt sind, am alten Wein sich zu laben
wollen den neuen nicht, bleiben lieber bei dem, was sie kennen.
Und in der Tat, der Ältere scheint auch bekömmlicher, milder."

„Seht ihr, ihr könnt gänzlich Neues niemals als solches ermessen,

während ihr weiter bloß anlegt das Maß vergangener Zeiten.
Urteilt mit Herz und ihr werdet jedem gerecht werden können.
Unermesslich fürwahr ist die Liebe, die euch offenbart wird."

SABBAT

Wandernd durchstreift der Gesalbte Israels Stammesgebiete.
Mehr oder weniger zahlreich begleiten ihn seine Jünger.
Selten nur haben sie Vorräte mit, sie leben von Gaben.
So gibt es Zeiten, da müssen sie hungern, Jesu Erwählte.
Als sie am Sabbat ein Kornfeld passieren, ernten sie Ähren,
reiben sie zwischen den Händen, essen die Samen begierig.

Das nun beobachten Schriftgelehrte, die darüber murren.
„Heute ist Sabbat", erinnern sie Jesus, „der Herr heißt uns ruhen.
Gottes Gesetze erlauben uns nicht, am Sabbat zu ernten.
Wollt ihr es dulden, dass Eure Schüler Gesetze missachten?"
Solch einen Einwand indes hat der Heiland von ihnen erwartet.
Er blickt sie unverwandt an, die Kenner der heiligen Schriften.

„Ihr wisst doch sicher", erwidert er ruhig, „was David getan hat,
wisst, wie entschieden er vorging damals, als Hunger ihn plagte.
Habt ihr gelesen, wie dieser König ins Gotteshaus eindrang,
ohne zu zögern die Schaubrote nahm und diese verteilte,
wie er sie aß, obwohl laut Gesetz nur die Priester das dürfen?
Jedes Gesetz wurde euch als ordnende Hilfe gegeben.
Nie waren Gottes Gebote dazu gedacht, euch zu knechten.
Herr ist der Menschensohn über den Sabbat, nicht dessen Sklave."

Daraufhin schweigen die Schriftgelehrten und rechten nicht weiter.
Doch überzeugt sind sie nicht und im Stillen wächst ihr Missfallen.
Auch wenn sie nun, wie's scheint, unterlegen das Feld räumen müssen,
werden sie künftig doch weiter Jesu Verhalten bewerten.
Wo er auch hingeht, schauen die Rechthaber ihm auf die Finger.

Ganz besonders am Sabbat, wenn Jesus im Tempel sich aufhält,
häufig von Kranken umgeben, sind Pharisäer zugegen.

Sie passen sehr genau auf, als sich ausgerechnet am Sabbat,
ausgerechnet am heiligen Tag der vorgeschriebenen Ruhe,
nahe dem höchst umstrittenen Rabbi ein Leidender hinsetzt.
Jesus sieht gleich, dass die Hand des Geplagten gänzlich verdorrt ist.
Der ruft den Heiland im stillen Gebet und fleht, ihm zu helfen,
ihm seine Hand, die verloren Geglaubte, wiederzugeben.

Jesus weiß wohl, was die Büchergelehrten darüber denken,
weiß, dass das Ruhegebot die Heilung am Sabbat verbietet.
Deswegen heißt er den Mann nach vorn in die Mitte zu treten,
richtet sich auf und zeigt mit der offenen Hand zum Versehrten.
„Ist es erlaubt, Pharisäer", fragt er die Lehrer im Tempel,
„Gutes zu tun oder Böses zu tun am heiligen Sabbat,
Leben zu retten oder im Gegenteil Leben zu schaden?"

Langsam, der Reihe nach schaut er sie an, die stolzen Gelehrten,
schaut in die steinernen Mienen aus lebhaft fragenden Augen.
Bald wendet jeder Gelehrte ratlos geworden den Blick ab.
Kein Pharisäer vermag dem Gesalbten Antwort zu geben.
Ihnen ist klar, dass Jesus des Ruhetags Sinn ganz verdreht hat,
denn nicht zum Tun ist der Sabbat, sondern natürlich zum Lassen.
Glatt ist die Zunge des Heilers, keiner kann ihm widersprechen.
Also betrachten sie zornig schweigend, was nun auf sie zukommt.

Kurz senkt der Heiland das Haupt, als lausche er diesen Gedanken.
Leicht und kaum merklich dreht er den Kopf mit verneinender Geste.
Hörbar sodann saugt er ein eine Luft, erfüllt von Erwartung,
hebt seine Augen, strahlt und schaut wie entrückt in die Ferne.
„Hebe die Hand!", ertönt in der Stille Heilandes Aufruf.
Bebend gehorcht der Versehrte und alle recken die Hälse.
Der, den nun jedermann sieht, hält selbst seine Augen geschlossen,
fast so, als würde er fürchten, der Heilung Wunder zu stören.

Erst als er jubelnd aufspringen hört die begeisterte Menge,
schaut er auch selbst auf die Hand, die nunmehr tatsächlich geheilt ist.

Grimmig betrachten derweil die Gelehrten dieses Geschehen.
Knurrend vor Zorn überlegen die Männer, was nun zu tun sei.
Dieser sich Heiland heißende Frevler verspotte die Väter,
achte nicht Gottes Gebote, schade den Ruf ihresgleichen.
Länger nicht wollen sie dulden Jesu verwerfliches Blendwerk.
Aber sie trauen sich nicht, den mächtigen Mann zu ergreifen.

BERG UND BERUFUNG

Oft zieht sich Jesus zurück, um fernab der Städte und Dörfer,
fernab vom drängenden Volk an einsamen Orten zu beten,
einzutauchen in Sphären, die jenseits von Zeit oder Raum sind.
Heute entscheidet er, auf einem Berg die Nacht zu durchwachen,
oben mit sich in des Geistes Stille zu Rate zu gehen.
Unweit entfernt an den Hängen des Berges ruhen die Jünger.

Dann, als es anfängt zu tagen, ruft er zu sich hin die Seinen.
Zwölf seiner Jünger erwählt er sodann und nennt sie Apostel.
Simon, von Jesus auch Petrus genannt, ist einer von ihnen,
ferner sein Bruder Andreas, daneben Jakobus, Johannes,
auch ist Philippus dabei, genauso wie Bartholomäus.
Außerdem werden Matthäus und Thomas gebeten zu folgen.
Gleichfalls erwählt wird Jakobus, jüngerer Sohn des Alphäus,
dann noch ein weiterer Simon, einer, der früher Zelot war.
Elftens wird Judas erwählt, der standfeste Sohn des Jakobus.
Schließlich beruft der Gesalbte noch einen anderen Judas.
Der nennt sich selbst Iskariot und kämpft als Zelot für Befreiung.

Nun, da die Zwölf zu Gesandten erwählt sind, geht er mit ihnen
abwärts zum Tal und erreicht ein Gelände, offen und eben.
Dort umgeben von all seinen Jüngern, lässt er sich nieder.

Groß ist die Schar seiner Schüler, größer die Menge des Volkes.
Viele sind hergekommen aus sämtlichen Teilen des Landes,
selbst aus der Fremde, dem Küstengebiet von Tyrus und Sidon.

Alle sind da, um den Rabbi zu hören, Gnade zu finden.
Hergeschleppt, hoffend auf Heilung, haben sich auch wieder Kranke.
Ja, es sind viele, die leiden und Rettung bislang nicht fanden.
Manche sind da, die wie ausgeliefert sind unreinen Geistern.
Anfassen wollen sie Jesus, aufnehmen Heilandes Heilkraft.
Aber der Rabbi heißt sie zu warten, geduldig zu bleiben.
Schließlich jedoch werden alle geheilt, die Geister vertrieben.

Dann wird es leiser und schweigend betrachtet Jesus die Jünger.
Schließlich erhebt er sich, öffnet die Arme, fängt an zu reden.
„Selig seid ihr, die ihr Habgier nicht kennt, denn Gott wird euch lieben.
Selig seid ihr, die ihr hungert nach Licht, denn satt sollt ihr werden.
Selig seid ihr, die ihr weint ob des Leids, denn Gott wird euch trösten
Selig seid ihr, wenn die Menge euch nicht versteht und belächelt,
euch ob der Suche nach Wahrheit vielmehr der Lüge bezichtigt.
Freut euch, begrüßt es, denn dadurch wird eure Seele geläutert.
Gleiches geschah den Propheten; hütet euch, nehmt es gelassen!"

Kurz hält er inne, der Heiland, dann spricht er eindringlich weiter.
„Weh euch, die ihr euer Herz an Güter und Reichtümer bindet.
Blind werdet ihr für die geistigen Werte, alles verlieren.
Weh euch, die ihr euch dem Lichte verschließt, denn ihr werdet darben.
Weh euch, wenn ihr ohne Mitgefühl seid, denn dann müsst ihr leiden.
Weh euch, die ihr bloß Beliebtheit erheischt; ihr werdet betrogen.
Seht, die Propheten kümmerte nimmer anderer Meinung."

„Was, so frage ich euch, ist die Liebe, das Wesen der Liebe?
Glaubt ihr, wie viele es tun, sie sei ein gemeines Geschäft bloß?
Lieben wir jene, die uns und weil sie uns ihrerseits lieben?
Zeigen wir Wohlwollen denen allein, die freundlich zu uns sind?
Helfen wir denen willig, von denen wir Gleiches erwarten?"

„Glaubt mir, die Liebe des Schöpfers ist ohne solche Berechnung.
Ununterbrochen hält *sie* uns alleine alle am Leben.
Ununterbrochen fließt aus den Himmeln der Strom ihrer Güte.
Wärmt und belebt nicht die Sonne jeden, ob gut oder böse?
Auch wer die Sonne verkennt und verflucht, dem leuchtet sie trotzdem.
So ist die Liebe des Vaters großzügig, immerzu fördernd.
Keine Beleidigung, keine Verachtung nimmt ihr die Fülle."

„Deswegen sage ich: Liebt eure Feinde wie eure Freunde!
Liebt, wer euch hasst und verflucht, genauso wie die, die euch mögen!
Lasst euch vom Hass der Verstockten niemals zum Hassen verleiten!
Liebt also die, die euch ausnutzen, täuschen, schändlich behandeln,
liebt sie genauso wie die, die euch mögen, fördern und achten.
Lasst euer Wesen leuchten für jeden, seid gütig zu allen.
Liebt, wie der Vater euch liebt, und seid auf immer glückselig."

Jesus hält inne, lässt seinen Blick auf den Zuhörern ruhen.
Dann fährt er fort und über das Feld ertönt seine Stimme.
„Seid barmherzig, barmherzig ist auch das Wesen des Vaters.
Richtet nicht, lasst davon ab, so werdet auch ihr nicht gerichtet.
Der, der verdammt, kann unmöglich seiner Verdammung entgehen.
Traut euch, lernt zu vergeben und euch wird gleichfalls vergeben.
Messet den anderen nur mit dem Maß, das diesem gerecht wird,
so wie ihr selbst eurem eigenen Maß gerecht werden solltet.
Gebt und seid weitherzig, denn wie ihr gebt, so wird euch gegeben."

„Glaubt ihr, ein Blinder vermag einen Blinden richtig zu führen?
Werden nicht beide zwangsläufig irgendwann stolpern und fallen?
Zwar steht der Jünger nicht über dem Meister, wandelt sich aber.
Und wenn er alles gelernt hat, gleicht er dem Meister in vielem.
Seid euch bewusst, dass ein jeder, gleich welcher Herkunft er sein mag,
Kind meines Vaters ist, göttlich fürwahr, ein Wesen des Geistes.

Anfangs ist jeder ein Schüler; hütet euch, ihn zu verbessern!
Ihr seht erstaunlich genau den Splitter im Auge des Bruders.

Aber den Balken im eigenen Auge, den überseht ihr.
Wie könnt ihr sagen: Bruder, halt inne, damit ich den Splitter
dir aus dem Auge entferne, während ihr selbst doch noch blind seid?
Ziehet als erstes den Balken aus eurem eigenen Auge,
dann könnt ihr sehen und auch euren Bruder vom Splitter befreien."

„Kein Baum, der gut ist, bringt Früchte hervor, die schlecht und verfault sind.
Auch trägt kein Baum, der verfault ist, irgendwann Früchte, die gut sind.
An seinen Früchten erkennt ihr somit die Güte des Baumes.
Feigen pflückt keiner vom Dorngestrüpp, von Hecken nicht Trauben.
Gutes bringt *der* Mensch hervor, der gut ist, denn so ist sein Wesen.
Gutes tut er aus dem guten Schatz seines lauteren Herzens.
Böses indes erwächst aus dem Bösen, das heißt aus Verblendung."

Schweigend betrachtet der Heiland die ihn umgebenden Jünger.
Dann nickt er ernst und fährt fort, mit deutlichen Worten zu lehren.
„Viele sprechen begeistert von dem, was sie rührt und beflügelt,
schwärmen vom Heiligen Geist und nennen mich stolz ihren Meister.
Aber was nützt mir als Lehrer wohlfeiles Lob meiner Schüler?
Leer ist ein solches Gerede, wenn ihr nicht tut, was ich sage."

„Der jedoch, der zu mir kommt und hört meine Rede und tut sie,
gleicht einem Menschen, der sorgsam Grund legt, bevor er ein Haus baut.
Felsenfest steht dieses Haus, kein Flutwasser kann es zerstören.
Der allerdings, der mir zuhört, nicht aber demgemäß handelt,
gleicht einem Menschen, der ahnungslos meint, er könne sein Haus doch
unmittelbar auf der Erde errichten, ohne zu graben.
Wenn dann der Fluss daran reißt, so stürzt es bald ein, geht in Trümmer.
Unrettbar fällt es den Wassermassen anheim und verschwindet."

DER HAUPTMANN

Anderntags möchte Jesus erneut nach Kapernaum ziehen.
Dort, wie er weiß, lebt ein frommer und mächtiger Hauptmann.

Der ist in wachsender Sorge, ob seines ältesten Knechtes.
Denn dieser Diener ist krank und schwankt auf der Schwelle zum Tode.
Als nun der Hauptmann erfährt vom Herannahen des Heilands,
stärkt diese Nachricht bereits seinen Glauben, Hoffnung erfüllt ihn.
Eilig entsendet er Stammesälteste Jesus entgegen.
Diese rechtschaffenen Männer sollen vom Rabbi erflehen,
herzukommen und, so es denn sein soll, den Diener zu heilen.

Schließlich erreichen die Ältesten Jesus, drängen den Rabbi
hinzueilen zum Hauptmann und diesem doch bitte zu helfen.
Hoffend den heiligen Lehrer schnell überreden zu können,
preisen sie lebhaft die guten Werke und Taten des Hauptmanns.
Er sei ein ehrlicher, wahrer Diener der Stadt und der Menschen,
habe für alle den hiesigen Tempel aufführen lassen.
Einer wie er sei es wahrlich wert, dass der Heiland ihm helfe.

Jesus geht mit ihnen mit, begleitet von zahlreichen Leuten.
Aber bloß wenige Straßen entfernt vom Wohnsitz des Hauptmanns
werden sie aufgehalten von Freunden des wichtigen Mannes.
Losgeschickt hat der Hauptmann sie, Jesus entgegenzugehen.
Aufhalten sollen sie ihn, erklären den plötzlichen Wandel.
„Rabbi", sagt einer von ihnen sogleich, „bemüht Euch nicht weiter!
Hört, Herr, der Hauptmann bat uns Euch zu sagen, er sei nicht würdig,
Euch zu empfangen, nicht einmal wert, seinem Herrn zu begegnen.
Doch er ist tief überzeugt, dass Euch, Herr, die Himmel gehorchen.
Deswegen bittet er bloß um ein Wort, den Diener zu heilen."

„Er sei ein Mensch, so erzählte er uns, gewohnt zu gehorchen.
Er unterstehe der Obrigkeit, diene weltlicher Herrschaft.
Kraft seines Amtes befehlige er gar manche Soldaten.
Sage er einem: Geh hin!, so geht er und tut wie befohlen.
Sage er aber dem zweiten: Komm her!, so kommt er gehorsam.
Ungleich viel größer jedoch sei gewiss die Herrschaft des Rabbi.
Deshalb", so endet des Hauptmannes Freund, „erhofft er, dass Ihr, Herr,
wortgewaltig den Himmel befehligt, den Diener zu heilen."

Als nun der Menschensohn hört, was der Hergeschickte berichtet,
strahlt er beseligt, dass ihm solch ein starker Glaube begegnet,
wendet sich um zu den Leuten, die alles mitgehört haben,
schüttelt noch immer verwundert den Kopf und rühmt diesen Hauptmann.
„Wahrlich, ein Glaube wie dieser gibt es im Lande nur selten."
„Geht", spricht er sanft mit den Boten des Hauptmanns, „seid nun beruhigt.
Geht ins Haus eures Freundes zurück, denn der Herr ist ihm gnädig.
Wieder gesund ist sein Diener, preist euren Vater, seid dankbar!"

NAÏN

Diese und ähnliche Wunder rühren die Menschen im Herzen.
Überall redet das Volk vom Wirken des göttlichen Rabbis.
Quer durch die Stammesgebiete eilen erstaunliche Kunden.
Nichts in der Tat scheint unmöglich für Gottes Sohn und Erwählten.
Vielen ist klar, dass dieser Gesalbte ein ganz großer Prophet ist.
Auszutreiben vermag er die unreinen Geister der Irren,
gänzlich erlösen sogar die übel Verseuchten vom Aussatz.
Auch kann er Lahme wieder beleben, die Kraft ihrer Beine.
Doch dass der machtvolle Heiler über den Tod gar gebietet,
das übersteigt die Erwartung aller und wäre erschreckend.

Als er durchwandert die Berge südlich vom See Galiläas
kommt der Gesalbte zur Kleinstadt Naïn, von Scharen begleitet.
Während er ruhig und still ans einfache Stadttor herantritt,
hallt ihm das Wehgeschrei einer trauernden Menge entgegen.
Vor einem großen Gefolge trägt man hinaus eine Bahre,
trägt einen Leichnam, von grobem Leinen zur Gänze umwunden.

Auch wenn der Tote verhüllt ist, sieht doch der Heiland das ganze
Ausmaß des Leids und fühlt die erschütternde Tragik des Todes.
Ihm wird gewährt, der Leute Woher und Wohin zu erblicken.
Hoch auf den Schultern tragen die Söhne der Stadt einen Jüngling,
tragen den einzigen Sohn einer Witwe langsam zu Grabe.

Das nimmt er wahr und sein Mitgefühl gilt der einsamen Mutter.

Ihr ward entrissen die eine Frucht ihres eigenen Schoßes.
Ihr nahm der Tod das Licht ihres Lebens, die Hoffnung des Alters.
Nun, als der Menschensohn fühlt, was sie fühlt, durchzieht ihn ein Beben.
Ihn kann der Tod nicht erschrecken, aber es rührt ihn der Kummer.
Hinter ihm senken die Jünger das Haupt und blicken zu Boden.
Jesus indessen verharrt, ist gebannt vom Bild dieser Trauer.
Er sieht dem Jammer der Erdgeborenen offen ins Auge.

Doch er weiß auch, verloren geht nichts und der Tod ist bloß Täuschung.
Könnten die Trauernden sehen die Wahrheit seelischen Lebens,
hätten sie Frieden mit allem, sähen die Schönheit des Sterbens.
Nichts geht zu Ende, nichts, was dem Schöpfer dem Wesen nach gleich ist.
Seht es, ihr Gramgebeugten, der Tod ist nicht mehr als ein Torweg.
Hört doch die tröstenden Worte derer, die ihn schon beschritten.

Nunmehr entschieden geht er dem Trauergefolge entgegen.
Unsicher halten sie inne, die stummen Träger der Bahre,
schauen hinauf, als der Fremde sich nähert, nehmen verwundert,
wahr, welch gewaltige Anzahl von Menschen diesen begleitet.
Wie auf ein wortloses Zeichen, senken die Männer gemeinsam
sacht ihre Bürde, stellen sie ab und treten zur Seite.
Groß sind die Augen der Witwe, plötzlich verstummt ihr Gewimmer.

„Glaubt nicht", spricht Jesus zu allen, die hören, „ihr seid des Todes!
Glaubt nicht, der Tod könnte euch wie ein mächtiger Dämon besiegen!
Nie würde Er, der euch liebhat, eure Vernichtung erlauben.
Euch ward das ewige Leben geschenkt, der Vater hält zu euch.
Ihr tragt das unauslöschliche Licht eures Schöpfers im Herzen.
Lasst euch vom steten Wandel der Lebensgestalten nicht blenden!"

Wachsam beobachten alle im Kreis, wie Jesus sich schweigend
niederlässt neben der Totenbahre und ohne zu zögern
aufdeckt den Leichnam und diesem sodann die Hand auf die Brust legt.

Viele der um ihn Versammelten meinen, er wolle beten,
beten zum Herrn für das Seelenheil des verstorbenen Jünglings.
Doch der Gesalbte bittet den Vater um mehr als Geleit nur.

Aufmerksam schauen ihm zu des Jünglings betrübte Verwandte.
Ohne den Blick vom Toten zu wenden, erhebt sich der Heiland.
„Mensch", gebietet er lautstark, „öffne die Augen, erheb' dich!"
Kurz scheint die Weisung des Fordernden ungehört zu verhallen.
Dann aber öffnet der Bloßgelegte tatsächlich die Augen,
richtet sich auf und betrachtet verwirrt das Volk in der Nähe.

Ganz überwältigt vom Wunder der Auferweckung des Sohnes,
stürzt nun die Mutter weinend herbei und umarmt ihren Jungen.
Lobpreisend dankt sie dem Herrn und will Glückes Wiederkehr feiern.
Anders die stummen Zeugen des übernatürlichen Vorgangs.
Viele sind ganz außerstande das, was sie sehen, zu glauben.
Fassungslos starren sie Jesus bloß an, erschreckt und verängstigt.

Das, was der Rabbi getan hat, zeichne ihn aus als Gesandten,
zeige, dass nur der Allmächtige ihn geschickt haben könne.
Doch des Propheten Macht überrollt alles bisher Geglaubte.
Unwiderruflich ist Todes Entscheidung immer gewesen.
Nun scheint auf einmal des Würgeengels Regentschaft gebrochen.
Damit bricht auch des Erdensohns größte Gewissheit zusammen.
Plötzlich ist allen das Augenscheinliche fraglich geworden.
Aufgewühlt, in Gedanken versunken, gehen sie heimwärts.

DER TÄUFER

Jesus geht eigene Wege und keiner weiß, was er vorhat.
Planlos, so scheint es, durchkreuzt er die weiten Länder der Juden.
Doch wo er hinkommt, spricht sich sehr bald schon herum, dass er da ist.
Spätestens Ende des Tages kommen die Menschen aus allen
Dörfern des Umlandes, folgen dem Ruf des großen Propheten,

kommen von Sehnsucht getragen, gleich, wie beschwerlich ihr Weg ist.

Einige kommen mit Fragen zum Heiland, wollen verstehen,
wer ihn entsandt hat und wessen Wahrheit sein Wesen verkörpert.
Dazu gehören auch Jünger Johannes', Schüler des Täufers.
Einst, nachdem Jesus zur Menge gesprochen, viele geheilt hat,
nähern sich zwei dieser Jünger dem Rabbi, unsicher zögernd.

„Meister", sagt schließlich einer der beiden, „Johannes behauptet
Ihr wärt der Eine, Volkes Erlöser, beauftragt vom Höchsten.
Wir sind vom Jordan gekommen zu fragen: Seid Ihr es wirklich?
Seid Ihr der Eine, erfüllt sich mit Euch, was uns prophezeit ward?
Oder seid Ihr bloß ein Vorbote, Künder künftiger Rettung?
Ratet ihr uns, auf den wahren Messias weiter zu warten?"

Jesus betrachtet die beiden und sieht den Kern ihres Zweifels.
„Was habt ihr heute gesehen?", fragt er die Jünger Johannes'.
„Wart ihr dabei, als Blinde ihr Augenlicht wiedererlangten?
Habt ihr gesehen, dass Lahme plötzlich zu gehen vermochten,
makellos rein wurden die, die der Aussatz übel entstellt hat,
Taube, auch die gehörlos Geborenen, unverhofft hörten?
Wart ihr zugegen, als selbst die Toten noch aufgeweckt wurden?
Habt ihr die Botschaft der Liebe gehört, die Worte des Heilands?
Sagt mir, ihr Sucher der Wahrheit, wie euer Herz das bewertet!
Könnt ihr das alles bezeugen, dann geht, verbreitet die Kunde!"

Sichtlich berührt von den Worten, mehr noch vom Wesen des Rabbis,
kehren die Jünger zu ihrem Meister zurück an den Jordan.
Anschließend wendet sich Jesus erneut ans Volk dort versammelt,
wissend, dass viele der Pilger auch schon Johannes besuchten.
„Ihr zogt hinaus in die Wüste", spricht er und blickt in die Menge,
„was habt ihr dort am Ufer des Jordans zu sehen erwartet?
Was zog euch hin und veranlasste euch, so lange zu wandern?
War es der Fluss oder lieblich im Wind sich wiegendes Schilfrohr?
Seid ihr hinausgegangen, um dort einen mächtigen, schönen,

vornehm gewandeten, wohl begüterten Menschen zu sehen?
Oder vernahmt ihr vielmehr im Herzen den Ruf des Propheten?"

„Er, der dort draußen am Flusse wortmächtig aufruft zur Umkehr,
er ist fürwahr in der Lage, Israels Volk in der Seele
anzurühren wie kaum je ein Erdgeborener vor ihm.
Auch wenn Johannes als Mensch unter allen himmlischen Wesen
unbedeutend erscheinen mag, ist doch sein Wirken gewaltig.
Tausende kamen zu ihm, die einfachen Leute des Volkes,
Landmänner, Handwerker, Hirten, ebenso Zöllner und Dirnen.
Alle, zu denen er sprach, vernahmen die Kunde im Herzen,
glaubten sein Wort und ließen vom Künder mit Wasser sich taufen."

„Er bietet keinem der Pilger irgendein eitles Vergnügen.
Trotzdem ziehen die Leute in Scharen zu ihm in die Wüste.
Das zeigt doch: Dieser Prophet ist begnadet, beauftragt zu künden,
anzukündigen, vorzubereiten die Ankunft des Sohnes.
Lange bereits war er auserkoren für diese Bestimmung."

„Einst, als das ganze Land über Jahre von Dürre und Hunger
heimgesucht wurde, rief er hervor den erlösenden Regen.
Er war bereits der Prophet eurer Väter, sein Name Elia.
Über ihn künden die Schriften das, was sich nunmehr erfüllt hat.
Siehe, so heißt es, *ich sende voraus dir meinen Verkünder.*
Er solle dir deinen Weg bereiten, den Acker bestellen."

„Heil euch, die ihr des Propheten Aufruf im Innern vernommen!"
Nickend lässt Jesus die Worte verhallen, schaut in die Menge.
Dann fällt sein Blick auf die Schriftgelehrten, die ihn nicht erkennen.
Seufzend senkt er das Haupt und versucht diese Lehrer zu warnen,
müht sich, sie anzurühren, die Herzen der Starren und Strengen.

„Wehe dagegen die Selbstgerechten, die blind für das Licht sind.
Nie finden Frieden die, die ihr Herz für die Wahrheit verschließen.
Hochfahrend sind sie und glauben, stets alles besser zu wissen,

sehen sich selbst voller Stolz als Hüter der höchsten Gesetze.
Ohne Erbarmen richten sie scharf über Volkes Verfehlung.
Als sie erfuhren, dass draußen am Fluss der Täufer Johannes
kaum etwas aß, da meinten sie, er sei vom Dämon besessen.
Doch als sie sahen, dass Brot aß und gar vom Wein trank der Heiland,
hießen sie ihn einen Fresser, Säufer und Freund von Verderbten.
Folgt also nicht dem Urteil Gelehrter, folgt eurem Herzen!"

DIE HURE

Wie zu erwarten missfällt den Gelehrten das, was sie hören.
Manche jedoch wirken nachdenklich, staunen über den Heiland.
Einer von ihnen entscheidet, den Rabbi nach seiner Rede
einzuladen zu sich, um das Brot miteinander zu teilen.
Jesus sagt zu und so kehren er und die Jünger am Abend
ein in das Haus dieses Mannes, werden dort freundlich bewirtet.

Draußen derweil in den Straßen der Stadt verteilt sich die Menge.
Tief in der Seele bewegt sind viele von Jesu Erscheinung.
Dazu gehört eine Frau, die Volkes Verachtung gewohnt ist.
Sie ist bei allen als Hure bekannt und doch nicht gesehen.
Ehrlich ist sie mit sich selbst und ihr Wesen ganz ohne Dünkel.
Mehr noch, ihr Herz ist reiner als manch eines ehrbarer Leute.

Als ihr zu Ohren kommt, wo er sich aufhält, dieser Geliebte,
eilt sie nach Hause und sucht ein Gefäß mit kostbarem Salböl,
nimmt's und begibt sich zum Haus des vornehmen Büchergelehrten.
Leise betritt sie das Zimmer, wo Gottes Künder am Tisch sitzt.
Auch seine Jünger sind da und neben ihm sieht sie den Hausherrn
Simon, den weithin geehrten Wahrer geheiligten Wissens.

Groß ist die Zahl der geladenen Gäste, Diener und Mägde.
Unbemerkt schleicht die Erregte zum Sitz des Rabbis hinüber,
kniet vor ihm nieder, fängt an zu weinen und netzt mit den Tränen

tief erschüttert die Füße des Heilands und der lässt's geschehen.
Schließlich, die Augen gesenkt, verstummt sie, löst ihre Haare,
neigt sich nach vorne und trocknet mit ihnen Jesus die Füße,
streichelt sie, küsst sie und salbt sie sodann mit Öl aus dem Krüglein.

Simon, den Gastgeber, wundert, warum der Rabbi das zulässt.
Er ist sich sicher, dass dieser wohl weiß, mit wem er's zu tun hat.
Jedermann sieht ja, dass sie sich allzu bereitwillig hingibt,
feilbietet jedem, der zahlt, ihren Leib, als wäre er Ware.
Unrein ist sie und nicht würdig, diesem die Füße zu waschen.
Doch den umworbenen Rabbi scheint das nicht weiter zu kümmern.
Ja, er betrachtet mit Wohlwollen gar das Treiben der Dirne.

Jesus entgeht derweil nicht, wie der Hausherr innerlich urteilt.
„Simon", beginnt er und wendet sich nunmehr hin zum Gelehrten,
hör, ich möchte dir gern eine kleine Geschichte erzählen.
Irgendwann hatte ein Gläubiger zwei verschiedene Schuldner.
Einer der beiden schuldete ihm etwa fünfhundert Groschen.
Lediglich fünfzig jedoch war der zweite Schuldner ihm schuldig.
Dann eines Tages erließ der Gläubiger beiden die Schulden.
Wer zeigte wohl die größere Dankbarkeit nach dieser Schenkung?"
„Sicher", meint Simon, „jener von größeren Schulden Befreite."
„Siehst du", erwidert der Heiland, „hier ist das Gleiche geschehen."

„Du hast mich eingeladen zum Abendmahl, ich bin gekommen.
Wasser jedoch für die Füße hast du mir keines gegeben."
Lächelnd blickt Jesus zur ihm sich widmenden Dirne hinunter.
Ohne den Blick von ihr abzuwenden, erklärt er dem Hausherrn:
„Sie hier jedoch hat mir meine Füße mit Tränen gewaschen,
ja, sie hingebungsvoll mit den eigenen Haaren getrocknet.
Du hast mir keinen einzigen Kuss zur Begrüßung gegeben.
Sie aber hier hört gar nicht mehr auf, meine Füße zu küssen.
Du hast mein Haupt nicht gesalbt und mir keine Pflege gespendet.
Anders jedoch diese Frau, die mir meine Füße gesalbt hat."

„Viel hat sie wahrlich geliebt, diese Frau, das solltest du wissen.
Deshalb sind ihr ihre zahlreichen Missetaten verziehen.
Wem aber wenig vergeben wird, der, Simon, liebt auch nur wenig."
Vorneigend legt er sodann der Frau eine Hand auf die Schulter,
nickt und erklärt, ihre Sünden seien ihr gänzlich vergeben.

Unruhig werden die Gäste, die diese Worte vernehmen.
Wer ist er bloß, überlegen die Zeugen erschreckt, dass er gar
gleich einem Gott zu vergeben vermag, die Sünden der Menschen?
Jesus jedoch hilft der Frau auf die Füße, sagt ihr zum Abschied:
„Dir hat dein Glaube geholfen, geh nun und lebe in Frieden!"

FRAUEN

Unermüdlich durchwandert der Heiland die Länder der Juden.
Wo er auch hinkommt, begrüßen ihn scharenweise die Leute.
Überall spricht er vom Himmelreich, lobt die Heilkraft der Liebe,
so dass sich manche entschließen, dem Künder fortan zu folgen.
Neben den zwölf Erwählten sind einige Frauen darunter.
Liebe bewegt sie, dem Künder der neuen himmlischen Lehre
uneigennützig zu dienen, Jesus ergeben zu helfen.

Heilung durch ihn, durch die geistvolle Kraft seiner wahren Worte,
haben sie selbst am Leib, in der Seele, im Geiste erfahren.
Eine der jungen Frauen, Maria, genannt Magdalena,
holte der Heiland zurück aus den Klauen unreiner Geister,
als er von ihr auf einem Schlag austrieb sieben Dämonen.
Auch ward Johanna geheilt, die Gemahlin eines Verwesers,
eines der einflussreichen Beamten des Fürsten Herodes.
Da sie begütert ist, hilft sie den Armen seitdem mit Gaben.
Häufig nah an der Seite des Rabbis ist ferner Susanna.

All diese Frauen bemühen sich mitzutragen des Heilands
tägliche Last als umherziehender Heiler von vielen.

Sie unterstützen ihn immer geschickt mit nützlichen Werken,
helfen, versorgen mit naheliegenden Dingen den Meister.
Auch haben sie die Lage der zahlreichen Jünger im Auge,
kümmern sich darum, dass jeder untergebracht und verpflegt wird.

GLEICHNISSE

Häufig durch sinnreiche Gleichnisse lehrt der Rabbi die Menge.
Ebenso heute, da ihm eine große Volksmenge zuhört.
„Einst ging ein Sämann", beginnt er, „aus um das Saatgut zu säen.
Während er säte, landete einiges neben dem Acker.
Dort auf dem Weg ward's zertreten und bald von Vögeln gefressen.
Andere Samen indessen fielen auf staubige Felsen.
Als die Saat aufging, fehlte ihr Wasser, verdorrte alsbald schon.
Ferner fiel Saatgut teilweise unter die dornigen Disteln.
Diese erstickten in kürzester Zeit die keimenden Pflänzchen."

„Aber ein Teil des Gesäten fiel auf geeignete Erde.
Dort zuletzt auf dem fruchtbaren Land ging es auf und erblühte.
Hundertfach trugen sie Frucht, diese aufgegangenen Samen.
Hört, was ich sage, ihr Söhne der Erde, hört meine Worte!
Ihr, die ihr Ohren zu hören habt, hört, vernehmt meine Kunde."
Damit beendet Jesus die Rede und segnet die Menge.

Stirnrunzelnd schauen die Jünger ihn an, den lehrenden Rabbi,
möchten von ihm erfahren des Gleichnisses Sinn und Bedeutung.
„Euch", erklärt Jesus vertraulich, „euch ist's gegeben zu wissen,
unmittelbar zu erfassen Wesen und Wahrheit des Geistes.
Doch all den anderen hier sei's in solchen Bildern gegeben."
Jesus blickt kurz auf die Menge, die weitere Wunder erwartet.
„Wenn ich ein Gleichnis wie dieses benutze", schließt er dann seufzend,
„sehen die Leute und sehen doch nicht, was ihnen gezeigt wird."

„Ihr könnt den Sinn des Gesagten ohne Erklärung erfassen,

wisst als Erwählte bereits, was hier mit dem Samen gemeint ist,
nämlich das Wort des Verkünders, Saatgedanke des Geistes,
ohne Beschränkung verbreitet, hierhin und dorthin geworfen.
Die, die am Weg sind, am Rande, hören das Wort und vergessen's.
Aufnehmen können sie's nicht, das Wort, in die Tiefe des Herzens.
So wächst in ihnen kein Glaube heran, kein Frohsinn, kein Wissen."

„Denen jedoch auf dem Felsen, freut es die Kunde zu hören.
Nur, ihnen fehlen die Wurzeln, der feste Halt in der Seele.
Prüfungen kommen und sie verlieren den einstigen Glauben.
Fällt wiederum das Wort unter Dornen, so fällt es zum Opfer
zahllosen Sorgen und Ängsten und inhaltsleerer Zerstreuung.
Wer sich von Sorgen nicht löst und ausrichtet Denken und Wollen,
bringt keine Früchte des Geistes zur Reife, bleibt ohne Wahrheit."

„Doch wo das Wort auf fruchtbare Erde fällt, wird es gehalten,
eingebettet im wärmenden Boden gütiger Herzen.
Hier sind die Brüder und Schwestern, die aufzunehmen vermögen
Saatgut des Geistes, das unaufhaltsam ihr Wesen verwandelt.
Hier wird gehört des Propheten Wort in der Tiefe der Seele,
sorgsam gehütet der Keimling, Leben und Wachstum ermöglicht."

„Niemand", so Jesus, „zündet ein Licht an und stellt diese Kerze
unter den Stuhl oder unter den dichten Ton eines Kruges.
Sondern man setzt eine brennende Kerze auf einen Leuchter,
so dass ein jeder, der eintritt ins Zimmer, dieses Licht sehe.
Nichts bleibt verborgen und sei es das scheinbar größte Geheimnis.
Wisset, im Lichte des Geistes liegt alles offen zu Tage.
Hört mit den Herzen, so werdet ihr dieses gleichfalls verstehen:
Dem wird gegeben, der hat, und sein Licht wird heller noch scheinen.
Wer aber nicht hat, genommen wird ihm, was er meinte zu haben."

Weitergereicht, durch das Volk übermittelt, kommt eine Nachricht
an bei den Jüngern ganz vorne und diese eilen zum Rabbi.
Ihm wird gesagt, dass eben gekommen ist aus Galiläa,

hergekommen um aufzusuchen den Sohn seine Mutter.
Auch seine Brüder, so heißt es, erwarten seine Begrüßung.
Jesus, so heißt es, möge doch kommen, die Seinen empfangen.

Der allerdings überrascht die Jünger mit seiner Entgegnung.
„Mutter und Brüder", fragt er, „sind das meine wahren Verwandten?
Zählen die Bande des Bluts denn mehr als die Bande des Geistes?
Was hat der Heiland mit Blutsverwandten am Ende zu schaffen?
Jene allein sind für mich wie Mütter und Brüder, die wirklich
hören im Herzen das Wort ihres Herrn und demgemäß leben."

IM STURM

Wieder einmal besucht der Gesalbte den See seiner Heimat.
Er und die Jünger steigen zusammen ins Boot eines Fischers.
Jesus schlägt vor, gemeinsam ans andere Ufer zu fahren.
Einige Jünger sind Fischer, kennen den See und ihr Handwerk,
machen das Boot bereit für die Fahrt mit Geschick und Erfahrung.
Bald stößt die Gruppe vom Land ab, friedlich und still liegt das Wasser.
Während der Fahrt legt der Rabbi sich hin, ein wenig zu ruhen.
Gleichmäßig gleitet das Boot und nach einer Weile ist Jesus
eingeschlafen, was selten passiert und die Jünger verwundert.

Als sie schon fast in der Mitte des Sees sind, ändert sich plötzlich,
schlagartig fast schon das Wetter, sorgenvoll sehen's die Jünger.
Düstere Wolken ziehen herauf und es fängt an zu stürmen.
Aufgepeitscht werden die Wasser schnell zu gewaltigen Wellen.
Ruckartig heben die Wassermassen das Boot in die Höhe,
werfen es anschließend zwischen die Wogen hart in die Tiefe.
Ausgeliefert sind alle den tobenden Kräften des Sturmes.
Da scheint den tief erschrockenen Jüngern ihr Ende besiegelt.

Staunend bemerken sie dann, dass immer noch schläft der Gesalbte,
ungestört, wie es scheint, von den ringsum tosenden Wirbeln.

Schwankend und angsterfüllt stürzen sie hin, den Meister zu wecken,
rufen ihn: „Rabbi, wacht auf, wacht auf, Herr, wir drohen zu kentern!"
Jesus erwacht und sitzt auf, doch bleibt er erstaunlich gelassen.
Selbst in der Not dieser Stunde wahrt er den inneren Frieden.
Auch seine Jünger erfahren nun seine göttliche Ruhe.
Stark ist des Meisters Stille gerade inmitten des Sturmes.

Ohne nach oben zu schauen hebt er die Hand in die Höhe,
hält sie, die Finger gespreizt, den wütenden Winden entgegen.
Fast sieht es aus, als grüße er nur einen alten Bekannten.
Keine Gewalt liegt in dieser Gebärde, keinerlei Drohung.
Dennoch beschwichtigt er rasch den Zorn des unbändigen Sturmes.
Jäh bricht es ab – das eben noch ohrenbetäubende Brausen.
Glatt liegt der See, und das Fischerboot dümpelt friedlich und freundlich.

Aufgerissenen Auges, verwundert und starr vor Entsetzen
schauen die Jünger über das Wasser hinauf in den Himmel.
Eingeschüchtert sind alle erneut von der Macht dieses Rabbis.
Was sie erlebt und gesehen, kann ihr Verstand nicht erfassen.
Wie kann es sein, überlegen sie still mit Blick auf den Meister,
wie kann es sein, dass er über Wasser und Winde gebietet?
Solches zu tun, ist bestimmt nicht natürlich, nicht einmal menschlich.

Jesus erkennt die Gedanken der Jünger, sieht ihre Ängste,
schüttelt den Kopf und blickt jedem von ihnen ernst in die Augen.
„Lasst es nicht zu", ermahnt er, „dass irgendein Wirbel euch mitreißt!
Seid euch gewiss, es wird Zeiten geben, in denen sich Wellen
auftürmen werden, Stürme der Welt euer Schifflein gefährden.
Gleich, was passiert, ihr dürft euren Glauben niemals verlieren."

LEGION

Ohne Probleme gelangt die Gruppe ans östliche Ufer.
Kaum ist Jesus der Barke entstiegen, begegnet ihm Unheil.

Nahe am See im Gebüsch hockt ein furchterregendes Wesen.
Unrein und unbekleidet kauert es grunzend am Boden.
Dies ist ein Mann, wie Jesus erkennt, von Dämonen besessen.
Immerzu treiben die bösen Geister ihn fort von den Menschen,
fort aus dem Schutz einer jeden Behausung, raus in die Wildnis.
Allseits gefürchtet ward er schon mehrmals gefangen gehalten.
Jedes Mal aber zerriss er rasend vor Wut seine Ketten.

Als er den Heiland erblickt, erhebt sich der Nackte, kommt näher.
Schreiend als würde er Schmerzen erleiden, steht er vor Jesus.
Unruhig werden die Jünger indes, der Mann scheint gefährlich.
Wieder behält der Gesalbte die Ruhe, schaut auf das Wesen,
schaut und versteht, was er für das Wohl dieses Mannes zu tun hat.
Auch seinen Schülern ist klar, dieser Mensch ist wahrlich besessen.

Vorsichtig nähert sich Jesus dem Wilden, will ihn berühren.
Dieser jedoch weicht zurück, schreit auf und ballt seine Fäuste.
„Fahrt aus!", ruft Jesus, „fahrt aus und plagt diesen Menschen nicht länger!"
Plötzlich wirft sich der Mann auf den Boden und wild schlägt er um sich.
„Du", brüllt er haltlos, „verschwinde, du schrecklich blendende Sonne!
Lass uns in Ruhe, Heiler, wir haben mit dir nichts zu schaffen.

Aber der Angesprochene weicht nicht und fürchtet kein Übel.
„Sag mir", fordert er ruhig und deutlich, „wie lautet dein Name?"
Da lacht er höhnisch der Nackte und grunzend fletscht er die Zähne.
„Sicher wüsstest du gern, wie wir heißen, doch wir sind nicht blöde.
Glaubst du, wir wissen es nicht, du Bastard, was du mit uns vorhast?
Nenne uns doch ‚Legion', denn unsere Schar ist gewaltig."

Jesus indes wischt den Stolz der geifernden Geister beiseite:
„Das ist ohne Bedeutung, ihr wisst, eure Macht ist gebrochen.
Geht! Kehrt zurück in die Tiefe, im Urgrund könnt ihr euch läutern!"
Doch die Dämonen sind vorerst nicht willens dorthin zu gehen.
Wehklagend heulen sie auf, ihr Ende nun plötzlich vor Augen.
„Nein, du Allmächtiger, alles, bloß das nicht!", rufen sie bebend.

„Noch sind wir nicht so weit, jener Läuterung Schmerz zu erleiden.
Zwingt uns nicht, Rabbi, uns selbst im Spiegel zu sehen, zu fühlen,
einzusehen, woher und wohin wir uns wütend bewegen.
Wir sind noch nicht in der Lage, solch einen Blick zu ertragen.
Nichts wäre damit gewonnen, wir würden ohnmächtig werden."

Jesus versteht sie und über die nahen Hügel und Hänge
schaut er hinaus und sucht, einer inneren Anregung folgend,
sucht eine Antwort, die ihm in der Landschaft gleichsam begegnet.
Auf einer Weide am Berghang gewahrt er zahlreiche Säue.
Gleichzeitig sieht er der Herde williges Wesen und Schicksal,
sieht, dass die Tiere sich durchaus ihrer Entscheidung bewusst sind.
So ist das Wesen der Schöpfung, immer ist alles gerichtet.

„Wer sich nicht wandeln will", lehrt er die ehrlos jammernden Geister,
„wer nicht bereit ist, sich selbst zu erkennen, der ist des Todes.
Einst kommt der Tag, da werdet auch ihr euch nicht länger verstecken.
Möge der Weg, den ihr nunmehr beschreitet, dorthin euch führen.
Seht diese Herde", fordert der Heiland und zeigt auf die Schweine.
„Geht nun für immer und fahrt, wenn ihr wollt, in diese Geschöpfe!"

Schlagartig krümmt sich der lange geplagte Nackte am Boden.
wild und wutschäumend wälzt er sich über die sandige Erde,
wirft seinen Kopf hin und her und schlägt mit den kräftigen Gliedern.
Schließlich entfährt ihm ein grollender, furchterregender Aufschrei.
Während der Heiland gefasst bleibt, zucken die Jünger zusammen.
Dann sind ebenso plötzlich die Leiden des Mannes zu Ende.
Regungslos liegt der Erschöpfte im Lichte seines Erlösers.

Aber die Stille im Ausklang der Heilung dauert nicht lange.
Oben am Berghang erklingen auf einmal tierische Schreie.
Vielstimmiges Grunzen und Quieken durchbrechen den Frieden.
Angelockt von der Unruhe schauen die Jünger den Hang hoch.
Was sie dort oben erblicken, lässt sie gewaltig erschrecken.
Zornig, wild und gefährlich verhalten sich plötzlich die Säue,

irren von Wahnsinn getrieben herum, bedrängen einander.
Welch verheerender Wille ist da bloß in sie gefahren?

Trabend und springend donnert die Herde der Schweine hinunter,
eilt wie ein grollender Erdrutsch hinab und rast immer schneller,
ohne zu zögern und unverkennbar zum Letzten entschlossen.
Todesverachtend stürzt schließlich Schwein über Schwein in die Tiefe.
Borstige Leiber ergießen sich heillos übereinander,
drücken und stoßen sich gegenseitig in wüstem Gerangel.
Dann sind alle ertrunken und Stille liegt über dem Wasser.

Zeugen des Sturzes sind einige Hirten, nahe am Ufer.
Totenbleich starren die Männer zum Ort des Irrsinns hinüber,
schauen hinaus auf den See, als würden sie heimlich erwarten,
dort im Gewässer noch irgendein Lebenszeichen zu sehen.
Unwiderruflich indes ist der Massentod dieser Säue.
Furcht übermannt nun die Hirten, Furcht vor dem Treiben der Geister.
Ohne die Schafsherde einzupferchen, enteilen die Männer,
fliehen fluchtartig über die Weiden zur Stadt ihrer Sippe.

Aufgeweckt und erlöst wirkt derweil der vom Übel Befreite.
Jesus blickt um sich, bittet die Jünger, den Mann zu bekleiden,
anzulegen ein reines Gewand diesem Wiedererwachten.
Ferner sollen sie ihm einen Teil ihrer Wegzehrung bringen.
Sprachlos zunächst ist der Mann, ob der ihm erwiesenen Gnade.
Dann kniet er nieder und küsst dem Gesalbten dankbar die Füße.
Schließlich sitzt er genährt und gekleidet inmitten der Jünger,
spricht mit dem Heiland, erzählt ihm ehrlich vom Lauf seines Lebens.

Kurze Zeit später erscheinen am Ufer zahlreiche Leute,
aufgebrachte Bewohner der nahegelegenen Siedlung.
Ihnen berichtet haben die Hirten vom seltsamen Vorfall.
Groß ist ihr Schreck, als sie dort den bisher Besessenen sehen,
dort in der Runde der Jünger, nahe dem heiligen Manne.
Friedlich und still sitzt er nun und trägt weder Ketten noch Fesseln.

Um den Erregten die Sorge vor bösem Zauber zu nehmen,
fangen die Jünger in ruhigen Worten an zu erzählen,
aufzuklären, wie der Gequälte von Geistern erlöst ward.
Doch als die Leute es hören, sind sie mitnichten beruhigt.
Ihnen sind einfach zu unheimlich Jesu Macht und Methoden.
Deswegen fordern die Menschen am Ende, ihn und die Seinen
auf, ihre Gegend schnell zu verlassen und fortan zu meiden.

Da sieht er ein, der Heiland, dass zu groß noch Volkes Angst ist.
Ohne ein weiteres Wort der Erklärung geht er gelassen
wieder zum Boot, steigt ein mit den Jüngern, bereit für die Abfahrt.
Eilig watend durchs Wasser kommt plötzlich zu ihm der Geheilte,
bittet von nun an begleiten zu dürfen ihn, seinen Retter.
Er aber heißt den Erlösten, eigene Wege zu gehen,
fordert ihn auf, nach Hause zu kehren und allen, die da sind,
offen und furchtlos von Gottes Gnade und Heil zu berichten.

KRAFT DEINES GLAUBENS

Drüben, am westlichen Ufer, warten inzwischen die Menschen,
wollen ihn sehen und hören, den großen Himmelsgesandten.
Kaum hat der Heiland das Ufer betreten, wird er gebeten,
angefleht von Jaïrus, dem Priester des örtlichen Tempels,
ihn zu besuchen, um abzuwehren den Engel des Todes.
Seine, des Priesters, einzige Tochter liege im Sterben.
Nur eine Wundertat könne der Zwölfjährigen helfen.
Jesus stimmt zu und umdrängt von der Menge folgt er Jaïrus.

Unter dem Volk befindet sich auch eine ernsthaft Erkrankte.
Not und Verzweiflung führte sie her, denn die Frau ist am Ende.
Zwölf Jahre lang schon leidet die Dauergeschwächte an Blutfluss.
Zahlreiche Heiler bat sie um Hilfe, doch nichts hat geholfen.
Aufgewandt hat sie ganz ihre Habe für Heiler und Heilung.
Nun hat sie alles außer dem quälenden Leiden verloren.

Dichtes Gedränge behindert den Rabbi während des Weges.
Alle versuchen den Heiland wenigstens kurz zu berühren,
rufen ihn an und erwarten, rasch noch gesegnet zu werden.
Demütig nähert sich andererseits die unheilbar Kranke,
nähert sich vorsichtig, leise von hinten, fühlt sich nicht würdig
angesehen zu werden vom großen Gesandten des Himmels.
Tief von der Liebe zum Lichte erfüllt berührt sie fast schüchtern,
streichelt am Ende nur leicht den Saum seines schlichten Gewandes.

Augenblicklich hält Jesus nun inne und schaut in die Menge,
wendet den Blick hin und her, als würde er jemanden suchen,
fragt, wer ihn angefasst hat, und blickt in erstaunte Gesichter.
Niemand bewegt sich noch weiter, alle verstummen auf einmal.
Petrus, der neben dem Meister einhergeht, wundert sich gleichfalls.
„Rabbi, was meint ihr", fragt er den Heiland und runzelt die Brauen,
„Ihr werdet ständig vom drängenden Volk gedrückt und geschoben."

Aber der Menschensohn scheint diesen Einwand gar nicht zu hören.
Jesus hat lebhaft empfunden, dass eine Kraft von ihm ausging,
dass das Verlangen, sie aufzunehmen, die Heilkraft, sie einlud,
so wie das Tal den Gebirgsbach einlädt nach unten zu fließen.
Derart empfänglich ist nur ein unbeirrbarer Glaube,
einer von seltener Reinheit, und den will Jesus erschauen.

Da tritt hervor eine Frau, fällt sichtlich erregt vor ihm nieder,
kniet auf der Erde und sagt vor dem Volke, was sie getan hat,
weshalb sie angerührt hat den Propheten, woran sie glaubte.
Tränenreich spricht sie über ihr altes, zermürbendes Leiden,
weint, weil sie tief wie noch nie und wirklich umfassend geheilt ist.

Freudig lächelnd betrachtet der Heiland die Frau ihm zu Füßen,
hält ihr die Hand hin und hilft ihr, sich aufzurichten im Glauben.
„Tochter des Vaters", sagt er zu ihr, „dein Licht wird erstrahlen.
Du hast an Heilung geglaubt und deswegen Heilung erfahren.
Nichts hält der Himmel dem Glaubenden vor; alles ist möglich.

Geh und bewahre auch fernerhin meinen Frieden im Herzen!"

Kaum sind die aufmunternden Worte des Heilands verklungen,
eilt auf Jaïrus, dem Vorsteher, zu ein weinender Diener.
Furchtbares ahnt nun der Priester, nein, es ist mehr als ein Ahnen.
Eines nur können die Tränen des Hergeeilten bedeuten.
Ihm stockt der Atem und heftig fasst er den Mann an die Schultern.
Der senkt das Haupt, vermag nicht dem Leid seines Herrn zu begegnen.
Dann spricht er aus, der Diener, die Kunde vom Tode der Tochter.

Schmerzerfüllt sinkt der Priester zu Boden und schluchzt in den Himmel,
schreit seinen Kummer hinaus, denn inniglich liebt er das Mädchen.
Er kommt zu spät, so fühlt er verbittert, der Kampf ist verloren.
All sein Bemühen, sein Beten und Hoffen, alles vergebens!
Fast wäre er mit dem rettenden Rabbi bei ihr gewesen.
Nun kann auch der nichts mehr tun, seines Kindes Los ist besiegelt.

Aber als Jesus den qualvoll trauernden Vorsteher wahrnimmt,
sieht welch verheerende Auswirkung Todes Einbrechen zeitigt,
richtet er auf den Zerstörten, heißt ihn den Tod nicht zu fürchten.
„Sei ohne Sorge, Jaïrus", spricht er ihm mitfühlend Mut zu.
„Lass dein Gemüt nicht verdunkeln, glaube vielmehr an das Gute!
Glaub an das Leben, mein Freund, verschaffe dem Tod keine Geltung!"

Kummergeblendet indes ist der Priester, hört nur die Worte,
sieht und erkennt nicht den schönen, tieferen Sinn des Gesagten.
Niedergeschlagen führt er den Heiland zum Kern seines Kummers,
führt ihn nach Hause, das jäh entrissene Kind zu beweinen.
Nunmehr verstummt folgt das Volk und bedrängt den Rabbi nicht länger.

Bald sind sie da und der Heiland heißt alle draußen zu warten.
Nur seinen engsten Schülern erlaubt er, das Haus zu betreten,
einzutreten mit ihm, um den Glauben der Eltern zu stärken.
Schwer liegen Trauer, Klage und Pein auf dem Lager des Mädchens.
Trübe Gedanken versuchen auch noch die Hoffnung zu töten.

Jesus bleibt stehen, horcht, wie es scheint, auf die Töne des Schicksals,
hebt die geöffneten Hände und spricht zu den Eltern am Boden.

„Weint nicht, denn seht, eure Tochter schläft nur, wird bald schon erwachen."
Fassungslos starren die Eltern ihn an und können's nicht glauben.
Soll das ein Scherz sein, ein Gleichnis, oder ein Wort, sie zu trösten?
Wie kann der Rabbi nur sagen, die Tochter würde bloß schlafen?
Sie ist gestorben, sie atmet nicht mehr, ihr Blick ist erloschen.
Nie wird ihr Herz wieder schlagen, ihr helles Lachen erklingen.
Tot ist das Kind, der Herr hat's genommen, es gilt sich zu fügen.

Unbeirrt von den Zweifeln der Eltern tritt Jesus ans Lager,
neigt sich, kniet nieder zum blassen, leblosen Körper der Jungfrau,
nimmt ihre Hand in die Seine und murmelt leise Gebete.
Schließlich erhebt er die Stimme und heißt sie wiederzukehren,
ruft: „Neschama, Neschama", und sein Geist berührt ihre Seele.

Aufgerissenen Auges betrachten die Zeugen das Mädchen,
sehen verwundert, wie's tatsächlich aufwacht, atmet und blinzelt.
Nunmehr von neuem Wollen durchdrungen, erhebt sich die Jungfrau.
Ungläubig starren die Eltern sie an, vor Schreck wie versteinert.
Jesus erkennt, wie benommen sie sind und sucht sie zu erden,
trägt ihnen auf, der Erwachten etwas zu essen zu bringen.
Während das Mädchen sich stärkt, gebietet der Heiland den Eltern,
keinem zu sagen, nicht auszuplaudern, was eben passiert ist.

DIE ZWÖLF

„Heiler seid ihr", versichert der Heiland dem Dutzend der Jünger,
„heil ist der Geist, der ihr seid, der euch mit dem Vater verbindet,
nicht nur Geschöpf, sondern Schöpfer und erstgeborene Söhne.
Auserkoren seid ihr, auf der Erde im Lichte zu wandeln.
Geht und erinnert euch immer daran, verbreitet die Kunde,
lehrt eure Brüder und Schwestern die wahre Allmacht des Glaubens.

Einst wird sich jeder von ihnen als Licht im Lichte erkennen.
Geht in die Häuser der Menschen, seid ihnen leuchtendes Vorbild.
Bringt ihre Seelen zum Klingen, dass sie den Ursprung erleben!
Sät in die einsamen Herzen das Wort, das ich euch gegeben.
Ihr werdet Großes vollbringen, geführt vom Heiligen Geiste.
Bleibt gegenwärtig, wo immer ihr seid, was immer euch zustößt,
bleibt in der reinen Kraft meines Geistes, verliert nicht den Frieden!
Geht und kehrt wieder, denn ihr solltet säen, nicht aber ernten."

„Sprecht nur zu denen, willens und fähig die Botschaft des Einen
aufzunehmen, sie ohne zu rechten im Herzen zu tragen.
Streitet nicht, meidet die Rechthaberei verstockter Gelehrter!
Helft den Bedürftigen, nehmt keinen Lohn für Lehre und Heilung!
Ihr seid Kanäle nur, nicht das Wasser, erst recht nicht die Quelle.
Heißt ihn willkommen, den himmlischen Fluss, und öffnet die Wehre!
Staut nicht den Strom, denn allein um zu geben ward euch gegeben.
Zeugen geworden seid ihr einer Fleischwerdung des Geistes.
Geht zu den Menschen hinaus und bezeugt, was euch offenbart ward."

Vielerorts werden nun Werke des Geistes leiblich erfahren.
Wo sie auch hinkommen, heilen die Jünger gleich ihrem Meister
zahlreiche Kranke und viele reden von göttlicher Gnade.
Aufgeregt ist die Stimmung im Volke, es keimt neue Hoffnung.
Angebrochen scheint endlich die Zeit der ersehnten Erhebung.

Das bleibt Herodes dem Landesfürsten indes nicht verborgen.
Er erlebt diesen geistigen Aufruhr zutiefst als Bedrohung,
ahnt, dass die Macht, die sich allseits in seinem Reich offenbart hat,
ihn einem riesigen Strom gleich vom Throne wegspülen könnte.
Ließ er nicht deshalb schon hinrichten diesen elenden Täufer?
War er nicht sicher gewesen, damit für Ruhe zu sorgen?

Nun ist er tot, der Künder vom Jordan, geköpft und begraben.
Aber sein Erbe lebt weiter und weiter schwärmen die Jünger.
Aus dem Propheten schuf einen Märtyrer jene Vollstreckung.

Mehr noch, der Mann hinterließ ein verstörend lebhaftes Erbe.
Erst dieser Narr aus Nazareth, nun diese Möchtegernheiler.
Aufwiegler sind's allesamt, Zerstörer der Ordnung Judäas.
Lang wird der Kaiser in Rom diese Volksbewegung nicht dulden.
Wenn ich nicht einschreite, droht dem gesamten Land das Verderben.
Nur muss ich anders als bisher meine Regentschaft beschützen.

Monde vergehen, die Zwölf kommen schließlich wieder zum Meister.
Lebhaft erzählen sie ihm, wie gut sie zu heilen vermochten,
auch dass es ihnen gegeben war, wortgewaltig zu reden.
Staunend erfuhren sie selbst die Wirkung des Heiligen Geistes.
Während sie wanderten weit in der Ferne, war doch zugegen
Christi erhabener Geist und wies ihnen Wege und Wahrheit.
Mehr noch, sie selbst hatten Anteil an diesem Geist ihres Meisters.
Er war in ihnen, erleuchtete sie, verlieh ihnen Weisheit.

Fernab der Menge suchen die Zwölf und der Heiland die Stille,
suchen die Abgeschiedenheit, finden die Siedlung Betsaida.
Jesus will dort mit den eingeweihten Getreuen beraten,
möchte den Zwölf offenbaren, Weg und Berufung des Menschen,
darlegen ihnen die Wirkung himmlischer Mächte auf Erden,
vorbereiten die Zwölf für den möglichen Lauf der Geschicke.

Lange jedoch bleibt ihr Aufenthaltsort dem Volk nicht verborgen.
Bald ziehen Tausende hin, um nahe zu sein dem Gesalbten.
Er tritt hinaus in die Menge, spricht von der Liebe, heilt Kranke.
Stunden verbringt er damit, der Tag geht allmählich zur Neige.
Unruhig werden die Zwölf mit der Zeit und machen sich Sorgen,
drängen den Rabbi am Ende, gehen zu lassen die Menschen.
Aufbrechen sollten die Leute sogleich, noch ehe es Nacht wird,
rechtzeitig fort von hier um in Dörfern und Höfen der Gegend
Essen und Trinken und auch ein Bett für die Nacht zu bekommen.

Aber der Meister bleibt ruhig und teilt sie nicht, ihre Sorgen.
Vielmehr verblüfft und verwirrt er die Jünger, als er erwidert:

„Gebt den Leuten zu essen, bewirtet die Gäste des Vaters!"
„Wie soll das gehen?", fragen die Schüler, „wir haben zu wenig.
Fünf Brote, Herr, gibt es noch, ansonsten zwei Fische, das reicht nicht.
Wollt ihr, dass wir uns aufmachen, Essen für alle zu kaufen,
Essen für fünftausend Menschen können wir niemals bezahlen."

Da sagt ihr Rabbi, die Menschen sollen sich lagern in Gruppen,
Gruppen zu fünfzig sollen es sein – und die Jünger gehorchen,
gehen hinaus in die Menge, heißen die Leute sich lagern.
Jesus derweil nimmt die Brote und Fische, schaut in den Himmel
segnet die Speisen, bricht dann die Brote, gibt sie den Jüngern,
trägt ihnen auf, diese auszuteilen dem Volk, dort versammelt.

Alle bekommen nunmehr zu essen, gesättigt wird jeder.
Keiner, wirklich kein einziger jener Fünftausend bleibt hungrig.
Schließlich wird aufgesammelt, was übriggeblieben an Brocken,
aufgelesen durch sämtliche Jünger die Reste des Mahles.
Sprachlos vor Staunen kehren sie wieder mit zwölf vollen Körben.

DER, DER ICH BIN

Oft zieht sich Jesus zurück, zu lehren die Jünger in Stille.
Einige Zeit sind die Auserwählten nun schon beim Rabbi.
Viel ist, seitdem sie der neue Heiland erwählt hat, geschehen.
Viel scheint tatsächlich erreicht und das in nur wenigen Jahren.
Voller Bewunderung, voller Zuversicht nehmen sie Anteil,
nehmen auch an, dass zahlreiche Jahre noch vor ihnen liegen,
Jahre gewiss der Wunder, der Wiedergeburt der Hebräer.
Kaum einer denkt an das Ende ihres gemeinsamen Weges.
Sieht nicht, worauf es hinausläuft, Christi Erscheinen auf Erden.

Er aber weiß, denn Anfang und Ende sind immerzu bei ihm.
Nun ist gekommen die Zeit, um sie einzustimmen, die Jünger,
einzuweihen die Zwölf in das kommende kosmische Drama.

Noch sind sie nicht in der Lage, des Geistes Wesen zu fassen.
Keiner sieht hellsichtig, wen dieser Wunderheiler verkörpert.
Heute beginnt er sie anzudeuten, die Wahrheit des Weges.

„Wer, sagt das Volk, dass ich sei?", befragt er behutsam die Jünger.
„Manche", erwidern die Schüler, „sagen, Ihr seiet Johannes,
seiet der wiedergeborene Täufer, Stimme des Himmels.
Einige meinen, Ihr seiet Elia, Rufer des Regens,
oder Ihr seiet hingegen einer der alten Propheten."

„Ihr aber", fragt er die Zwölf im Kreis und betrachtet sie prüfend,
„wer sagt denn ihr, dass ich sei, einer der Alten, wie jene?"
„Ihr seid das Neue", antwortet Petrus, „nicht wiedergeboren,
vielmehr ein vorher nie dagewesenes Licht, das uns leuchtet.
In Euch und durch Euch enthüllt sich ein Geist entferntester Sterne,
wahrlich ein Geistlicht, das unmittelbar vom Vater zu uns kommt.
So will mir scheinen, Herr, aber, Ihr merkt, mir fehlen die Worte."

„Du, Petrus", freut sich der Heiland, „spürst diesen Geist in der Seele.
Er ist zu groß und zu stark, kein Leib kann ihn lange ertragen.
Anteil an diesem Geist habt ihr alle, mehr oder minder.
Er ist bei euch und wird bleiben, wenn dieser Jesus Ben Josef,
der, den ihr seht mit den Augen des Leibes, euch nicht mehr anführt."

„Rabbi", fragt Petrus plötzlich erschrocken, „Ihr wollt uns verlassen?"
„Bald wird der Menschensohn", antwortet Jesus, „endgültig gehen."
„Nur wenn ich sterbe, mein Freund", erklärt er dem Jünger gelassen,
„nur wenn mein Blut dieser Erde Seele durchtränkt, sie befruchtet,
bleibt meine Liebe als Weg in Ewigkeit wegsam für alle."

„Dies ist der Auftrag, die Wandlung des ganzen Planeten.
Ich bin gekommen als erstgeborener Sohn meines Vaters.
Ich bin die Saat einer künftigen, geistig durchwobenen Ära.
Wertlos wäre die Saat, wenn sie nicht in den Erdboden sänke.
Dort geht sie auf nur und findet in diesem Aufbruch Erfüllung.

Ihr seid berufen und ihr solltet wissen, was auf euch zukommt.
Seht und erfasst diese Wahrheit: Wesentlich seid ihr unsterblich.
Gebt euch dem Geist hin, wie ich es getan, und fürchtet den Tod nicht!"

„Folget mir nach und erhebt euch über die Herrschaft des Leibes.
Furcht und Begierde erlöschen, wenn eure Seelen erwacht sind.
Folget mir nach, denn der Weg, der ich bin, beglückt und befreit euch.
Findet im inneren Selbst die Saat, die der Vater gesät hat!
Bringt sie zum Keimen, lasst wachsen das reine Licht eures Geistes!
Folget mir nach und verzichtet auf Reichtum, Ruhm und Erfolge!
Güter und Macht in der Welt sind im Grunde leicht zu erlangen.
Aber was brächten sie euch, was hättet ihr damit gewonnen,
wäret ihr gleichzeitig taub und tot für die Stimme des Herzens?"

„Wägt meine Worte im Geiste, Wahrheit allein kann euch führen!
Achtet darauf, euch stets für den richtigen Wert zu entscheiden!
Habt keine Angst, euer altes Leben indes zu verlieren!
Löst euch vielmehr von der Angst und ihr werdet alles gewinnen!
Lächelt und schweigt, wenn die Ahnungslosen euch lautstark verspotten!
Lasst euch nicht blenden von denen, die meinen, alles zu wissen!
Weltliche Macht und Gewalt sind immer bloß Zeichen der Ohnmacht.
Bleibt auf dem Weg, denn die Mühen des Weges werden sich lohnen.
Manche von euch hier versammelt, werden das Himmelreich sehen,
schauend erkennen Wahrheit im Innern, noch ehe sie sterben."

Acht Tage später besteigt einen stillen Berg der Gesalbte.
Drei seiner Jünger sind bei ihm: Petrus, Johannes, Jakobus.
Beten will Jesus dort oben, nah sein den Brüdern im Geiste.
Tief versunken ist er, da erfüllt seinen Körper ein Leuchten.
Hell strahlt sein Angesicht, weiß sein Gewand, ein glänzendes Ganzes.
Plötzlich flankieren den lichten Heiland zwei Seelengestalten.
Eine ist die, die den Enkeln Jakobs als Mose gedient hat.
Ähnlich glanzvoll gewirkt hat die zweite als Künder Elia.
Beide beraten mit Christus, was diesem nunmehr bevorsteht.
Anfangs bemerken die Jünger es nicht und sind wie im Schlafe.

Dann aber wachen sie auf und erkennen Jesu Verwandlung,
sehen, welch große Männer des Geistes den Heiland besuchen,
sehen und fühlen, als würden sie träumen, beide Propheten.
Wieder zurück aus der außerordentlich tiefen Versenkung
sind sie zunächst noch verwirrt, die Jünger, und sichtlich benommen.

Petrus ist hellauf begeistert, spricht aus der Regung des Herzens,
schwärmt vom herrlichen Frieden des Ortes, an dem sie verweilen,
redet bewegt von allem, was er im Gebete erschaute.
Doch er kennt nicht den Daseinsbereich jener lichten Erscheinung.
Noch weiß er nichts von der Sphäre des ewigwährenden Wesens.
So schlägt er vor, für die Gäste des Meisters Hütten zu bauen,
Hütten zum Schutz gegen Hitze und Kälte, Heimat den Hehren,
eine für Mose, eine sodann für Elia und auch für ihn, den Gesalbten.

Aber der Meister antwortet nicht, sondern führt seine Jünger
weiter hinauf in die Himmel jenseits der sichtbaren Sterne,
führt sie behutsam jenseits von irdischer Zeit oder Zweiheit.
Schließlich, weitestmöglich entrückt von den Fesseln des Leibes,
schauen die Schüler die Wahrheit des Meisters, Heimat des Geistes.
Das, was sie immer schon glaubten, ist nun geschauter Gedanke.

Langsam und umsichtig bringt am Ende zurück seine Jünger
Jesus und führt ihr Gemüt erneut in den Pferch ihrer Körper.
Eindringlich mahnt er die Männer, übers Geschaute zu schweigen,
weder dem Volk noch den anderen Jüngern davon zu sprechen.

WER FOLGT MIR NACH?

Anderntags steigen hinunter vom Berg die Drei und der Eine.
Unten kommt ihnen sogleich eine große Menge entgegen.
Vorn, an der Spitze des Volks, geht ein Mann, der sichtlich erregt ist.
„Rabbi!", ruft er, „ich bitte Euch, helft, denn nur Ihr könnt noch helfen!
Siehe mein Sohn, mein einziges Kind ist besessen vom Dämon!

Gnadenlos reißt ihn der Geist hin und her und wirft ihn zu Boden,
bis er mit Schaum vor dem Munde ausgelaugt, ohnmächtig daliegt.
Meister, ich bat Eure Jünger schon gestern, ihn zu erlösen.
Aber sie schafften es nicht, den unreinen Geist zu vertreiben."

Da wird mit einem Mal ungeduldig der Gottesgesandte.
„Mensch", ruft er aus, „seid ihr immer noch nicht gefestigt im Glauben?
Wie lange meint ihr, dass ich, den ihr seht, noch Zeit für euch habe?
Wie oft noch soll ich mein Wort vom inneren Reich wiederholen?
Wann seid ihr endlich bereit, das Wort, das ich lehre, zu leben.
Glaubt an das Himmelreich *in* euch und ihr könnt Berge versetzen.
Ihr seid zum Schöpfer geboren, macht euch nicht klein und belanglos!
Ach, wenn ihr wahrnehmen könntet doch nur, was ich in euch sehe,
ihr würdet weinen, wegen des Kerkers, den ihr euch erschaffen."

Schweigend blicken die Jünger zu Boden und Jesus gebietet,
ihm den vom Bösen Besessenen unverzüglich zu holen.
Bald ist ein rasch sich näherndes Grollen und Grunzen zu hören.
Kaum ist der Knabe vor Jesus erschienen, stürzt er zu Boden.
Furchterregend verzerrt eine heillose Kraft seine Züge.
Krampfartig zucken und zittern die aufgescheuerten Glieder.
Kraft seines reinen Geistes gebietet der Heiland dem Dämon
auszufahren und abzulassen vom hilflosen Knaben.

Nicht nur den Vater des Jungen bringt diese Tat aus der Fassung,
auch die versammelte Menge wundert sich, zeigt sich erschrocken.
Alle beeindruckt die Größe und Macht des Himmelsgesandten.
Der aber spricht voller Ernst zu den Jüngern, drängt sie zu hören,
aufzuhorchen bei dem, was er ihnen nunmehr verkündet.
Ausliefern werde man bald schon Gottes Erwählten den Menschen,
Gott wird ihn selbst in die Hände der Unwissenden geben.

Doch, was er meint, der Geweihte, bleibt seinen Schülern verborgen.
Dunkel erscheint, was ihr Herr prophezeit, sie wollen's nicht glauben.
Innerlich aber ahnen sie wohl, dass ein Einbruch bevorsteht,

ahnen, der Tag ist nicht fern, da sie ohne Meister sein werden.
Heimlich beginnen sie nämlich zu streiten, fragen sich hitzig,
wer denn von ihnen der Größte sei, wer der bessere Schüler.

Jesus erkennt ihren Ehrgeiz, des Rangstreits giftiges Übel.
Aufzeigen will er den Jüngern, was Größe wirklich bedeutet.
Deswegen ruft er am anderen Tag ein Kind aus der Menge.
Freundlich und ungezwungen begrüßt er es, geht in die Hocke,
scherzt mit der Kleinen und bringt sie wieder und wieder zum Lachen
So steht auf Augenhöhe mit ihm dieses Kind aus dem Volke,
angeschaut von den zahlreichen es umgebenden Jüngern.

„Wer dieses Kind hier in meinem Namen", erläutert der Heiland,
„aufnimmt und Unterkunft anbietet, der nimmt zugleich auch mich auf.
Wer aber mich aufnimmt, der nimmt auch den auf, der mich gesandt hat.
Denn wer der Kleinste ist unter euch allen, der ist ein Großer."
Als seine Schüler das hören, schweigen sie erstmal betreten.

Jeder versteht, was der Rabbi ihnen verdeutlichen möchte.
Demut ist unerlässlich für den, der dem Menschensohn nachfolgt.
Nicht überzeugt vom Wert des Geringsten jedoch ist Johannes.
„Meister", beginnt er, „wir sahen vor kurzem einen, der heilte,
einen, der in deinem Namen sogar Dämonen verjagte.
Aufhalten muss man doch einen wie ihn; er ist ja kein Jünger,
keiner der unseren, keiner der Euch die Treue geschworen."

„Ärgert euch nicht", entgegnet der Rabbi, „dass andere Leute
ebenfalls heilen und Geister gar auszutreiben vermögen!
Viele bedürfen der Hilfe, künftig genauso wie heute.
Wollt ihr am Ende sie alle allein vom Unheil befreien?
Wehrt ihnen nicht, diesen Wundertätern, die euch nicht bekannt sind!
Vielmehr seid dankbar für jegliches Licht in finsteren Zeiten.
Wisst und bedenkt: Wer nicht gegen euch ist, ist immerdar für euch."

AUFBRUCH

Dann ist für Jesus gekommen die Zeit, zu säen des Geistes
heilige Saat, zu erfüllen den ernsten Auftrag des Vaters,
endgültig aufzubrechen zur Stadt einst gewaltiger Herrscher.
Alle Jünger erahnen, dass dort in Jerusalem Jesus
Großes bevorstehe, ihm, dem Enkel des glorreichen David.
So, wie es scheint, will der Meister dort seine Erdenzeit krönen,
machtvoll errichten die neue, geistige Herrschaft des Vaters.

Aber die Zwölf spüren auch die Gefahr, die ihnen bevorsteht.
Nirgendwo sonst ist sie stärker, die Macht der Büchergelehrten.
Groß ist bekanntlich der Einfluss des Hohen Rates der Priester.
Zahlreiche Feinde des Heilands haben sich darin versammelt.
Viele von ihnen werfen ihm vor, die Gesetze zu brechen.

Ehe er loszieht jedoch, beauftragt der Menschensohn Boten,
vor ihrem Herrn, dem Nahenden her durch die Dörfer zu ziehen,
Herberge ihm zu bereiten, ihm und der Gruppe der Jünger.
Diese Vorausgeschickten durchqueren das Land Samaria,
künden den Menschen dort an, das Kommen des himmlischen Königs,
fordern sie auf, dem Gottessohn Türen und Herzen zu öffnen.

Aber es zeigt sich kein Samariter bereit, den gelobten
Herrn auf dem Weg nach Jerusalem gastlich unterzubringen.
Sie sind nicht einverstanden mit Jesu Bestreben und Richtung.
Jesus, so meinen die Menschen, solle Jerusalem meiden.
Nicht länger heilig ist ihnen Salomos Stadt in den Bergen,
seitdem die Juden ihnen den Zutritt zum Tempel verwehrten.

Als nun die Jünger die Kunde jener Verweigerung hören,
zürnen sie heftig dem Volk Samarias, würden am liebsten
kraft des empfangenen Geistes diese Verräter verfluchen,
Feuer vom Himmel über die Frevler herabregnen lassen.
Aufgebracht frönen die Männer bloß noch des Hochmuts der Ihren,

drängen den Herrn, dieses minderwertige Volk zu verdammen.

Aber der Menschensohn weist sie zurecht ob ihrer Gedanken.
„Ich bin gekommen", erklärt er, „für alle Völker der Erde.
Engstirnig seid ihr und ganz euren Vorurteilen verhaftet,
unfähig auch nur zu ahnen, wozu das Lamm Gottes da ist.
Glaubt ihr tatsächlich, das Volk der Juden sei näher dem Vater,
besser und reiner, gerechter sogar als andere Völker?
Hoffärtig blickt ihr herab auf jene, die nicht so wie ihr sind."

„Kennt ihr das Leid und Los dieser Menschen, die ihr Samariter
schimpft und so haarsträubend selbstgerecht zu verdammen euch anmaßt?
Ihr solltet wissen, dass ausgerechnet das Volk Samarias
oftmals schon jüdische Selbstgerechtigkeit hinnehmen musste.
Ich kann verstehen, dass diese Leute aufgrund der Geschichte
mir, einem jüdischen Rabbi, eher mit Abwehr begegnen.
Lasst sie in Frieden, auch sie gehören zur Herde des Vaters!"

Schweigend und nachdenklich nunmehr folgen die Jünger dem Meister,
schauen mit anderen Augen indes auf Landstrich und Leute.
Plötzlich gesellt sich ein Mann zu der Gruppe, möchte dabei sein.
„Rabbi", erklärt er, „ich will dir folgen, wo immer du hingehst."
Jesus betrachtet den Mann und prüft, wie es scheint, dessen Gründe.
„Füchse", antwortet er, „haben Höhlen und Vögel Geniste.
Doch der Menschensohn, siehe, hat nichts in der Art, kein Zuhause.
Nirgends gehört er dazu und niemand lässt ihn in Ruhe."

Später erblickt der Prophet einen Mann am Rande des Weges.
„Folge mir nach!", spricht der Heiland unvermittelt zum Fremden.
„Meister", sagt der jedoch, „ich muss erst meinen Vater begraben."
„Lass doch die Toten", entgegnet der Herr, „die Toten bestatten.
Geh zu den Lebenden hin, verkünde die Botschaft der Liebe!"

Anschließen möchte sich ihm, dem Gesalbten, dann noch ein Dritter.
Doch hat der Mann nicht verstanden, was die Entscheidung bedeutet.

„Herr", schränkt er ein, „erlaube mir vorher noch Abschied zu nehmen,
Abschied von Frau und Kindern und allen, die in meinem Haus sind."
„Nicht von denen", erwidert der Herr, „gilt es Abschied zu nehmen.
Einzig dir selbst musst du Lebewohl sagen, dich von dir trennen."

„Löst du dich nicht von dem, der du warst, bist du nicht in der Lage,
mir zu folgen und wirklich im Geist meines Vaters zu wandeln.
Alle sind da, wenn du geistig erwacht bist, alle auf ewig.
Da sind die Deinigen, da deine Kinder, Enkel und Ahnen.
Da sind sie immer, doch du wirst ewiges Sein nicht erkennen,
ehe du aufwachst und abstreifst, was du bis heute geglaubt hast."

DIE ZWEIUNDSIEBZIG

Christus beauftragt nun zweiundsiebzig erkorene Schüler,
sendet sie aus, vor sich her zu den vielen Städten und Orten,
die er durchwandern wird auf seinem Schicksalsweg als Entsandter.
Paarweise sollen sie gehen, um einzubringen die Ernte.
„Siehe", spricht Jesus zu ihnen, „zahlreich sind Früchte gewachsen,
aber gering ist die Anzahl der Erntehelfer des Vaters.
Bittet daher euren Herrn, den Herrn dieser üppigen Ernte,
auszusenden genügend Gehilfen ins Feld seiner Kinder."

„Ohne Gewalt sollt ihr sein und jeder Zeit harmlos wie Lämmer,
auch wenn ich euch beauftrage, unter die Wölfe zu gehen.
Geht ohne Schutz, verletzt wird auf jeden Fall der, der sich wappnet!
Geht ohne Geld und Besitz, denn der Vater sorgt für die Seinen!
Tragt keine Schuhe, bleibt auf dem Weg mit der Erde verbunden!
Lasst euch von keinem Blinden und Tauben auf Abwege führen!"

„Tretet ihr ein in ein Haus, so segnet es gleich mit den Worten
Schalama Bayta, Friede dem Haus, den Bewohnern des Hauses!
Wohnen dort Kinder des Friedens, ruht euer Friede auf ihnen.
Wenn aber nicht, so wendet der Friede sich gleich wieder euch zu.

Bleibt bei den Friedliebenden, denen die freundlich zu euch sind.
Ehrt sie und seid ihnen dankbar dafür, dass sie euch bewirten.
Esst, was euch vorgesetzt wird, und was man euch einschenkt, das trinket!
Nehmt, denn als Arbeiter steht es euch zu, gewürdigt zu werden!
Geht aber nicht von einer zur anderen Tür wie die Bettler!"

„Dort, wo ihr herzliche Aufnahme findet, heilt die Erkrankten,
redet vom himmlischen Reich, das nahe zu ihnen gekommen!
Dort aber, wo man sich weigert, euch aufzunehmen, da bleibt nicht!
Bittet nicht, bettelt nicht, drängt nicht und droht nicht, zieht einfach weiter!
Lasst euch nicht hinreißen, über die Widersacher zu richten!
Jedes Geschehen ergibt einen Sinn im Lichte der Wahrheit.
Einst werden jene, die heute noch schlafen, gleichfalls erwachen."

Wochen vergehen und schließlich kommen die Arbeiter wieder,
kehren die zweiundsiebzig Gehilfen zurück zum Gesalbten.
Freudig berichten sie ihm von erstaunlichen Heilerfolgen.
Selbst die gemeinsten Dämonen hätten sich ihnen ergeben,
fuhren hinaus, sobald sie ihn hörten, den Namen des Sohnes.
Zahlreiche Gläubige seien herzlich und dankbar gewesen.

Jesus bestätigt ihr Wort: „Ich sah, wie der Satan vom Himmel
hellleuchtend grell wie ein Blitz herabfiel und aufzuckend stürzte.
Ihr habt erhalten die Macht, der Unwahrheit Schein zu durchschauen,
Dunkel zu lichten, Schmerz zu vertreiben und Herzen zu öffnen.
Ihr seid begnadet und angenommen vom Geist meines Vaters.
Nichts wird euch schaden, denn Seine Macht wird euch immer beschützen
Freut euch nicht, Träger des Lichts, Dämonen gebieten zu können,
freut euch vielmehr, dass ihr nun bei den Schicksalsmächten bekannt seid."

„Ihr wart von langer Hand auserkoren, dem Einen zu dienen.
Nicht der Gelehrten, der Weisen, der Sprachgewandten und Klugen.
nein, es bedurfte der ungebildeten, einfachen Leute.
Siehe, der Herr stellt die Welt als Ganzes vom Kopf auf die Füße.
Bodenständige Menschen betraute der Herr mit dem Auftrag,

auszurufen die freudvolle Botschaft vom nahenden Reiche."

„Ich bin gekommen, zu säen, und nicht, um Sterne zu deuten.
Wissen verschwindet, der Erde selbst wird die Weisheit entwachsen.
Geht mit Bedacht euren Pfad und findet der Seele Beweggrund!
Wertlos das Wissen vom Weg, den ihr nicht zu gehen bereit seid.
Alle die weiterhin jenseits der Sterne Gottvater suchen,
schauen Vergangenes an und werden den Sohn nicht erkennen."

„Brüder, ich sage euch, selig die Augen, lautlos frohlockend,
welche erschauen, was euch zu erschauen heute gewährt wird.
Viele Propheten und Könige, große Männer und Frauen
sehnten sich zeitlebens, ihn, den Geist ihres Herrn zu erblicken,
Heilandes Stimme zu hören, die ihr über Jahre gehört habt.
Keinem von ihnen jedoch ward es zugestanden, bedenkt es!

SEI BARMHERZIG

Gern in der Tat umgibt sich der Heiland mit einfachen Leuten.
Dennoch besuchen ihn häufig gelehrte Hüter der Schriften,
hochgebildete Männer, die leben gemäß den Gesetzen.
Wahr ist für sie, was geschrieben steht, Gottes Worte und Weisung.
Doch ihre Herzen verspüren Christi lebendige Wahrheit.
Außerstande jedoch, ihre Rechthaberei zu bezwingen,
suchen sie andauernd aufzudecken die Fehler des Rabbis,
wollen ihm nachweisen, wider die alten Schriften zu handeln.

„Meister", spricht einer von ihnen, „was muss ich tun oder lassen
wie soll ich sein, um das ewige Leben wirklich zu erben?
Sagt bitte, Herr, was würdet Ihr einem Gebildeten raten?
„Was steht geschrieben?", erwidert der Angesprochene ruhig,
„Was kannst du lesen, was schreiben sie vor, die alten Gesetze?"
Das weiß der Schriftgelehrte genau und zitiert auf der Stelle:
„Du sollst den Herrn, deinen Gott und Schöpfer, aufs Innigste lieben,

kraftvoll und stetig mit ganzer Seele und ganzem Gemüte.
Hab zudem deinen Nächsten ebenso lieb, wie du selbst dich liebst."

Jesus bestätigt nickend die Worte des Büchergelehrten:
„So ist es, tue genau, was zu tun die Schriften dir sagen!
Dann wirst du geistig sehend erleben, was ewig bedeutet."
Aber dem Lehrer befriedigt sie nicht, die Antwort des Rabbis.
Spitzfindig sucht er den Fehler im klaren Wort des Gesalbten.
„Wer, Meister", fragt er, „ist das denn eigentlich, dieser mein Nächster?"

Da gibt zur Antwort dem stolzen Gelehrten Jesus ein Gleichnis:
„Einst zog ein Mann von Jerusalem los, ging ohne Begleitung,
ostwärts und wollte nach Jericho, jener Stadt der Paläste.
Aber er kam nicht dorthin, denn er fiel bald Räubern zum Opfer.
Heimtückisch schlugen die feigen Kerle den Wehrlosen nieder,
warfen den Mann auf die Straße, traten ihn ohne Erbarmen,
zogen ihn aus, verschwanden und ließen ihn schwerverletzt liegen."

„Dann kam ein Priester dorthin, der dieselbe Straße entlangging,
einer der gerne im Tempel vorlas und Schriften zitierte.
Er schaute weg und tat so, als sähe er keinen Versehrten,
ging an dem Leidenden schleunigst vorbei und wollte nicht helfen.
Auch ein Levit, der als Nächster kam, ließ den Blutenden liegen,
eilte mit abgewandtem Gesicht an der Stelle vorüber."

„Ein Samariter, ein Reisender kam dann auch noch des Weges.
Als er den schwer Misshandelten sah, hielt er an und ging zu ihm.
Schmerzlich betrübte den Hingeknieten das Los des Verletzten.
Deswegen säumte er nicht und tat für den Mann, was er konnte,
träufelte Wein in die Wunden, ölte die Prellungen sorgsam,
legte Verband an, hob den Bewusstlosen hoch auf den Esel,
suchte sodann eine Herberge auf, ihn dort zu behausen.
Anderntags gab er dem Wirt ein paar Silbermünzen und bat ihn,
weiter zu pflegen den Ausgeraubten, versprach ihm in Kürze
wiederzukehren und ihm, so nötig, noch mehr zu bezahlen."

Jesus betrachtet den Schriftgelehrten, der nachdenklich zuhört.
„Wer von den Dreien", fragt er ihn nun, „ist dem, der verletzt war,
schließlich der Nächste geworden: Priester? Levit? Samariter?"
„Unzweifelhaft", erwidert der Lehrer, „ist *der* Mann der Nächste,
welcher sich kümmerte, welcher sich wirklich barmherzig gezeigt hat."
„Ja", nickt der Heiland, „so gehe nun hin und tue desgleichen!"

ZWEI SCHWESTERN

Wegwissend weiterwandernd erreicht er ein Dorf, der Gesalbte,
findet sich ein in Bethanien, weiß, was ihn hier erwartet.
Dort werden er und die Anhänger aufgenommen von Martha.
Kaum sind die Gäste begrüßt, beginnt schon die Herrin des Hauses
zuzubereiten ein festliches Mahl, dem Rabbi zu Ehren.
Viel ist zu tun und Martha lässt mehrere Mägde ihr helfen.

Eine jedoch, die sich nicht veranlasst sieht, Martha zu helfen,
sitzt in der Zwischenzeit seelenruhig dem Heiland zu Füßen.
Das ist der Hausherrin jüngere Schwester namens Maria.
Sie scheint nicht wahrzunehmen der Älteren Arbeit und Unrast.
Aufmerksam lauscht sie den Worten des einzigartigen Gastes,
badet ergiebig im Geistlicht des angereisten Propheten.

Martha erzürnt, dass die jüngere Schwester untätig dasitzt.
Das geht nicht an, denkt sie, während sie Wein und Wasser bereitstellt.
Ich habe Hände voll Arbeit; groß ist die Anzahl der Jünger.
Ich kann mir nicht wie Maria erlauben, einfach und locker
dazusitzen im Kreis dieser Männer, die Hände gefaltet.
Jesus der Heiler jedoch besucht außer mir auch Maria.
So hat auch sie die Aufgabe, unseren Gast zu bewirten.
Was fällt ihr ein, sich gerade heute um gar nichts zu kümmern?

Schließlich gelingt es der Martha nicht länger, an sich zu halten.
Aufgebracht geht sie hinaus in den Garten, geht zum Gesalbten.

Er soll an ihrer statt tadeln, fortschicken auch ihre Schwester.
Also erhebt sie die Stimme und spricht empört in der Runde:
„Meister, heißt Ihr es gut, dass Maria hier einfach nur dasitzt,
während sie mich, ihre Schwester, mit aller Arbeit allein lässt?
Findet Ihr, Rabbi, nicht auch, die Magd müsse ebenfalls dienen?
Sagt meiner Schwester doch bitte, sie solle endlich mir helfen!"

Aber der Menschensohn schüttelt den Kopf und lächelt bedauernd.
„Martha, Martha", erwidert er, seufzt und betrachtet die Hausfrau.
„Du hast viel Sorge und Mühe, doch du erkennst den Moment nicht.
Immerzu planst du für später und denkst an das, was zu tun ist.
So hast du scheinbar die Zeit nicht, hier im Moment zu verweilen.
Jetzt bin ich da, bin ich bei euch, jetzt und nicht irgendwann später.
Du hast im Dasein gewiss der kommenden Tage noch viele.
Aber so nahe, wie du dem Menschensohn heute gekommen,
wirst du ihn nie wieder haben, das, Martha, sollst du bedenken."

Dann blickt er kurz zu Maria hinüber, ehe er fortfährt:
„Sie hat ermessen den unvergleichlichen Wert dieser Stunde.
Deshalb hat sie sich sofort entschieden für das, was ihr nottat.
Hingebungsvoll hört Maria mir zu, empfängt meine Worte.
Rüge sie nicht und verzeih ihr, sie *kann* dir heute nicht helfen.
Martha, sei mir nicht böse, doch sie, deine Schwester Maria
wählte tatsächlich den besseren Teil, indem sie bei mir blieb."

BETEN

Nun, da die Jünger erahnen, dass ihr geheiligter Rabbi
nicht mehr sehr lange als geistiger Lehrer bei ihnen sein wird,
bitten sie ihn, ihnen beizubringen, wie richtig zu beten.
Sie wollen heilige Worte, nahe zu bleiben dem Meister,
ähnlich der Worte des Täufers, die dieser lehrte die Seinen.

„Ehe ihr betet", so antwortet Jesus, „ruhet im Herzen,

heget Gefühle der Dankbarkeit, Liebe, Freude und Größe!
Fühlt die Glückseligkeit, Anteil am Geist des Ganzen zu haben!
Wendet euch dann an den einen, gnädigen Schöpfer von allem!
Ruft euren Vater, rufet ihn an mit der Kraft eurer Sehnsucht!"

„Preiset die Schönheit, Weisheit und ewige Wahrheit der Schöpfung!
Nehmt in euch auf die herabströmenden Gaben des Himmels!
Öffnet bereitwillig Herz und Gemüt für Gottes Geneigtheit!
Gebet euch hin diesem endlosen Strom barmherziger Liebe!
Seid euch bewusst und spürt, dass der Vater euch ununterbrochen
nährt und versorgt, solange ihr atmend zum Lichte emporstrebt."

„Dann wenn ihr solcherart eingestellt und im Herzen gestimmt seid,
 bittet den Vater für alles zu sorgen, alles zu richten!
Zweifelt nicht an, sondern glaubt an seine unendliche Güte!
Auch um Vergebung für Fehlverhalten und Eigensucht bittet.
Macht euch nicht klein oder schlecht und glaubt, dass Vergebung euch zusteht,
so wie dem Nächsten zusteht, dass ihr ihm vergebt seine Fehler."

„Glaubt nicht an Hass und Vergeltung, denn was ihr glaubt, das bekommt ihr.
Seht, eurem Vater ist unbekannt der Gedanke an Rache.
Nur wenn ihr lernt zu verzeihen, kann euer Vater euch sehen.
Wem ihr verzeiht, den erlöst ihr, das zeigt sich ganz offensichtlich.
Doch ihr erlöst auch euch selbst, indem ihr vergebt eurem Nächsten.
Bleibt in der Liebe, verschließt euch nicht für die Gnade des Vaters!"

„Ihr seid Erkunder der Erde, hier um zu lieben, zu lernen.
Liebt, wenn euch Mangel an Liebe, Hass und Verblendung begegnen!
Lernt aber immer dort, wo ihr irrtet und Fehler gemacht habt.
Wie sollt ihr lernen, ohne zu irren und Fehler zu machen.
Letztlich, seht ihr, ist Lernen gleich Lieben und Lieben gleich Lernen.
Deswegen bittet den Vater euch Herz und Augen zu öffnen!"

„Bittet, so wird euch gegeben, glaubt es, verscheucht eure Zweifel!
Stellt euch mal vor, es besucht euch ein alter Freund auf der Reise.

Ganz überraschend um Mitternacht kommt er, müde und hungrig.
Aber im Haus habt ihr nichts mehr zu essen, nicht einmal Brote.
Da ihr dem Freund etwas anbieten möchtet, geht ihr zum Nachbarn,
klopft bei ihm an und bittet ihn, euch doch drei Brote zu leihen."

„Wenig erfreut ist der Nachbar über die nächtliche Störung.
Schließlich sind er und die Seinen lange schon schlafen gegangen.
‚Lass mich in Ruhe!', ruft er verärgert, ‚ich kann dir nichts geben.
Zugesperrt ist bereits meine Türe, der Tag ist vorüber.'
Auch wenn der Nachbar aus Freundlichkeit ganz und gar nicht gewillt ist,
aufzustehen und euch in der schwierigen Lage zu helfen,
wird euer ungehöriges Drängen ihn doch dazu bringen.
Er wird euch öffnen und geben alles, wonach ihr verlangt habt."

„Wenn doch bereits dieser Nachbar aufsteht und schließlich euch aushilft,
glaubt ihr, der himmlische Vater würde sich weigern zu helfen?
Glaubt ihr, er würde euch vorenthalten den Geist seiner Schöpfung?
Nein – und deswegen sage ich: Bittet und euch wird gegeben,
suchet, so werdet ihr finden, klopft an, und euch wird geöffnet.
Denn wer da bittet, der wird empfangen, wer sucht, der wird finden.
Aufgetan wird jedem, der anklopft und eintreten möchte."

DÄMONEN UND ZEICHEN

Wieder und wieder soll Jesus austreiben unreine Geister,
jene von Hassgedanken Besessenen endgültig heilen.
Unheimlich finden die Leute gleichwohl die Kräfte des Heilands.
Unverständlich ist ihnen, was Jesus da macht, wie er vorgeht.
Einmal vertrieben beginnen stumme Dämonen zu reden,
werden die inneren Stimmen des Kranken laut und vernehmlich.
Die, die dabei sind, erschreckt es und manche fürchten den Rabbi.
Einige meinen, Beelzebub selbst, dieser oberste Dämon,
würde ihm helfen sie auszutreiben, die irrenden Geister.
Einige Glaubensschwache erwarten dagegen von Jesus

irgendein himmlisches Zeichen, ein Donnergrollen des Vaters.

Er aber sieht, was sie denken und weiß, wovor sie sich fürchten,
sieht ihre innere Spaltung, Unwissen, Mangel an Frieden.
„Was", so fragt er die zweifelnden Zeugen, „lehrt die Erfahrung?
Was ist zuletzt das Los eines in sich zerstrittenen Reiches?
Herrschen im Königreich Zwist und Zerwürfnis, fällt es am Ende
unabänderlich seiner Zerstörung anheim und verschwindet.
Feindliche Heere werden das Land überfallen und schlagen."

„Ähnlich im Innern entzweit ist nun auch das Reich der Dämonen.
Zwietracht herrscht grundsätzlich vor, wo Beelzebubs Hände im Spiel sind.
Hass ist der Name des Satans, Streit seine heillose Ernte.
So wird am Ende sich selbst zerstören die Herrschaft des Bösen."

„Seht ihr, die Schatten der Nacht verschwinden im Lichte der Sonne.
Braucht denn die Sonne die Hilfe der Nacht, um jegliches Dunkel
uneingeschränkt zu vertreiben und alles taghell zu machen?
Das wäre unsinnig, Nacht weicht dem Tag und Hass weicht der Liebe.
Liebe dem Wesen nach kennt keine Feinde, kein Gegenüber.
Liebe ist alles umfassend, verstößt nicht, trennt und bekämpft nicht."

„Achtet darauf, dass nicht mal der kleinste Gedanke der Zwietracht
Einzug in euer Gemüt hält und heimlich nistet im Herzen.
Lasst vielmehr Geistes Licht ohne Mühe die Schatten vertreiben.
Ladet es ein, dieses Licht der Liebe, und wahret den Frieden!"

„Aber gebt acht, eure Hassgedanken nicht weiterzuschicken,
keine Dämonen aufzubürden den Brüdern und Schwestern.
Zwangsläufig kehren Dämonen wie diese irgendwann wieder.
Dann aber wird ihre Bosheit stärker als jemals zuvor sein.
Dann sagt euch Satan, dass ihr nur wirklich gerecht und erwählt seid.
Böse erscheinen euch nunmehr die anderen, unrein und sündig,
während ihr selbst nicht bemerkt, wie sehr euch das Mitgefühl mangelt.
Passt also auf, denn ein Selbstgerechter verschließt sich der Liebe."

Jesus nickt und verstummt, da erhebt eine Frau ihre Stimme.
„Selig der Leib, der Euch trug!", verkündet sie laut und ergriffen.
„Selig die Brüste, an denen Ihr saugtet, Quelle des Lebens!
Heilig das Weib, das Euch voller Liebe und Weisheit umsorgte!"

Lächelnd betrachtet der Heiland darauf die Frau aus dem Volke.
„Selig gewiss", erwidert er sanft, „ist der Leib meiner Mutter.
Heilig jedoch ist auch *dein* Leib und jeder Tempel des Geistes.
Salomos Tempel mit all seiner Pracht war damit verglichen
bloß eine einfache Hütte und unbelebtes Gemäuer.
Hütet es sorgsam, haltet es rein dieses Haus eurer Seele."

„Ehrt aber insbesondere seinen begabten Erbauer!
Ehrt euren Geist, der schöpferisch Anteil am Geiste des Herrn hat.
Selig seid ihr, wenn ihr aufwacht im Geist und *sein* Wirken wahrnehmt.
Alles, was ist, entsteht aus dem Wort eures ewigen Vaters.
Selig sind die, die es hören und still im Herzen bewahren."

Wie um Gesagtem Gewicht zu verleihen, schweigt der Gesalbte.
Nun ist es da, dieses Wort, gesprochen von dem, der entsandt ward.
Eindringlich, kraft seines reinen Geistes hat Jesus gesprochen.
Aber die Menge versteht nicht, will sich an Zeichen ergötzen,
möchte nichts hören von Geist oder Herz, erwartet Spektakel,
donnernde Stimmen vom Himmel, herabfahrende Blitze.
Erst wenn der Vater dort oben irgendein Wunder ins Werk setzt,
sind sie bereit, wie es scheint, dem Menschensohn Glauben zu schenken,
anzuerkennen den Mann als neuen Propheten des Volkes.

Jesus jedoch hat kein Interesse an Schauspiel und Rummel,
setzt nicht auf Zauber und Blendwerk, redet zum inneren Menschen.
Also erinnert er sie an das Zeichen, das Jona im Auftrag des Himmels
Ninive gab, der gewaltigen Stadt im Land der zwei Ströme.
Jona ward hingeschickt, aufzurufen die Leute zur Umkehr.
Mahnende Worte genügten, Volkes Gemüt zu erreichen.
Alle hörten auf ihn und begannen, anders zu denken,

gaben die Irrwege auf, durchschauten die falschen Versprechen
weltlicher Dinge und fanden im Herzen wirkliche Freude.

„Jona tat mehr nicht als reden", fasst der Messias zusammen,
„wirkte nicht Wunder, ließ nicht herabregnen Feuer vom Himmel,
aber die Einwohner Ninives hörten das, was er sagte.
Er war ein wahrer Prophet, inspiriert vom Gott seiner Väter.
Hier und heute jedoch habt ihr einen, der mehr ist als Jona,
näher dem Vater sogar als Israels größte Propheten.
Salomo hätte vieles gegeben, zu hören den Einen.
Ihr, die ihr heute in meiner Gegenwart seid, in der Gnade
dieses Momentes, weigert euch Gottes Gesandten zu sehen.
Ninives Leuten genügten die weisen Worte des Jona.
Euch aber reichen nicht einmal die Worte eures Erlösers."

„Glaubt an das Licht, Enkel Jakobs, glaubt, dass ihr wesentlich Licht seid!
Euch ist's vom Vater gegeben, warum es also verbergen.
Warum das Licht nicht hell leuchten lassen zur Freude der Schöpfung.
Übergestülpt habt ihr ihm die tönerne Hülle des Leibes.
Deswegen geht ihr im Dunkeln, seht nicht das Geistlicht der Wahrheit.
Doch es ist da in jedem von euch und harrt der Enthüllung.
Fangt also an, euer Auge zu läutern, *so* dass es Licht wird,
so dass am Ende gänzlich gelichtet ist Geistes Umhüllung."

LIEBE UND LÜGE

Gast ist der Heiland erneut im Haus eines Tempelgelehrten.
Der hat ihn eingeladen und ihm seine Türe geöffnet.
Jesus tritt ein und setzt sich sogleich an den Tisch seines Hausherrn.
Dieser nun zeigt sich erstaunt, dass der Rabbi eintritt, sich hinsetzt,
ohne sich vorher Hände und Füße gewaschen zu haben.
Kopfschüttelnd rügt der Gesalbte die starre Haltung des Lehrers.
„Ihr Pharisäer", beginnt er, „ihr haltet Becher und Schüsseln
äußerlich rein, erlaubt keinem Unreinen, sie zu berühren,

aber im Herzen seid ihr voller Bosheit, Dünkel und Habgier.
Ihr seid geblendet vom schönen Schein der polierten Gefäße.
Narren seid ihr, euer Heil in derlei Gehabe zu suchen.
Wisst ihr denn nicht, dass immer und überall eure Gedanken
alles entscheidend sind? Rein ist's Reine durch das, was ihr dachtet."

„Euch ist es wichtig, reine, gesegnete Speisen zu essen.
Doch wenn ihr Almosen gebt, missachtet ihr diese Gebote.
Während ihr selbst so penibel auf eure Reinheit bedacht seid,
kümmert euch nicht, dass die Armen unreine Speisen verzehren.
Mehr noch, ihr dünkt euch über die einfachen Leute erhaben,
glaubt, dass ihr dank eurer engen Vorschriften näher bei Gott seid.
Oh, Pharisäer, schaut nur, wie sehr ihr die Wahrheit verfehlt habt!
Ich sah die Liebe des Herrn bei den ungebildeten Armen
ungleich viel reiner als hier unter euch vermeintlich Gerechten."

Jesus hält inne und blickt in die Runde, sieht die Gesichter
einiger Schriftgelehrten, die ebenfalls heute zu Gast sind,
sieht ihr Entsetzen, ob seiner harschen Kritik ihres Wandels.
„Meister", getraut sich einer von ihnen das Wort zu ergreifen,
„eure Zurechtweisung trifft uns genauso, das heißt, Ihr schmäht uns."

Das hat der Heiland gewollt, diese hier versammelten Lehrer
wachzurütteln und so ihren schädlichen Wahn zu zerstören.
Er hat nicht vor, ihre Selbstgerechtigkeit sanft zu behandeln,
will diese eingenistete Falschheit nicht schonen, nicht schmeicheln.
Deswegen lässt er nicht nach und sucht ihre Seelen zu wecken.

„Ihr", fährt er fort, „plagt die Menschen mit lebensfernen Geboten,
sitzt immer vorne im Tempel, Inbild vollkommener Tugend.
Aber den Armen, denen ihr vorschreibt im Vorhof zu beten,
bürdet ihr auf eine Unmenge unerträglicher Lasten.
Gleichzeitig achtet ihr peinlich darauf, sie nicht zu berühren."

„Schon eure Väter verkannten die weisen Künder der Wahrheit,

zögerten nicht, die Propheten des Herrn am Ende zu töten.
Was diese sagten, bedrohte die Macht der Büchergelehrten.
Wahrheit ist schöpferisch, immer beweglich, neu und erfrischend,
Wahrheit trifft euch im Herzen wie Regen auf trockenem Boden.
Überall dort, wo die Wahrheit gehört wird, keimt neues Leben."

„Das aber wollten noch nie die gesetzestreuen Gelehrten.
Starrsinnig, blind für die Wahrheit, hielten bereits eure Väter
fest an die Einhaltung vieler längst nicht mehr hilfreicher Regeln.
Sie waren damals schon nicht in der Lage, horchend zu lesen,
liebend und wahrheitsliebend zu lesen die Schriften der Alten,
aufzunehmen aus dem, was geschrieben steht, ewiges Leben.
Sie hielten fest am Wortlaut und lehrten die Leute nur Totes.
Tieferen Sinn haben sie nicht erkannt und ihn so verraten."

„Ihr seid die Enkel der Mörder, die Totengräber der Wahrheit.
Voller geheuchelter Demut betet ihr kniend am Grabmal
jenes Propheten, den eure Väter einst umbringen ließen.
Kehrt endlich um und sühnt die Verbrechen, die jene begangen!
Haltet die Leute nicht länger fern von der Wahrheit des Lichtes."

„Seht und versteht, dass ausnahmslos jeder Mensch Gottes Geschöpf ist!
Treibt nicht die Leute hinein in angstvolle, dunkle Gedanken!
Lehrt sie stattdessen zu lieben – sich selbst, den Nächsten, den Vater!
Lebt ihnen vor euren festen Glauben am Dasein des Geistes!
Aufrichtig glaubet, blendet das Volk nicht mit falschen Gefühlen!
Denkt nicht das eine, derweil ihr anderes tut oder redet!"

Nach dieser Mahnung verstummt der Gesalbte, schaut in die Runde,
sieht in die Herzen der Gäste und viele wenden den Blick ab.
Schließlich verlässt er schweigend das Haus jenes Büchergelehrten.
Dann erwachen die Lehrer zum Leben, erheben sich gleichfalls,
eilen ihm nach auf die Straße dem wortgewaltigen Rabbi.
Rastlos geworden bedrängen sie ihn mit vielerlei Fragen.

Draußen indessen erwarten den Heiland tausende Menschen.
Er aber redet zunächst mit den Jüngern, möchte sie warnen.
„Hütet euch, Freunde", beginnt er, „seid auf der Hut vor den Heuchlern!
Sie sind wie Sauerteig, faule Luftblasen bloß ihre Worte.
Traut ihnen nicht, denn auch vor sich selbst sind die Heuchler nicht ehrlich.
Unfähig Lüge als Lüge zu sehen, täuschen sie alle."

„Aber bedenkt, verborgen ist nichts, was nicht einst offenbar wird!
Jeder Gedanke, auch der geheimste, wird irgendwann deutlich
sichtbar für alle im heilenden Licht des Geistes erscheinen.
Heimlich im Stillen geflüsterte Worte, nehmt es zur Kenntnis,
bleiben den Ohren der seelisch Erwachten niemals verborgen.
Prüft also stets, was ihr denkt, und haltet euch fern jeder Lüge!"

„Habt keine Angst vor dem Tod und auch nicht vor dem, was danach kommt.
Ihr seid geborgen im Geist, egal welchen Weg euer Leib geht.
Ihr seid Geschöpfe des Himmels, wertvoll für den, der mich schickte.
Alles an euch ist mit großer Sorgfalt geplant und erschaffen.
Glaubt ihr, der Geist meines Vaters würde sich nicht um euch kümmern?
Glaubt ihr, Er könnte einen von euch aus den Augen verlieren?
Ihr seid gesehen, gezählt sind die Haare auf euren Häuptern.
Alles Gedachte, Gefühlte, Gesagte, jede Entscheidung
hütet der Vater als unverzichtbarer Teil Seiner Schöpfung."

„Haltet zu mir und haltet dem Vater im Geiste die Treue!
Wisset, der Vater ist Geist, so seid denn auch ihr seines Geistes.
Wichtig ist nicht dieser Rabbi Ben Josef; er wird verschwinden.
Wichtig allein ist der Geist, der *in* mir und *durch* mich zu euch kommt.
Spricht also einer ein Wort gegen Nazareths Sohn, vergebt ihm.
Wer aber wider den Geist spricht, inneres Leben verleugnet,
dem sei sein Tun, diese Ärgste der Sünden, nicht zu vergeben."

„Gleich, was geschieht, verleugnet den inneren Kern dieser Welt nicht!

Das, was das wahre Wesen der Welt ist, ist ebenso euers.
Leugnet ihr das, so verliert ihr euch selbst und findet euch wieder
übel verstrickt in endlosen Kämpfen, von Habgier getrieben.
Greift man euch an, so setzt auf den Geist und lasst *ihn* für euch sprechen!
Wahrt euren Frieden, seht zu, dass Furcht euch niemals den Weg weist!"

Lächelnd kehrt Jesus zur Menge zurück und spricht von der Liebe,
spricht über das, was es heißt, ein lauteres Herz zu besitzen.
Als er gesprochen, tritt aus der Masse ein Landmann nach vorne.
„Meister", beginnt er, „sagt meinem Bruder, er solle sein Erbe
ehrenhaft teilen mit mir, nicht alles für sich nur behalten.
Er hat als Ältester alles bekommen, ich bin besitzlos.
Bleibt es dabei, muss ich bald die Heimat für immer verlassen."

Aber der Rabbi bezieht keine Stellung, spricht auch kein Urteil.
„Mensch", erwidert er, „wer setzte mich denn zum Richter und Schlichter
über das jüdische Volk und berief mich, solches zu klären?
Ich bin nicht hier, um Streit wegen Recht und Besitz zu beenden.
Aber ich warne euch, Habgier blendet, verschließt eure Herzen.
Habsucht und Geiz machen unausweichlich zu grimmigen Feinden
Brüder und Schwestern, Eltern und Kinder, Herren und Knechte.
Niemals sind Güter und Silbermünzen wahrhaftig bedeutsam."

„Das zeigt euch auch die Geschichte des reich gewordenen Gutsherrn.
Jährlich bescherten dem Mann seine Felder üppige Ernten.
Mehr als er brauchte, konnte er einfahren, Vorräte bilden.
Aber wohin mit den überschüssigen Früchten des Feldes,
fragte der Mann sich, fehlten ihm doch geräumige Speicher.
Künftige Zeiten vor Augen entschied er sich, abzubrechen
einzureißen die Scheunen, die bislang ihm ausgereicht hatten.
Größere wollte er bauen, um anzuhäufen die Güter."
„Aufwand noch Einsatz scheute der Gutsherr, den Plan, den er fasste,
umzusetzen und seinen Betrieb für die Zukunft zu rüsten.
Große gemauerte Lagerhallen erbaute er eifrig.
All seine Zeit, seine Kraft aber nahm die Arbeit in Anspruch.

Erst, wenn sie fertiggestellt sind die großen Speicher der Zukunft,
dann, so dachte er, werde ich ruhen, das Leben genießen,
dann kann ich ganz ohne Sorgen alles Erreichte verwalten."

„Gott aber sah das ganz anders, schimpfte den Mann einen Narren.
Noch diese Nacht, so versicherte Er ihm, endet dein Leben.
Wem werden dann deine Güter gehören, was wird dir bleiben?
Untröstlich, voller Bedauern schied dieser Mann aus dem Leben.
Reich war er nur in der Welt und weltlich allein sein Vermögen."

Jesus blickt auf und schaut auf den Mann, der im Erbstreit verstrickt ist.
„So geht es allen", beschließt er das Gleichnis, „allen, die eifrig
anhäufen Schatz über Schatz, das Geistige aber vergessen."
Das, was ihr habt und erreicht in der Welt, zu Staub wird's zerfallen.
Das, was ihr wert geworden vor Gott, bleibt euch ewig erhalten."

Später bespricht der Menschensohn das, was zur Sprache gekommen,
eingehend nach mit den Jüngern, fasst das Gesagte zusammen.
„Freunde", erklärt er, „ich sage euch, sorgt euch nicht um das Leben.
Fragt nicht bereits in der Früh, was ihr essen werdet am Abend!
Kümmert euch nicht um den Leib und die Frage, wie ihr ihn kleidet!
Mehr als Nahrung allein ist das Leben, der Leib mehr als Kleidung."

„Seht euch die Raben an, seht, wie sie weder säen noch ernten!
Keller haben sie keine, besitzen auch keinerlei Scheunen.
Eingebettet im Jetzt ihres Daseins sind sie ohne Morgen.
Innerlich spüren und wissen sie wohl, der Vater ernährt sie.
Immer ist da, was sie brauchen, der Tod ist nie eine Sorge.
Weisheit begleitet sie, was sie auch tun, sie bleiben im Einklang."

„Ihr aber seid so viel mehr als Vögel und andere Tiere.
Ihr seid erschaffen, bewusst zu werden als Kinder des Lichtes,
aufzusteigen dereinst in die Reihen rein geistiger Wesen.
Glaubt mir, für euch wird andauernd gesorgt, der Himmel ist bei euch.
Nichts ist Zufall, im Geiste wird alles erdacht und ermessen.

Glaubt an den Geist und seht euch von himmlischer Weisheit beraten!"

„Ungläubig körpergebunden seid ihr in ständiger Sorge,
meint, euch wie wehrlos vor vielen Gefahren schützen zu müssen.
Ohne den Geist aber könnt ihr im Leben gar nichts bewirken.
Oder seid ihr in der Lage, nur eine einzige Elle
eifernd hinzuzufügen der Länge des eigenen Körpers?
Wenn ihr nun selbst das Geringste nicht zu gestalten die Macht habt,
weswegen sorgt ihr euch dann um die viel subtileren Dinge?
Weswegen zweifelt ihr an der Weisheit im Wirken des Leibes?"

„Seht nur die Lilien, seht, wie sie wachsen und farbig erblühen!
Arbeitet eine von ihnen, spinnt oder webt sie am Webstuhl?
Keine tut solches und doch sind sie alle stets geschmackvoll gekleidet,
edler als Salomo einst in herrlichsten Königsgewändern.
Wenn doch der Vater die Kräuter, die nur für kurze Zeit blühen,
bald aber schon mit dem Gras in das Ofenfeuer verschwinden,
derart gestaltet und schmückt, wie schön wird Er euch dann wohl kleiden?"

„Deswegen fragt also nicht, was sollen wir essen und trinken!
Macht auch sonst keine Unruhe, lebt nicht in Hast und Erregung!
Glaubt mir getrost, euer Vater weiß, was ihr braucht, um zu leben.
Sein Reich nur suchet zuerst und stets wird für alles gesorgt sein.
Deshalb: Verkauft was ihr habt, und gebt reichlich Gaben den Armen!"

„Schafft einen Geldbeutel euch, der niemals verschleißt oder altert.
Schafft einen Schatz euch im Himmel, sorgt für das ewige Leben.
Das ist ein Schatz, der nicht abnehmen kann, den Diebe nicht finden.
Motten zerfressen ihn nicht und kein Feuer kann ihn verzehren.
Sicher seid ihr allein in der Wahrheit des Himmelreichs Gottes."

BEREITE DICH VOR!

Jesus spricht weiter, belehrt seine Jünger, hofft auf Verständnis:

„Bald wird der Herr seine Knechte verlassen; keiner wird wissen,
wann er zu ihnen zurückkehren wird, ein jeder muss warten.
Freunde, ich sage euch, immer aufmerksam sollte der Knecht sein,
jederzeit da und bereit, den Herrn an der Tür zu begrüßen.
Klug täte jeder der Diener daran, die Zeit des Erwartens
fleißig zu nutzen, um das zu tun, was der Herr ihm gezeigt hat,
auszumisten die Ställe, das Vieh mit Geduld zu versorgen.
Nacht für Nacht sollte ein jeder aufmerksam wachen und Diebe
notfalls verjagen, übel Gesinnte den Zutritt verwehren."

Petrus fragt stirnrunzelnd nach, ob denn Gottes Sohn mit dem Gleichnis
einzig die Zwölf oder auch die anderen Jünger gemeint hat.
„Wen hat der Herr", fragt ihn Jesus, „denn eingesetzt als Verwalter?
Wer ist der treue und kluge Verweser, während er fort ist?
Einer muss da sein, um auszuzahlen das ganze Gesinde,
jedem zur rechten Zeit auszuteilen an Korn, was ihm zusteht."

„Das ist der oberste Knecht, in ihn setzt der Herr sein Vertrauen.
Zuverlässig und ernst sollte er seine Pflichten erfüllen.
Dazu bedarf der Verwalter des Herrn zuvorderst der Achtung,
Anerkennung von Seiten der zahlreichen Mägde und Knechte.
Nur als ein glaubwürdiges Vorbild kann ihm das gelingen."

„Wem viel gegeben ist, Petrus, mein Freund, bei dem wird man folglich
vieles erwarten und suchen, also sei dafür gerüstet!
Wem vieles anvertraut ist, von dem wird man umso mehr fordern.
Denke daran und vergiss nicht, der Geist des Vaters ist bei dir!"

„Ich bin gekommen allein, um hier in der Seele der Erde
geistiges Feuer zu zünden, tief meine Lichtsaat zu säen.
Ich bin mitnichten erschienen, alles und jeden zu einen.
Künftig wird Zwietracht entstehen, Uneinigkeit ob des Heilands.
Dann werden alle sich streiten und keine Fünf sich noch eins sein.
Drei gegen zwei und zwei gegen drei werden diese dann stehen.
Gegen den Sohn wird der Vater, gegen den Vater der Sohn sein.

Ebenso Mutter und Tochter und Schwiegereltern und -kinder."

„Sippe, Blut und Verwandtschaft entscheiden von nun an nicht länger,
wer welchen Weg geht, sondern allein noch Gewissen und Glaube.
Jeder ist aufgefordert, die Stimme des Herzens zu hören,
wahrzunehmen die innere Weisung der werdenden Seele.
Seht ihr, die Treue zum Geist ist Treue zum inneren Wesen."

Jesus erkennt, dass die Menge, die draußen immer noch wartet,
ihn nicht versteht und der Zeiten Wandel nicht wahrhaben möchte.
Einmal noch spricht er zu ihnen und mahnt sie wieder zur Umkehr:
„Nahen vom Westen her Wolken, versteht ihr: Bald wird es regnen.
Fühlt ihr den Südwind, so seid ihr euch sicher: Heiß wird es werden.
Ohne zu zweifeln wisst ihr die Zeichen am Himmel zu deuten."

„Aber die Zeichen der Zeit verkennt ihr, obwohl sie so klar sind.
Geistes Erscheinen verkündet viel mehr als Wandel des Wetters.
Geist seid auch ihr und im Geiste fühlt ihr die Wahrheit des Sohnes.
Aber ihr wollt sie nicht glauben und leugnet inneres Wissen.
Ihr meint, dass Neugier euch hergeführt hat, nichts mehr als Schaulust.
Ich aber sage euch, ausnahmslos jeder, gleich was er selbst meint,
ward von der heimlichen Sehnsucht des Herzens hierher geleitet.
Traut euch zu denken das, was das Herz euch frohlockend verkündet.
Löst euch von Lügen und glaubt an die stete Gegenwart Gottes!"

LEBE GEWALTLOS!

Anderntags kommen zum Herrn Galiläer, Männer der Heimat
Ihm zu berichten, dass neulich der ganze Turm von Siloah
einstürzend grausam und grob erschlagen hat achtzehn der ihren.
Schnell wird dem Menschensohn klar, wie sie dieses Schicksal bewerten.
Gott hat die Achtzehn gerichtet, bestraft für Sünde und Frevel.
Schuldig gesprochen sind alle, die dort ihr Leben verwirkten.
So aber sieht's nicht der Heiland und wortreich hält er dagegen.

„Glaubt ihr", fragt Jesus sie, „weil sie ein solches Schicksal erlitten,
hätten die Achtzehn stärker und mehr als die meisten gesündigt?
Leben nicht auch die anderen Leute genauso gewaltsam?
Weit verbreitet ist doch der Gedanke an Tod und Vergeltung.
Viele bekämpfen voller Verachtung angebliche Feinde,
greifen zum Schwert und sehn sich im Recht, ihre Brüder zu schlagen.
Irgendwann finden auch sie ein ähnlich gewaltsames Ende.
Wer an Gewalt glaubt, übt sie im Leben, erliegt ihr im Sterben."

„Einst wuchs ein Feigenbaum üppig und breit im Grün eines Weinbergs.
Angepflanzt hatte ihn in der Hoffnung auf Früchte der Gutsherr.
Doch der Besitzer wurde enttäuscht, denn es gab nichts zu ernten.
Hatte der Baum nicht der Jahre genug, um Früchte zu tragen?
Hatte der Gutsherr nicht all die Zeit lang geduldig gewartet?"

„Als er erneut seinen Weinberg besuchte, sprach er zum Gärtner:
‚Jahr für Jahr komme ich her und suche am Feigenbaum Früchte.
Schon seit drei Jahren sollte er sommers doch voll sein der Feigen.
Aber ich finde nicht eine, nun mag ich länger nicht warten.
Fälle den Baum, denn unnötig nimmt er bloß Kraft aus dem Boden!'

„Doch dieser Weingärtner liebte den Baum und hatte noch Hoffnung.
‚Gib ihm doch, Herr', so bat er, ‚noch *ein* Jahr, sich dankbar zu zeigen.
Glaubt mir, ich werde ihn pflegen, düngen und zusätzlich gießen.
Bitte erlaubt mir, mich ihm eine Weile liebend zu widmen.
Trägt er danach keine Frucht, so könnt ihr ihn immer noch fällen.'"

„Langmütig wartet der Sohn, bis die scheinbar nutzlosen Menschen
anfangen Früchte zu tragen und Geistes Nahrung verwandeln.
Lange bereits hält des Vaters Geistlicht euch alle am Leben.
Lasst also zu, dass es durch euch hindurch hinaus in die Welt strahlt!
Öffnet euch dankbar dem Frieden, bleibt in der Gnade des Einen.
Schwört der Gewalt ab, hütet den Einklang mit Himmel und Erde.

Denn wer in Frieden lebt, der wird Streit und Gewalt nicht erfahren.

Wo er auch hingeht, er horcht und schaut und bewahrt seine Ruhe.
Was er auch sagt, seine Worte rühren die Herzen der Hörer.
Nichts oder niemand vermag, das Licht seines Wesens zu trüben.
Nichts kann ihm schaden, denn er beabsichtigt niemals zu schaden.
Ihm, der sich keinem verschließt, werden immer Tore geöffnet.

HEILUNG AM SABBAT

Meistens, wenn möglich, besucht der Heiland am Sabbat den Tempel,
lehrt die Versammelten, spricht vom himmlischen Reich seines Vaters.
Ähnlich wie sonst sind auch diesmal zahlreiche Kranke gekommen.
Eine ist da, die inzwischen seit achtzehn Jahren verkrümmt ist.
Nicht in der Lage sich aufzurichten und in sich versunken
lauscht sie mit dürstendem Herzen jedem der labenden Worte.

Jesus bemerkt sie, erkennt sogleich ihrer Hingabe Reinheit,
ruft die Frau zu sich und lässt sie von ihrem Leiden erzählen.
„Mensch", sagt er schließlich zu ihr, „erlöst bist du nun von der Krankheit."
Während er's sagt noch, berührt ganz leicht seine Hand ihren Rücken
Fast noch im gleichen Moment, denn die Zeit ist ohne Bedeutung,
richtet die Kranke sich auf und erblickt nun ihren Erlöser.
Tränenreich preist sie die Größe, Gnade und Güte des Vaters.

Dann steht der Vorsteher auf, der leitende Priester des Tempels.
Ihm ist zuwider Volkes Erregung, ob Weibes Genesung.
Schließlich ist heute der Tag der vorgeschriebenen Ruhe.
Hoch erhobenen Hauptes belehrt er die Tempelgemeinde:
„Sechs Tage lang kann ein jeder allerlei Arbeit verrichten.
Sechs Tage gab euch der Herr, um alles zu tun, was ihr tun müsst.
Das ist die Zeit, da ihr kommen könnt, euch behandeln zu lassen.
Nicht aber sollt ihr am Sabbat heilen noch Heilung erwarten."

„Priester und Büchergelehrte", antwortet Jesus entschieden,
„sollten nicht das, was sie selbst sehr wohl tun, den Leuten verbieten.

Bindet nicht jeder von euch am Sabbattag los seinen Ochsen,
los von der Krippe den Esel, um ihn zur Tränke zu führen?
Soll man dann nicht eine Tochter des Volkes, eine vom Satan
seit nunmehr achtzehn Jahren gebunden gehaltene Kranke
gleichfalls am Sabbat von ihrer drückenden Fessel befreien?"

Einfache Worte spricht Jesus, tief ist jedoch ihre Wirkung.
Still und beschämt sind sie nun, die sichtlich vom Wunder Empörten,
all jene Priester, Büchergelehrte und Diener des Dünkels.
Keiner vermag dem Gesagten etwas entgegenzuhalten.
Groß ist derweil die Begeisterung aller einfachen Leute.
Dankbar begrüßen, feiern die Menschen die Gnade der Heilung.

Jesus beachtet die Priester und Schriftgelehrten nicht länger,
wendet sich vielmehr dem gläubigen Volk zu, spricht aus dem Herzen:
„Wem gleicht das Reich meines Vaters und womit soll ich's vergleichen?
Seht ihr, es gleicht einem scheinbar bloß unbedeutenden Senfkorn,
gleicht einem Samen, den einer in seinen Garten geworfen.
Daraus wird schließlich ein Baum, ein Heim für die Vögel des Himmels.
Lichtgenährt, voller Leben und Kraft erfreut er die Menschen.
Alles ist da, die Saat und der Baum sind ein und dasselbe."

„Auch einem Sauerteig gleicht das ewige Reich meines Vaters.
Anfänglich gärt's im Verborgenen, unerkannt von den Menschen,
ändert von innen heraus die Güte des Teiges, des Geistes.
Dann aber hat es die Kraft, den Menschen als Ganzen zu heben,
anzuheben sein Wesen, es gänzlich mit Licht zu durchsetzen,
so, dass die Wandlung vollkommen, er selbst zum Wirken bereit ist.
Dann wird bekömmlich das Brot, der Leib, der ihr seid, ist gesegnet."

EINE ENGE PFORTE

Näher kommt Jesus Jerusalem, näher seiner Bestimmung.
Wo er Gelegenheit findet und Aufgeschlossene antrifft,

bringt er die Botschaft des inneren Reiches unter die Leute,
spricht von der seligmachenden Gegenwart Gottes im Herzen,
weist daraufhin, dass ein jeder Anteil am Heiligen Geist hat.

Dann, eines Tages, fordert ein Pilger ihn auf zu erklären,
ob er denn meine, dass selig letztlich nur wenige werden.
Jesus erinnert daran, wie wichtig beständiges Ringen,
Sehnsucht der Seele, Liebe zum Licht und der Glaube an Gott sind.
„Eng ist die Pforte zur Seligkeit", lehrt er sanft und geduldig.
„Viele, das sage ich euch, werden angestrengt danach trachten,
durch diese Pforte zu gehen, hineinzukommen ins lichte
Reich meines Vaters, um dort glückseliges Sein zu erfahren."

„Doch scheinen viele tatsächlich Weisung und Weg nicht zu finden,
Das was zum Vater will, jenes Licht eures geistigen Lebens,
ist und war immer schon Teil eben dieses Heiligen Geistes.
Klopfe nicht an, an die Pforte des Herrn, und bitte um Einlass
so wie ein Fremder es täte, sondern wie einer, der heimkehrt.
Stehst du jedoch vor der Tür und sagst: ‚Ich will hinein, mach auf, Herr!',
bleibt dir die Pforte verschlossen, der Vater kann dir nicht öffnen."

„Geist, der Er ist, sieht Er Geistiges nur, als Liebender Liebe.
Kommst du als Habender, das, was du hast, wird der Vater nicht sehen.
Aufzählen magst du sie wohl, die Werke, die du hinterlassen,
alles, was du in den Lebensjahren getan und erreicht hast.
Aber es wird dir nichts nützen, wertlos ist's nunmehr geworden.
Geh also ohne die Bürde, ohne den Glanz des Erreichten,
lasse das alles zurück und bleibe wahrhaftig bescheiden!"

Jesus blickt ernst in die lauschende Menge und kurz hält er inne.
Dann fährt er fort und spricht, wie es scheint, über künftige Zeiten.
„Viele von euch werden zweifeln, ob der verschlossenen Pforte.
Ihnen bleibt lange Zeit unverständlich, warum das so sein muss.
Sie wollen dorthin, wo sie die Ahnen des Volkes vermuten,
sehn sich von Jakob und Abraham hoch im Himmel erwartet,

glauben, dass sie als Enkel und Erben der großen Propheten
Anspruch auf Zutritt allein zum Reich des Allmächtigen haben."

„Seht ihr, es werden von Osten und Westen, Norden und Süden
andere kommen und sitzen am Tisch im Himmelreich Gottes.
Sie haben nicht, so wie ihr, den Menschensohn leiblich erfahren,
aßen und tranken niemals mit ihrem Messias zusammen,
hörten auch nie seine Reden wie ihr mit leiblichen Ohren.
Letzte sind sie in der Zeit, die dennoch die Ersten sein werden,
während manche der Ersten dereinst zu den Letzten gehören."

WARNUNG

Schatten voraus wirft die große Stadt der Paläste und Tempel.
Düstere Kunden erreichen von dort den nahenden Heiland.
Selbst Pharisäer kommen, um Jesus vor Unheil zu warnen.
König Herodes, so sagen Gerüchte, möchte ihn töten.
„Haltet Euch fern von Jerusalem!", raten deshalb die Lehrer.
„Viele sind dort, die Euch, Herr, als Unruhestifter verdammen.
Seht Euch bloß vor; in der Stadt des Monarchen wärt ihr nicht sicher!

Jesus scheint nicht überrascht, von der bösen Absicht zu hören.
Ruhig und ernst begegnet er ihr und behält seinen Frieden.
„Geht hin zum König!", sagt er den Warnern, „und seid meine Boten!
Sagt ihm, der Heiland hat nichts zu verbergen, ihr könnt's bezeugen.
Das, was er tut, geschieht vor den Augen und Ohren des Volkes.
Wieder und wieder hat er die Söhne und Töchter des Landes
angehört und gesehen, geheilt und befreit von Dämonen."

„Niemanden schickte er weg, behandelte Arme wie Reiche.
Geld nahm er keins, auch keine Geschenke und lebte genügsam.
Nie hat er Menschen ermuntert, weltliche Macht zu bekämpfen.
Friede und Liebe sind das, was er immer allen gelehrt hat.
Trotzdem droht Gottes Gesandtem übel von Seiten der Herrscher.

Das, was geschieht, wird geschehen, keiner vermag es zu ändern.
Aber wisst wohl, dass am dritten Tag ihn sein Vater vollendet."

Stirnrunzelnd hören sie zu, die Kenner der heiligen Schriften,
suchen vergeblich derweil, den Sinn des Gesagten zu fassen.
Aber im Herzen ahnen die Männer den Wert dieser Worte,
fühlen wie Wogen des Nachhalls ihre Gemüter bewegen.
Tief in der Seele spüren sie, hier wird prophetisch gesprochen.

„Heute und morgen", spricht Jesus, „und auch am Tag, der danach kommt,
werde ich wandern, muss ich hinauf in die Stadt meines Vaters.
Nirgendwo sonst soll sein Leben verlieren Gottes Gesandter.
Oh, Jerusalem, heillose Stadt, die du tötest und steinigst
Gottes Propheten, deine vom Vater gesandten Erlöser!"

„Seht nur, wie oft ich Jerusalems Einwohner gleich einer Henne
unter die Flügel zu nehmen, sie zu versammeln versuchte.
Aber sie wollten es nicht und blieben dem Alten verhaftet.
Sie haben anders entschieden, nun scheint Jerusalems Schicksal
vorgezeichnet zu sein, ein lichtloser Weg der Verwirrung."

ERNEUTE HEILUNG AM SABBAT

Während der Heiland mit ihnen oft genug hart ins Gericht geht,
suchen die Büchergelehrten doch Tag für Tag seine Nähe.
Wieder ist Sabbat und eingeladen zur Feier ist Jesus
diesmal von einem bedeutenden, angesehenen Lehrer.
Der hat zudem einen Teil seiner Schüler zu sich gebeten.

Viele sind somit versammelt am Tisch des hohen Gelehrten.
Dann wird den Gästen vom Brote gereicht, die Mahlzeit gesegnet.
Neugierig schauen die Schüler, wie er sich gibt, der Gesalbte.
Wie wird er essen, der Heiler, was wird er tun oder sagen?
Wird er sich würdig erweisen ihrem geachteten Meister?

Jesus bemerkt, dass einer von ihnen an Wassersucht leidet.
Stark sind dem Manne die Augenlider und Lippen geschwollen.
Außerdem zeigt er am Hals eine unverkennbare Schwellung.
Jeder kann hören, wie sehr ihm das Atmen Mühe bereitet.
Jesus erfasst den Moment und sieht darin alles enthalten,
sieht, welch verborgener Sinn die Menschen am Tische verbindet.

„Sagt, Pharisäer", ergreift er das Wort mit Blick auf den Kranken,
„ist es erlaubt oder nicht, die Kranken am Sabbat zu heilen?"
Schlagartig enden die Tischgespräche und jeder hält inne.
Jesus schaut in die Runde und wartet, keiner gibt Antwort.
Schwer liegt das Schweigen der Büchergelehrten über dem Gastmahl.

Schließlich erhebt sich der Heiland, geht zum Geplagten hinüber,
legt ihm nur kurz die Hand auf und heilt ihn im selben Moment noch.
Staunend erfahren die Schüler am Tisch das Wunder der Heilung.
Viele betrachten erschreckt und entsetzt den nunmehr Geheilten.
Wie kann es sein, so fragen sich manche, dass einer wie Jesus
derart offen und schamlos die Sabbatgesetze missachtet?

Jesus erkennt, was sie denken, die strengen Schüler der Schriften,
sieht, dass sie selbst für den Bruder keinerlei Mitgefühl haben.
Nach dem Gesetz hätte der heute nicht geheilt werden dürfen.
„Was", so fragt er die Männer, „würdet ihr tun, wenn am Sabbat
unversehens der eigene Sohn in den Brunnenschacht fiele,
oder es fiele gar nur eines der Lämmer hinunter?
Würde nicht jeder von euch auf der Stelle eilen und helfen,
Sohn oder Lamm sofort aus dem Brunnen herausziehen wollen?
Wer würde warten und erst am folgenden Tag sich erbarmen?"

Schlicht sind die Fragen des Herrn, kein Rätsel für eifrige Schüler,
keine geschliffene Aufgabe, auszulegen die Schriften,
nicht ein Problem, um Verstandeskräfte zu nutzen und schulen.
Nein, dies sind Fragen, gedacht, das Herz und Gewissen zu wecken.
Unsicher schweigen die Schriftgelehrten und schlagen die Augen

nieder, beschämt und nicht fähig, Heilandes Blick zu begegnen.

NAHE IM GEISTE

Andere Gäste derweil sind von Jesu Worten beeindruckt.
Angelockt durch das Licht des Propheten versuchen sie alle
aufzurücken am Tische und näher dem Rabbi zu sitzen.
Jesus bemerkt es sogleich, versteht ihre Suche nach Nähe.
Doch er sieht auch, wie sehr sie das innere Leben verkennen.
Wirkliche Nähe, für ihn, ist eine im Sinne des Geistes.

Viele wollen ihn anfassen, ihn mit den Händen berühren,
bleiben im Innern jedoch für Worte und Werte verschlossen.
Erst aber, wer sich im Herzen anrühren lässt, ist ihm nahe.
Erst, wer bereit ist, sich selbst im Lichte des Geistes zu prüfen,
darf darauf hoffen, dereinst am Tisch des Gerechten zu sitzen.
Also spricht Jesus zu ihnen, bleibt dabei nah am Geschehen.

„Du, stell dir vor, bist von jemandem eingeladen zur Hochzeit,
kommst zu der Feier und siehst die Brautleute oben am Tische.
Dort sind noch Sitzplätze frei, doch du weißt, es wäre nicht ratsam,
unaufgefordert sich hinzusetzen so nahe dem Brautpaar.
Irgendein anderer, angesehener Gast könnte kommen,
könnte mit größerem Recht beanspruchen, oben zu sitzen.
Diesem müsstest du weichen, die Brautleute müssten dich bitten
aufzustehen und viel weiter unten am Tische zu sitzen.“

„So ist es besser, dich selbst als Gast nicht so wichtig zu nehmen,
auch nicht im Stillen den, der du bist, als besonders zu sehen.
Du bist, bedenke, Gast unter Gästen, nicht mehr und nicht minder.
Einmalig, unverwechselbar schuf euer Vater euch alle.
Lasse es dabei bewenden, du stehst nicht über dem Bruder!“

„Fühlst du dich selbst als Mensch unter Menschen, so wirst du bescheiden.

Dankbar und froh nimmst du eher irgendwo unten am Tisch Platz.
Wenn dann der Bräutigam sieht, wer du bist, kommt und dich bittet
aufzurücken, so nimm es gelassen und setze dich dorthin,
wo man dich auffordert, hinzusitzen und bleibe genügsam!
Sieht dich der Bräutigam nicht, so nimm es genauso gelassen!"

Als er zu Ende gesprochen, wendet sich Jesus zum Hausherrn,
fordert den Gastgeber auf, den Grund seines Handelns zu prüfen.
„Wen lädst du ein", fragt er, „wenn du ein Gastmahl aufbieten möchtest?
Sollten nur Freunde und Brüder, reiche und vornehme Leute
herkommen dürfen, jene die dir dein honoriges Handeln
irgendwann sicher mit reichlich Dank und Geschenken vergelten.
Willst du dich selbst im Lichte gemeiner Bewunderung feiern?"

„Oder verstehst du dein Gastmahl als freie Schenkung des Herzens,
freudiges Hergeben ohne Bedingung, ohne Erwartung?
Siehst du, der Gütige schaut nicht ständig auf Vorteil und Nutzen.
Ihn macht es glücklich zu teilen, andere glücklich zu sehen.
Leiden zu lindern, einfach zu sättigen jene, die hungern,
das ist sein seligster Wunsch, eine Quelle innerer Freude."

Langsam lässt Jesus den Blick von einem zum anderen wandern,
fasst sie ins Auge die geistig darbenden Seelen der Gäste.
Leise auf einmal, besonders behutsam, redet er weiter:
„Der ist mir nahe, der das, was er hat, zu teilen bereit ist.
Der ist mir nahe, dem es gelingt, seinen Stolz zu bezwingen,
einer, der Arme und Kranke einlädt, um sie zu bewirten,
einer, der weiß, dass auch im Geringsten des Vaters Licht ist,
einer, der gibt, weil er sieht, ihm selbst wurde alles gegeben."
Jesus hält inne und eine der Gäste spricht voller Rührung:
„Selig ist der, der Brot isst im himmlischen Reich seines Vaters!"
„Sicher", bestätigt der Heiland dem Mann, „sind wahr deine Worte.
Wer aber macht sich die Mühe und geht zum Gastmahl des Vaters?
Einst gab ein Mensch ein glanzvolles Abendmahl, lud ein zu kommen
zahlreiche Leute und schickte los seinen Diener am Abend,

aufzufordern die Eingeladenen, bald zu erscheinen.
Alles sei hergerichtet, der Hausherr erwarte sie sehnlichst."

„Doch die Gebetenen wollten nicht kommen, baten den Diener
sie zu entschuldigen, ihnen wichtiger waren am Ende
scheinbar die vielen Sorgen und Pflichten des täglichen Lebens.
Einer erklärte dem Knecht, ein Feldstück erworben zu haben.
Deswegen müsse er leider gleich los, den Acker besehen.
Ähnlich ein Zweiter, der meinte, eben fünf Ochsengespanne
käuflich erworben zu haben und diese prüfen zu müssen
Wieder ein anderer hätte geheiratet, konnte nicht kommen."

So kam der Diener zurück und sagte dem Herrn das Gehörte.
Diesen betrübten die Absagen sehr, er schickte den Diener
abermals los, doch diesmal hinaus auf die Straßen und Gassen.
Ansprechen sollte er unverzüglich und herführen jeden
Armen, Verkrüppelten, Blinden und Lahmen, gleich wer sie waren.
Als nun der Knecht das getan, erschien er erneut vor dem Hausherrn,
meldete, er hätte alle geholt, doch wäre noch Platz frei,
Platz an den Tischen, nunmehr gedeckt für ein festliches Gastmahl."

„Da trug der Herr dem Bediensteten auf, jetzt auch noch zu holen,
jene, die obdachlos waren, Landstreicher, Ehrlose, Bettler.
Sie sollten ebenfalls kommen, Platz nehmen, essen und trinken.
So ward es schließlich doch voll das Haus dieses liebenden Menschen."

Plötzlich zu Ende ist Jesu Gleichnis und ebenso plötzlich
kehrt er zurück zum Leben der Gäste am Tisch des Gelehrten.
Übergangslos spricht er diese nun an und trifft sie im Herzen.
„Keiner der Leute, die eingeladen sind – hört, was ich sage! –
keiner wird kommen, mein Haus betreten, das Brot mit mir teilen.
Ohne die Herren der Welt wird das Lamm sein Abendmahl feiern,
ohne die mächtigen, vornehmen, viel beschäftigten Reichen,
ohne die weisen, gebildeten, selbstgerechten Gelehrten."
Schwer und bedeutungsvoll breiten sich aus, die Worte des Rabbis,

wecken in jedem sogleich ein tiefes Gefühl des Bedauerns.
Auch wenn ihn keiner versteht, erahnen sie irgendwie alle:
Hier spricht ein Mann, der sieht, dass ein düsteres Los ihn erwartet.
Manch einer schluckt, ist zu Tränen gerührt und blickt nur zu Boden.
Andere legen die Hand auf den Mund und weiten die Augen.

FOLGE MIR NACH!

Während er weiterwandert und Wunder verrichtet, wird Jesus
ständig von vielen, vielfach bedürftigen Menschen begleitet.
All diese Leute sind voller Erwartung, hoffen auf Segnung,
hoffen darauf, dass bereits ein Wort oder Blick dieses Rabbis
jegliches Übel vertreiben, lösen wird ihre Probleme.

Jesus sieht deutlich, sie werden alle demnächst schon enttäuscht sein.
Er möchte diese Begleiter nicht mehr im Unklaren lassen,
wendet sich um und sagt, was es heißt, seinen Weg zu beschreiten:
„Nur wer bereit ist, zurückzulassen das bisher Vertraute,
nur wer bereit ist, mit anderen Augen Vater und Mutter,
Ehemann, Ehefrau, Kinder, alle Verwandte zu sehen,
Einzig wer willig ist, sein Kreuz zu tragen, Schicksal zu bürden,
willig ist, selbst zu entscheiden, kann meinen Glaubensweg gehen."

„Prüft also sorgfältig", rät der Gesalbte, prüft eure Mittel,
fragt euch als Erstes und ernst, was ihr aufzugeben bereit seid!
Wer einen Turm bauen will, überschlägt doch auch erst die Kosten,
rechnet, ob reicht, was er hat, um den Bau zu Ende zu führen.
Sonst nämlich könnte es sein, dass er bloß des Turmes Grund legt,
ihm aber dann die Mittel fürs weitere Vorhaben fehlen."

„Ähnlich ein König, der Krieg zu führen gedenkt und sich rüstet.
Sorgfältig prüft er Größe und Kraft seiner Heeresverbände,
bringt in Erfahrung zudem die Stärke der feindlichen Truppen.
Dann hält er Rat, überlegt, ob er wirklich losschlagen sollte,

nun, da er weiß, dass der Feind doppelt so stark wie er selbst ist.
Sieht er, dass seine Armee dessen zwanzigtausend Soldaten
nie schlagen könnte, schickt er Gesandte und bittet um Frieden."

Fangt also nicht etwas an, was ihr niemals abschließen könntet!
Macht, wie man sagt, keine halben Sachen, entscheidet euch gründlich!
Niemand, der weiter festhält am Alten, ist offen für Neues.
Brecht mit den liebgewordenen Meinungen, Bildern, Gedanken!
Stellt sie zur Gänze in Frage und sagt euch los von Gelerntem!
Manche Gedanken mögen euch nah sein wie Brüder und Schwestern.
Löst euch von ihnen, erlaubt ihnen nicht, bei euch zu wohnen."

„Ihr seid das Salz, seid das unverzichtbare Gut dieser Erde.
Doch was passiert, wenn das Salz nicht mehr salzt und fad ist wie Sandstein?
Nutzlos geworden wirft man es weg und tritt es mit Füßen.
Was nimmt man dann, um Speisen zu würzen und schmackhaft zu machen?
Höre, wer Ohren hat, mich und des Geistes Botschaft zu hören,
höre, verstehe den Sinn des Gesagten, ermesse die Tiefe!"

DER VERLORENE SOHN

Während er spricht, treten insbesondere Zöllner und Sünder
näher heran, vernehmen im Herzen bewegt seine Worte.
Diesen Verachteten, Ausgestoßenen macht der Gesalbte
Hoffnung, die Hoffnung auf Liebe, Vergebung, Wandel und Würde.

Auch Pharisäer und Schriftgelehrte sind unter den Hörern.
Ihnen missfällt, dass der Heiland all diese ehrlosen Frevler
höher zu schätzen scheint als sie selbst, die Gesetzesbewahrer.
Murrend betrachten sie Christi Nähe zur unreinen Meute.

Jesus lässt keine Gelegenheit aus, Erstarrtes zu lösen,
jedem, ganz gleich, wer dieser zu sein glaubt, die Augen zu öffnen.
Ähnlich begegnet er auch den murrenden Büchergelehrten.

„Was", so fragt er sie, „würdet ihr machen, wenn ihr von den hundert
Schafen eurer für euch über alles bedeutsamen Herde,
eines verlöret, euch eines am Abend abgehen würde?
Ließet ihr dann nicht die neunundneunzig zurück in der Wüste,
ginget nicht fort, das eine Verlorene eilig zu suchen?"

„Sicher wäret ihr froh, es zu finden, es wiederzuhaben.
Heimtragen würdet ihr dieses vermisste Schaf auf den Schultern
und wenn ihr wieder zu Hause wärt, alle Freunde und Nachbarn
rufen und herbitten so, dass sie sich mit euch daran freuen.
Ausrufen würdet ihr glücklich, erleichtert und dankbar:
Ich habe wiedererhalten das, was verloren gegangen.
Kommt, lasst uns diese so unwahrscheinliche Wiederkehr feiern!"

„Seht ihr, ebenso groß ist die Freude der Engel im Himmel
über die Umkehr und Heimkunft schon eines einzigen Sünders,
größer als über die neunundneunzig vermeintlich Gerechten,
jene, die scheinbar der Wende zum Bessern gar nicht bedürfen."

„Sucht denn nicht jeder von euch verlorene Güter beharrlich?
Stellt euch den Fall einer Frau vor, die Silbermünzen gespart hat,
insgesamt zehn an der Zahl, doch einen von diesen verliert sie.
Sicherlich zündet sie gleich ein Licht an, beginnt voller Sorgfalt
auszukehren ihr Haus und die Münze beflissen zu suchen."

„Meint ihr denn nicht, sie würde sich freuen, den Silberling schließlich
wiederzufinden und hellauf begeistert Nachbarn und Freunde
herrufen, ihnen vom Münzenfund überglücklich berichten?
Glaubt mir, die Freude im Himmel über die Rückkehr zum Lichte
eines im Dunkeln irrenden Menschen ist ungleich viel größer."

„Seht ihr, ich spreche von Dingen, die euch, wie's scheint, viel bedeuten.
Aber in Wirklichkeit geht es um Menschen, Kinder des Einen.
Hierzu möchte ich euch eine alte Geschichte erzählen.
Darin erfreut sich ein Mann seiner beiden ungleichen Söhne.

Ruhig und treu ist der Ältere, stets die Stütze des Vaters,
neugierig, tatendurstig hingegen sein jüngerer Bruder."

„Als dieser Jüngere endlich mündig ist, geht er zum Vater.
Vater, so bittet er, gebt, was mir zusteht, gebt mir mein Erbteil.
Lange bereits hat der Mann seines Sohnes Bitte erwartet.
Nun nickt er langsam, betrachtet den Jüngling voller Verständnis.
Schon am folgenden Tag teilt der Vater Besitz und Vermögen
rechtdenkend auf unter beiden so grundverschiedenen Brüdern."

„Kurze Zeit später verlässt der jüngere Sohn seine Heimat,
nimmt seine Habe, sein ganzes Erbe und zieht in die Ferne.
Lange ist er unterwegs und findet am Ende ein schönes
überaus reizvolles fremdes Land, das ihn gleich in den Bann schlägt."

„Dort nun erliegt der noch Unerfahrene mancher Verlockung.
Über den Jüngling herein brechen unerwartet und machtvoll
sinnbetörende Düfte, Gerüche, Empfindungen, Farben.
Solcherart Liebreiz war ihm bis dahin noch niemals begegnet.
Ganz überwältigt von dem, was die weite Welt ihm bereithält,
taumelt er haltlos hinein in den Sinnenrausch und verliert sich."

„Während der Jüngling sich weiter ergötzt an zahlreichen Reizen,
gleicht er sich an dieser fremden Welt und vergisst, wo er herkommt.
Achtlos beginnt er sein Erbe für eitle, weltliche Dinge
herzugeben und voller Vergnügen vergehen die Jahre.
Irgendwann aber ist alles verbraucht, das Erbe verschwendet.
Nun sind die fetten Jahre vorbei und das Leben wird härter."

„Schlimm wird sie gar, die Lage des ausgewanderten Sohnes.
Hunger kommt über das Land und die Not ist groß und erschreckend.
Nunmehr bedürftig geworden, verliert er Freiheit und Würde,
schlägt sich als Tagelöhner durchs Leben im Dienst eines Bauern.
Täglich ist er auf dem Feld dieses Herrn und hütet die Säue.
Dort muss er darben und neiden sogar den Schweinen ihr Fressen."

„Schließlich am Boden, entsinnt er sich seiner eigenen Herkunft.
Stehen nicht zahlreiche Tagelöhner im Dienst meines Vaters?
Haben nicht selbst seine einfachsten Knechte reichlich zu essen?
So überlegt der völlig verkommene Sohn und es reut ihn,
das, was er doch durch Geburt immer war, vergessen zu haben."

„Nun, da sein Weg nicht länger verspricht, ihn weiterzuführen,
nun in der Stunde der Not, entscheidet der Erbe des Vaters
umzukehren und anzutreten den langen Gang heimwärts.
Ihm ist bewusst, dass ihm weder Hilfe noch Mitgefühl zusteht.
Aber er hofft, als Knecht seines Vaters dienen zu dürfen."

„Plötzlich von neuer Hoffnung und Sehnsucht erfüllt ist sein Wesen.
Weit ist der Weg zum Gut seines Vaters und groß die Entbehrung.
Aber ihn trägt die Erinnerung weiter, innerlich weiß er,
wo seine Wurzeln sind, welche Quelle ihn immer gespeist hat.
Selbst in der Fremde und auch im Elend war bei ihm gewesen
jener ihn nährende, nie versiegende Kraftstrom der Liebe."

„Ihn hat er lange weder beachtet noch dankend gewürdigt.
Undankbar, so sein Gefühl, hat er Vaters Erbe vergeudet,
damit, so scheint es, Würde und Anrecht des Sohnes verloren.
Er ist bereit, seine unverzeihlichen Fehler büßen."

„Groß ist die Welt und weit ist der Sohn noch entfernt von zu Hause.
Aber der Vater erblickt ihn bereits und sieht mit dem Herzen,
fühlt, was sein Nachkomme innerlich durchgemacht und erlebt hat.
Dieses vom Sohne erlittene Unglück jammert den Vater.
Also verlässt er sein Gut und geht seinem Jüngsten entgegen,
sehr weit entgegen, umarmt ihn sodann erfreut und erleichtert."

„Tief von der Geste beschämt, blickt der Sohn betreten zu Boden.
Vater, gesteht er, ich habe geirrt und Fehler begangen.
Schlimmer sogar, ich vergaß, wer ich bin, woher ich entstamme.
Nun bin ich länger nicht wert, dein Sohn oder Erbe zu heißen."

„Gänzlich von Freude erfüllt, will der Vater solches nicht hören.
Kopfschüttelnd bittet der Mann seinen Sohn nicht weiter zu reden.
Dann ruft er Diener herbei, den Wiedergekehrten zu grüßen,
ihn willkommen zu heißen und herzurichten ein Festmahl."

„Bringt meinem Sohn, gebietet er, schnell unser bestes Gewand her!
Kleidet ihn festlich und gebt ihm die schönsten Ledersandalen!
Schmückt seine Hand mit dem feinsten, kostbarsten Ring, den wir haben!
Schlachtet ein prächtig gemästetes Kalb und nehmt nur das Beste!
Öffnet die Krüge erlesener, aufgehobener Weine!"

„Kommt, lasst uns feiern, fordert der Vater, vereint und in Eintracht!
Seht nur, tot war mein Sohn und ist wieder lebendig geworden.
Scheinbar für immer verloren war er, und ward doch gefunden.
Heimgekehrt aus dem Dunkel ins Licht ist dieser mein Jüngster."

„Rasch macht die Nachricht von Sohnes glücklicher Heimkehr die Runde.
Alle empfangen den weit Gereisten mit offenen Armen.
Dankbar feiern die Diener, dass Vater und Sohn nun vereint sind.
Angestimmt werden die alten Lieder des Heils und der Liebe.
Freudig im Wesen bewegt, beginnen sie schließlich zu tanzen."

„Einer ist nicht auf dem Gut, nicht Teil dieser festlichen Stimmung.
Draußen auf einem der Felder des Vaters leistet in Stille,
treu und gewissenhaft Vaters älterer Sohn seine Arbeit.
Er, der immer geblieben, weiß nichts von der Heimkehr des Bruders."

„Doch als er abends näher dem Hofe kommt, hört er Gesänge.
Staunend fragt er sogleich einen Knecht nach der Festlichkeit Anlass.
Da erst erfährt er, dass heute wiedergekehrt ist sein Bruder.
Alles verloren hätte der jüngere Herr, meint der Diener,
glücklich sei dennoch der Vater, gesund ihn wiederzuhaben.
Er, der Ältere, solle doch kommen und ebenfalls feiern."

„Diesem jedoch bereitet die Nachricht keinerlei Freude.

Vielmehr erbittert es ihn, dass festlich und freudig begrüßt wird
einer, der all die Jahre doch nie von sich hören ließ, niemals
irgendein Lebenszeichen, geschweige Geschenke geschickt hat.
Nun kommt er her, dieser Weltenbummler, und was macht sein Vater?
Schlachtet das fetteste Kalb und feiert dem Nichtsnutz zu Ehren."

„Zornig und eindringlich lehnt er es ab, das Haus zu betreten.
Also begibt sich der Vater hinaus und bittet ihn herzlich,
einzutreten und mitzufeiern, sich mit ihm zu freuen.
Doch der Entrüstete weigert sich weiter, fühlt sich missachtet."

„Vater, beklagt er sich, habe ich Euch nicht immer geholfen,
zuverlässig, geduldig gedient und getan, was Ihr wolltet?
Und? Habt Ihr jemals für mich ein Festmahl wie dieses gegeben?
Gabt Ihr mir je einen Bock, dass ich feiern konnte mit Freunden?
Kaum kehrt er wieder, Euer so kläglich gescheiterter Jüngster,
er, der sein ganzes Vermögen sorglos mit Huren verprasst hat,
schon lasst Ihr ihm zu Ehren die herrlichsten Speisen bereiten."

„Weich wird der Blick des Vaters, als dieser den Ältesten ansieht.
Du bist bei mir allezeit, erwidert er ruhig dem Sohne.
Alles was mein ist, ist dein, und das wird auch immer so bleiben.
Aber du solltest dich freuen, schließlich wird dir nichts genommen.
Was wäre ferner der Wahrheit? Sieh doch der Gegenwart Gnade!
Dieser dein Bruder war tot, ist wieder lebendig geworden.
Scheinbar verloren war er, ist jetzt aber wiedergefunden."

Schuld und Vergebung

„Was", fragt der Heiland sodann und wendet sich hin zu den Jüngern,
„sagt das Gesetz über Schulden und Schuldner, was steht geschrieben?
Schulden, ihr wisst es, muss jeder am Ende restlos begleichen.
Keiner kommt aus, bezahlt werden muss, das Gesetz ist entschieden.
Nicht nur wer Schulden, auch wer sich irgendwie schuldig gemacht hat,

kommt nicht umhin, dem Gesetz zu gehorchen, Auge um Auge.
Das, was du säst, wirst du ernten, was du verbrichst, sollst du büßen.
Gleich, wer du bist, der Gerechtigkeit Gottes musst du dich beugen."

„Daran erinnert nun auch der ältere Sohn seinen Vater.
Aber der Vater missachtet, wie's scheint, die alten Gesetze,
fordert den Heimgekehrten nicht auf, seine Taten zu büßen,
fordert ihn nicht, wiedergutzumachen vergangenes Unrecht,
rechnet dem Sohne nicht vor, wie viel er vertan und verprasst hat.
Vielmehr verzeiht er dem weit Gereisten, umfängt ihn mit Liebe."

„Immer schon gab es hier oder anderswo Reiche und Arme.
Reiche vermehren Besitz und Vermögen, Arme verarmen.
Solches wird immer auch von Gesetzen als rechtens verteidigt.
Gutsherren schicken Verwalter, um Abgaben einzutreiben.
Wer nicht vermag, seine Schulden zu tilgen, zahlt mit der Freiheit."

„Nun aber gibt es einen Verwalter, der da nicht mehr mitmacht.
Hört die Geschichte des Mannes, prüft seine Schritte mit Sorgfalt!
Fragt euch, ob dieser Verwalter des Herrn gewissenhaft handelt!
Ihm scheinen ungerecht die Gesetze der Großgrundbesitzer.
Er möchte nicht all den Schuldnern die Lebensgrundlage rauben.
Er kann nicht ohne Erbarmen ausführen Gottes Gesetze.
Er zweifelt an, dass all diese Schuldner ihr Elend verdienen."

„Damit erregt er den Unmut der selbsternannten, gelehrten
Hüter des Rechts und Bewahrer mutmaßlich heiliger Ordnung.
Unbarmherzig bestehen sie darauf, dass man wortwörtlich einhält
jedes Gesetz, deren Wortlaut sie stur und selbstherrlich hüten.
Demnach sind offenbar schuldig, jene die leiden und darben.
Gott, der Gerechte, bestraft sie für ihre früheren Frevel.
Ihnen bleibt nur noch, in Demut auf Gottes Gnade zu hoffen.
Keinem steht zu, was gefügt wurde, eigenmächtig zu ändern."

„Also verleumden die unbelehrbaren Schriftenbewahrer

bald den vom Leid der Verarmten angerührten Verwalter.
Er, so verkünden sie dreist, betrüge den eigenen Gutsherrn,
nehme schon lange klammheimlich für sich, was diesem gehöre.
Auch sei dem Manne egal das alte Gesetz, nach dem Schulden
grundsätzlich immer komplett getilgt und gebüßt werden müssen.
Schamlos behaupten die Hüter einer vermeintlichen Wahrheit,
dieser Verwalter missachte Recht auf Besitz und Vermögen."

„Derlei Gerüchte verbreiten sich schnell, denn so sind die Menschen.
Andere abzuwerten erfüllt sie mit boshafter Freude.
Kurze Zeit später erreicht das üble Gerede den Gutsherrn.
Aufgebracht lässt er sogleich den nunmehr Verrufenen holen.
Aber schon jetzt kann der Herr dem Verwalter nicht mehr vertrauen.
Einer, der großes Vermögen verwaltet, darf nicht suspekt sein."

„Zugetragen ward mir, mein Verweser, begrüßt er den eilig
hergekommenen Mann, dass du fortgesetzt Unrecht getan hast.
Du würdest meinen Besitz nicht ununterbrochen vermehren.
Mehr noch, du würdest grundsätzlich Recht auf Besitz hinterfragen,
gleichzeitig aber dich selbst an meinem Vermögen bereichern.
Heute noch sollst du mir uneingeschränkt Rechenschaft geben
über dein Tun als Verwalter und Hüter meiner Geschäfte.
Hast du tatsächlich meine Belange nicht gut vertreten,
hast du mich gar noch betrogen, kannst du nicht länger im Amt sein.
Bringe die Bücher, einsehen möchte ich Listen und Zahlen!"

„Kommen lässt nun der Verwalter sämtliche Schuldner des Gutsherrn,
nimmt ihre Schuldscheine, macht ihre Außenstände geringer.
Dem, der dem Herrn noch fünfzig Fass Öl schuldet, streicht er die Hälfte.
streicht auch die Schuld von hundert Sack Weizen und macht daraus achtzig.
Eigenmächtig erlässt er somit einen Teil ihrer Schulden.
Dankbar sind ihm die schwer von den Abgabenlasten Bedrückten."

„Somit versucht der Verwalter nunmehr den Herrn, den gestrengen
milde zu stimmen, milde mit Blick auf verzweifelte Schuldner.

Zeigen will er dem vermögenden Herrn, dass gar nicht so groß sind
all jene Außenstände und nichts seinen Reichtum gefährdet."

„Damit verstößt der Verwalter, so scheint es, gegen Gesetze.
Ich aber sage euch, weise und recht hat dieser gehandelt.
Eure Gesetze sind nicht dazu da, den Menschen zu knechten.
Aufrichten solltet ihr euch mit Hilfe von Gottes Geboten.
Seht ihr, der Herr richtet keinen der Seinen ohne Erbarmen.
Aber die Menschen richten einander mit herzloser Härte.
Gnadenlos pochen die Schriftgelehrten darauf, dass Gesetze
eingehalten und angewandt werden, streng nach dem Wortlaut."

„Ihr habt gehört und gelesen, Schulden sind stets zu begleichen.
Wenn einer fehlging, sich schuldig gemacht hat, muss er es büßen.
Keiner darf straffrei davonkommen, keiner hoffen auf Milde.
Ich aber sage euch, haltet euch fern von Rachegedanken!
Lernt zu verzeihen, denn euch wird ständig genauso verziehen!
Achtet darauf, dass keiner am Maß seiner Schulden verzweifelt!"

Währenddessen sind einige Büchergelehrte gekommen,
lungern am Rande der Gruppe, lauschen den Worten mit Skepsis.
Schließlich, als Jesus geendet, höhnen sie ihn einen Narren,
schimpfen, dass er den ehrlichen Reichtum der Herren geringschätzt,
werfen ihm abermals vor, des Moses' Gesetze zu brechen.
„Wer sich versündigt hat", tönen sie selbstgerecht und vermessen,
„den wird der himmlische Richter bestrafen, so steht's geschrieben."
Jesus bleibt ruhig, liebevoll mahnt er die Lehrer zur Umkehr:
„Glaubt ihr an unbarmherzige Rechtsprechung, strenge Bestrafung,
siehe, ihr werdet genau das erleben, Furcht wird euch führen.
Aber wisst und versteht, dass ihr *so* nicht das Himmelreich findet.
Vielmehr macht diese Erwartung selbst euer Leben zur Hölle.
Angsterfüllt werdet ihr nie die Liebe des Vaters erfahren."

„Ihr kennt kein Mitgefühl; wie könnt ihr da ein solches erhoffen?
So wie ihr selbst eure Mitmenschen richtet, wird man euch richten.

Innerlich wisst ihr das wohl und deswegen fehlt euch der Frieden,
Deswegen sucht ihr verzweifelt, über dem Bruder zu stehen,
frommer als dieser zu sein, gelehrter, gepflegter, gerechter,
glaubt ihr doch Gottes gnädiges Urteil verdienen zu müssen."

„Aber ich sage euch, Gott ist ganz anders, nicht, wie ihr fürchtet.
Ohne Bedingung liebt er euch jetzt schon und liebt euch auf ewig.
Wäre es anders, ihr könntet keinen Moment länger leben.
Glaubt es, ihr Lehrer des Volkes, prüft euer Denken und Fühlen!
Blickt nicht herablassend nieder auf eure Brüder und Schwestern.
So wie ihr diese verachtet, werdet ihr selbst bloß verachtet.
Denn ihr verurteilt euch selbst und niemand, so scheint's, kann's verhindern."

„Leicht könnt ihr sagen, dass Gott den Armen die Armut gegeben,
ihr, die ihr selbst über Güter verfügt und Knechte gebietet.
Leicht könnt ihr lehren, dass selbst verschuldet sind Hunger und Elend,
ihr, die ihr niemals die bittere Not der Armut gekostet.
Leicht könnt ihr über der Armen Dummheit und Schmutz euch erheben,
ihr, die ihr immer nur Schriften und Zeigestäbe berührt habt.
Geistes Licht ist in allen, in Armen nicht minder als Reichen.
Ehrt dieses Licht, Pharisäer, demütig ehrt es in jedem!
Bringt mit der Kraft eures Mitgefühls die Gesetze zum Leuchten!
Öffnet das Herz und löst das Geheimnis der heiligen Schriften!"

„Dort nur, im Herzen, findet der Mensch seinen wirklichen Reichtum.
Dort ist er glücklich umfangen vom Geist der Wahrheit und Liebe.
Dort ist die Freude derer, die mitfühlen, dankbar und maßvoll.
Weltlicher Reichtum ist flüchtig, ebenso sind ihre Freuden.
Gleich welche Schätze ihr sammelt im kurzen Lauf eures Lebens,
Macht und Vermögen, Ansehen, Wissen, Gewandtheit und Stärke,
ohne die Freude des Himmelreiches ist alles vergebens."

„Wie aber kommt ihr hinein in das lichte Reich meines Vaters?
Was müsst ihr tun oder lassen, wie euch im Leben verhalten?
Hier ist mitnichten entscheidend, viel oder wenig zu haben.

Weder sind Reiche von sich aus verdammt noch Arme geheiligt.
Auch sind Gesunde dem Vater nicht lieber, näher als Kranke.
Ob einer zahlreiche Kinder gezeugt hat oder nicht eines,
ob seine Herde gedeiht oder nicht, es spielt keine Rolle."

„Seht ihr, ein jeder tut das, was er tut, das ihm nur Gemäße.
Alles entscheidend ist immer, ob ihr im Herzen erwacht seid.
Übt euch in Mitgefühl, Israels Enkel, zeigt euch barmherzig!
Dankt eurem Vater für reiche Gaben und fühlt mit den Armen!
Dankt eurem Vater für Wohlbefinden und fühlt mit den Kranken!
Dankt eurem Vater fürs Sehen und fühlt mit denen, die blind sind."

„Hier und jetzt kann sich jeder entschließen, nach Hause zu kehren
aufzumachen das Herz für die innere Stimme des Geistes.
Jetzt ist die Zeit, ich rate euch, zögert und zweifelt nicht länger.
Bitter schmeckt die Erkenntnis, das Wahre versäumt zu haben,
kurz vor dem Tode, wenn keine Möglichkeit bleibt, es zu ändern."
„Fragt eure Ahnen, fragt die Verstorbenen, was sie euch raten!
Ihr werdet feststellen, viele bedauern, dass sie versäumten
besser zu nutzen die Tage, nunmehr verblasst und verstrichen.
Viel gäben sie nun dafür, noch einmal ihr Leben zu leben.
Doch was geschah, ist geschehen – und was vergangen, vergangen."

„Ihr habt nicht Jahre, zahllose Leben in endloser Folge,
ihr habt allein den Moment, begreift doch, das Jetzt nur ist wirklich.
Auch wenn ihr stets danach strebt, euer Lebensziel zu erreichen,
täglich euch abmüht, reicher, gesünder, beliebter zu werden,
nur in der Gegenwart seid ihr, der Rest ist mehr nicht als Täuschung."

VERSUCHUNG

Wieder allein mit den Jüngern, spricht der Gesalbte zu ihnen:
„Seid euch bewusst, Versuchungen werden euch häufig begleiten.
So ist des Menschen Gemüt, es lässt sich bereitwillig täuschen,

irreführen indes von den Schlichen eigener Einbildung.
Das, was euch zufällt und zustößt im Leben, *ihr* habt's erschaffen.
Seht ihr euch machtlos als Opfer der Dinge, seid ihr verblendet."

„Das ist Versuchung, die Schöpfung des Geistes nicht zu erkennen.
Ihr seid die Welt, sie ist eure täglich erneuerte Schöpfung.
Weshalb euch fürchten, weshalb erzürnen, weshalb euch grämen?
Schaut in den Tag und erkennt euer Denken, Hoffen und Wollen!
Nichts kann euch je widerfahren, was ihr nicht selbst inszeniert habt.
Nur wer nicht sieht, dass er selbst die Welt ist, gerät in Versuchung."

„Seid auf der Hut und verweilt in stiller Betrachtung des Geistes!
Lasst euch nicht hinreißen von dem, was euch draußen begegnet!
Manchmal wird's euch gelingen und manchmal droht ihr zu scheitern.
Nehmt die Erfolge und Misserfolge des Tages gelassen!
Seid weder selbstgefällig und eitel noch straft euch mit Schelte!
Selbst wenn ihr siebenmal täglich dem Trug unterliegt, verzeiht euch!"

„Auch eure Brüder und Schwestern geraten oft in Versuchung.
Zeigen sie Reue, verweigert auch ihnen nicht die Vergebung.
Haltet ihn wegsam, den Weg, der sicher zum Geiste zurückführt!
Wenige irren nur einmal; langmütig seid wie der Vater!
Jeder von euch ist des Geistes, das gilt es nie zu vergessen.
Schaut auf den Menschen mit Geistesaugen und seht seine Nöte!"

„Ihr könnt nicht kennen des anderen Irrwegs Sinn und Bedeutung.
Seht, der verlorene Sohn war in Wahrheit immer verbunden.
Selbst seine Fehler und Frevel sind letztlich Teil dieser Schöpfung.
Richtet den Irrenden nicht und scheint er euch noch so verwerflich!
Selbst die Verbrecher und Missetäter sind Nachkommen Adams.
Durch und durch böse ist selten ein Mensch, er strebt nach dem Guten."

Aufmerksam lauschen die Jünger der ernsten Mahnung des Heilands,
prüfen derweil ihre eigene Sicht auf Sünde und Sünder.
Klar steht ihnen vor Augen: Der Glaube ist alles entscheidend.
Vieles, ja alles, ist offenbar möglich, wenn es geglaubt wird.
Gleichzeitig fühlen sie wohl, wie Zweifel und Ängste sie schwächen.
Angewiesen sind sie auf die Hilfe des Heiligen Geistes.
Demütig bitten sie Jesus, ihnen den Glauben zu stärken.

„Jetzt bin ich bei euch", erwidert ihr Meister, „nutzt diese Tage!"
Jetzt ist es leicht für euch alle, Anteil zu haben am Geiste.
Jetzt könnt ihr lernen, dass wesentlich eins sind Meister und Schüler.
Das, was der Menschensohn kann und bewirkt, vermögt ihr genauso.
Nicht nur der Heiland, auch ihr seid ewige Söhne des Einen.
Nie war es anders, doch körperlich könnt ihr's nunmehr erfahren.
Bleibt in der Gegenwart Gottes und haltet diese Verbindung!
Achtet euch selbst nicht gering, denn ihr seid die Hoffnung des Vaters."

„Ihr habt gelernt, im Sinne von Herren und Knechten zu denken.
Ihr habt seit alters gelernt, zwischen Lehrern und Schülern zu trennen.
Wisst aber, alle sind dort, wo sie stehen, Diener und Schüler.
Aufsteigen könnt ihr nur dann, wenn ihr abzusteigen bereit seid.
Wer zu den höchsten und reinsten Sphären der Engel gelangt ist,
kehrt zu den Felsen und Flüssen zurück, um diesen zu helfen.
So will's der Vater, ihm zu gehorchen ist Freude in Reinform."

„Wisst um das Licht, das genauso lebhaft in euch und in mir ist.
Ihr seid nicht weniger Himmelskinder als ich, der Entsandte.
Leider will's einfache Volk von derlei Gedanken nichts wissen.
Ihr seht ja selbst, dass die Leute sich weigern, in sich zu gehen.
Lieber knien sie nieder und beten zum Heilsbringer Gottes,
bürden dem Menschensohn auf die Last ihrer eigenen Freiheit."

„Ihr aber, ihr seid erkoren, vom wahren Wesen des Menschen

jetzt und in Zukunft zu künden, Geistes Gesetze zu lehren.
Bleibt auf immer in mir, denn nur so werde ich auch in euch sein.
Zeugen könnt ihr nur von dem, was in euch und durch euch präsent ist.
Euch ist's gegeben, Meister zu werden und Wunder zu wirken.
Alles ist möglich dem Heiligen Geist und er wird euch führen!"

DIE NEUN UND DER EINE

Weiterwandernd zur Stadt der Monarchen und seiner Bestimmung,
hört der Gesalbte nicht auf, zu heilen, zu trösten, zu lehren.
Dann eines Tages begegnen ihm zehn vom Aussatz Entstellten,
Männer, die ihn und die Jünger bereits von Ferne erspähen.
„Meister", rufen sie, „Nazareths Heiler, erbarme dich unser!"
Jesus tritt näher heran an die kläglich gekrümmten Gestalten,
wendet nicht ab seinen Blick, sondern sieht geöffneten Auges,
sieht das verborgene Leben derer, die zu ihm gekommen.

Immer ist alles gerichtet und einzigartig ist's dennoch.
Wohl war entschieden bereits, dass diese seit langem Erkrankten
heute ihn aufsuchen, ihn um Erlösung anflehen würden.
Jesus hat vor dem Betreten des Dorfes deutlich gesehen
wer auf dem Weg, den er wählte, Hilfe erhoffend sich nähert.
Ebenso sieht er, was aus der Tatsache ihrer Begegnung
möglicherweise hervorgehen könnte, noch ist es offen.

„Geht", befiehlt er den Leidenden, geht zu den Priestern und zeigt euch!"
„Nein, bitte Rabbi", erwidern die Ausgestoßenen jammernd,
„jagt uns nicht fort wie räudige Hunde, wie stinkende Schweine!
Wir werden auch von den Priestern gemieden, wir, die Verfluchten.
Nicht mal den Vorhof des Tempels dürfen wir länger betreten.
Keiner, das lernten wir, würdigt Menschen in Not eines Blickes.
Trost will kein Priester uns spenden, man mahnt uns nur noch zur Buße.
Was also sollen wir dort bei den feinen Herren im Tempel?
Keiner der dortigen Diener, keiner vermag uns zu heilen.

Ihr seid ganz sicher unsere einzig verbliebene Hoffnung."

Jesus hört zu, dann hebt er die Hand und beruhigt die Männer:
„Ich bat euch nicht, euch den Priestern wieder als Kranke zu zeigen.
Säumt nicht, geht hin zum Tempel und zeigt euch geheilt und erneuert!"
Staunend und mancher auch zweifelnd tun sie, wie ihnen geheißen,
jene von Lumpen nur dürftig Verhüllten, ziehen von dannen.

Während sie gehen noch, heilt ihre Haut, verliert jeden Makel.
Freude erfasst sie und lachend treten sie ein in den Vorhof.
Groß ist der Priester Verblüffung, ob dieser plötzlichen Heilung.
Alle erklären das Wunder zum Zeichen göttlicher Gnade.
Rasch strömt nun auch die Menge herbei und beglückwünscht die Männer.
Diese entblößen sich, zeigen das Ausmaß ihrer Verwandlung.

Einer von zehn, nur einer der eben noch furchtbar Entstellten
fühlt im Gemüt das Bedürfnis, seinem Erlöser zu danken.
Während die anderen Neun sich freuen, ihr früheres Leben
wiederzuhaben, zurück zu den Ihren ziehen zu können,
kehrt dieser um, dieser Eine, und eilt sogleich zum Gesalbten.
Lautstark und weinend vor Rührung preist er die Güte des Vaters,
fällt vor dem Menschensohn nieder, bedankt sich, küsst ihm die Füße."

Jesus ist froh ob der Umkehr und hilft dem Mann, sich erheben.
Dieser ist, wie er nun sieht, Samariter, kein Enkel Jakobs.
Ausgerechnet ein Andersgläubiger kehrt zu ihm wieder.
„Sag mir", verlangt er vom Fremden zu wissen, „wo sind die andern?"
„Wart ihr nicht insgesamt zehn und seid ihr nicht alle genesen?
Findet denn sonst niemand her, um die Güte Gottes zu ehren."

Vielsagend wandert sein Aufblick sodann von Jünger zu Jünger.
Da ist sie wieder die dunkle Ahnung der Anhänger Jesu,
dass der vom Meister des Öfteren angekündigte Umbruch
größer, gewaltiger sein wird als alles bislang Bekannte.
Er, der vom Vater Entsandte, spricht nicht allein zu den Ihren,

ward nicht bloß hergeschickt, um die Ketten der Juden zu sprengen.

Schließlich wenden des Heilands Augen sich wieder dem Mann zu,
ruhen auf Wesen und Weg dieses dankbar Wiedergekehrten.
„Nachhaltig heil", erklärt er dem Fremden, „sind immer nur jene,
welche sich tatsächlich innerlich umzukehren entscheiden.
Freue dich, wiedergekommen zu sein, und innezuwerden
dessen, was dich von den Leiden des Leibes wirklich erlöst hat.
Du warst bereit, zutiefst an die Allmacht des Geistes zu glauben.
Deswegen danke dem Herzen, das dir die Richtung gewiesen,
danke dem Himmel, der dir deinen Glauben nährte und stärkte!"

DAS REICH IST DA

Wieder bedrängen ihn Schriftgelehrten mit listigen Fragen,
wollen von Nazareths Rabbi erfahren, wann es erscheine,
wann das von ihm immer angekündigte Gottesreich komme.
„Ach, Pharisäer", entgegnet der Heiland, „was wollt ihr wirklich?
Seid ihr nicht Männer des Tenach, Hüter von Weisheit und Wahrheit?
Habt ihr denn nur in den Schriften, nicht auch im Herzen gelesen?
Ihr sprecht vom Himmelreich so, als wäre es Teil der Geschichte,
ähnlich der vielen Imperien längst vergangener Zeiten.
Früher war Babylon, noch früher, sagt man, herrschte Ägypten.
Jetzt ist das Römische Reich da und dies wird gleichfalls vergehen.
Was kommt als nächstes, wann hat die Knechtschaft der Völker ein Ende?"

„Wurde nicht Moses als Kind aus dem Strom des Wassers gehoben.
Siehe, die Reiche der Welt fließen dahin im endlosen Zeitlauf,
kommen und gehen, sie steigen empor, erstrahlen, verschwinden.
Anders das Himmelreich Gottes, denn weder kommt es noch geht es.
So wie der große Prophet nicht mitströmt im Lauf der Geschichte,
ähnlich ist auch das Himmelreich jenseits geschichtlichen Werdens."

„Dies ist ein Reich ohne Gestern und Morgen, hört, was ich sage!

126

Wartet nicht ab, bis es kommt, es kennt weder früher noch später.
Ständig entsteht es und unvergänglich ist's ebendeswegen.
Heere hat's nicht dieses Reich und auch keine Mauern und Türme.
Wehrlos erscheint es, verteidigt sich nicht und ist unangreifbar.
Sucht's nicht im Osten und Westen, auch nicht im Norden und Süden!
Grenzenlos ausgedehnt reicht sein Gebiet hinauf zu den Sternen."

„Lernt denn, ihr Lehrer des Volkes und wisset, weiser zu fragen.
Das, was wir Himmelreich nennen, ist da, in unserer Mitte.
Ich bin nicht hierhergekommen, Salomos Reich zu erneuern,
ebenso wenig, um irgendeine Gewalt zu bekämpfen.
Einzig im Innern könnt ihr es finden das Reich, das ich meine.
Horcht auf die Stille des Geistes, findet den Frieden im Herzen!
Jetzt ist der Menschensohn da, erkennt dieser Stunde Bedeutung!
Ich bin gekommen, um euch einen neuen Weg zu bereiten."

DAS SCHWERT

Wieder allein mit den Jüngern, spricht er zu ihnen und lehrt sie:
„Ja, es ist wahr, dass ich nicht gekommen bin, Reiche zu stürzen.
Wahrlich kein Feldherr bin ich, der euch in die Schlacht gegen Rom führt.
Aber ich führe dennoch ein Schwert und es trennt ohne Nachsicht.
Unerbittlich entzweit es, was lange in Eintracht vereint schien.
Weder aus Bronze noch Eisen wurde die Scheide geschmiedet.
Mühelos fährt sie jedoch durch die engsten Bande des Blutes."

„Jeder steht nun vor der Weggabelung, muss sich entscheiden:
Geh ich den Weg in die Lüge, gebe mich willig dem Hass hin?
Oder versuche ich fortan, Wahrheit und Liebe zu leben?
Hier trennt mein Schwert, seine flammende Klinge scheidet die Geister.
Seid ihr Erbauer und Helfer des Vaters oder Zerstörer?
Dient ihr dem Leben und ehrt die enorme Vielfalt der Schöpfung?
Oder verschreibt ihr euch uneingeschränkt dem Tod und dem Töten?"

„Seid auf der Hut, meine Freunde, zu jeder Stunde seid wachsam!
Die, die als Männer des Glaubens daherkommen, fromm und sittsam,
können in Wahrheit Priester der Schatten und Diener der Angst sein.
Was ihr auch sagt, sie werden den Sinn eurer Worte entstellen.
Umgekehrt kann ein Verbrecher aufrichtig Reue empfinden,
angerührt von der alles umfassenden Liebe des Vaters.
Nutzt wie ein Schwert euer Urteilsvermögen, hört, was verstimmt ist,
hört, wo der Einklang von Wesen, Wortlaut und Sinn nicht gegeben!"

„Lange nicht mehr und ich bin euren Blicken für immer entzogen.
Weder am Seeufer noch in den Bergen könnt ihr mich finden.
Dann müsst ihr innewerden der Praktiken, die ich euch lehrte,
anvertrauen euch, ohne zu zweifeln, der Führung des Geistes.
Andere werden euch sagen, sie seien Volkes Erlöser.
Manch einen werden sie blenden, betören, hinter sich scharen.
Ihr aber haltet euch fern von all diesen falschen Propheten!
Lauft ihnen nicht hinterher, verharrt und erinnert euch meiner!"

„Wisset, ihr seid nicht verlassen, mein Geist ist immerzu bei euch.
Prüft eure Schritte und bleibt auf dem Weg, den ich euch gewiesen!
Bald kommt die Zeit, da könnt ihr mich nur noch als Einsicht erfahren.
Sucht ihr mich unter den Toten, findet ihr immer nur Totes.
Seht und erkennt mich in allem, was lebt, und ich werde da sein."

DIE WITWE

„Hilfe ist da", verspricht der Gesalbte den schweigsam gewordenen Jüngern.
„Sprecht immerwährend eure Gebete und bittet um Beistand!
Ruft mich im Geiste, ruft mich in Worten, ob laut oder leise!
Glaubt mir, ihr werdet gehört, zu helfen ist meine Bestimmung."

„Groß ist die Seele, ohne den Geist aber dennoch verwitwet,
traurig, geschwächt und abgeschnitten von göttlicher Führung.
Wie sollte je eine arme Witwe Gerechtigkeit finden,

nähme sich ihrer am Ende nicht an – ein furchtloser Richter?"

„So gab es einst eine Witwe und ihr war Unrecht geschehen.
Wieder und wieder bat sie den örtlichen Richter um Hilfe.
Der war ein eigenwilliger Mann, der vor keinem sich scheute.
Ehrfurcht hatte der Herzlose weder vor Gott noch vor Menschen.
Jedes Mal schickte der Richter die Witwe mürrisch nach Hause,
hörte nicht an, was sie ihm so unbedingt vorbringen wollte.
Aber die Frau gab nicht auf, bemühte sich weiter um Hilfe.
Schließlich beeindruckt vom Willen der Witwe, lenkte der Richter
ein und entschied sich, der einsamen Witwe Recht zu verschaffen."

„Seht ihr, wenn selbst dieser Richter nachgibt dem Drängen der Witwe,
sollte dann Gott, euer Vater, nicht auch dem Drängen der Seinen
nachgeben, ihnen Einlass gewähren, Recht schaffen, wo es vonnöten?
Glaubt mir, viel zügiger hilft euch der Himmel, lässt euch nicht warten.
Ohne zu zögern richtet er alles, sobald ihr ihn bittet.
Fragt nicht, ob ihr es verdient, dass euch Gottes Recht widerfahre!
Denkt stets daran, dass der Himmel euch liebt, ganz gleich, was ihr tun mögt!"

VERSCHLIEßT EUCH NICHT

„Meister, ich habe verstanden", antwortet einer der Jünger,
„doch was ist dann mit den Selbstgerechten, die andre verachten?
Sie sind sich scheinbar doch auch der Liebe des Allvaters sicher,
sehen sich selbst als Getreuen des Herrn, geachtete Söhne.
Haben sie also Recht, sich vom Vater bevorzugt zu glauben?"
„Ausnahmslos alles, was lebt", erwidert der Heiland geduldig,
„lebt durch die Liebe des Vaters, stirbt und wird wiedergeboren.
Jeder hat Anteil daran, wird von Gottes Liebe durchzogen.
Fühlt euch als Himmels Kinder geliebt, denn wahrhaftig ihr seid es!"

„Glaubt ihr jedoch der Liebe nicht teilhaftig werden zu dürfen,
achtet ihr selbst euch gering, versagt ihr euch Himmels Geneigtheit.

Irrtümlich meint ihr sodann, die Liebe verdienen zu müssen.
Eifrig versucht ihr dem Vater durch Wort und Tat zu gefallen.
Da ihr nicht wisst, dass die Liebe in allen ist, fürchtet ihr ernstlich
andere könnten so viel bekommen, dass euch nichts mehr bliebe.
So seid ihr eifrig bestrebt, euch hervorzutun vor den andern.
Blind für das Wesen der Liebe sucht ihr euch stets zu erheben,
gleichzeitig aber auch kleinzureden den Wert eurer Brüder."

„So ist der Selbstgerechte ein Mensch, der sich selber nicht wertschätzt.
Deswegen sucht er verzweifelt, außergewöhnlich zu werden.
So wie er fürchtet, dass auf ihn herabschaut Gott der Gestrenge,
schaut er mit Ingrimm nun selbst auf Brüder und Schwestern herunter."

„Andre, die in sich nur Unwertes sehen, Schlechtes und Böses,
setzen sich selbst vor dem Bruder herab und leugnen ihr Gutes.
Sie sind genauso wie jene innerlich starr und verschlossen,
hoffen durch Buße gleichwohl sich insgeheim selbst zu erhöhen.
Hochmut wie Schwermut und Selbstverachtung sind letztlich bloß Zeichen
mangelnder Liebe, frühzeitig fehlgeleiteten Glaubens.
Fehlt euch die Liebe, könnt ihr im Grunde das Leben nicht achten."

„Neulich stand vorne im Tempel einer der Büchergelehrten,
weiter hinten die schamvoll gebeugte Gestalt eines Zöllners.
Gott, sprach der Selbstgerechte bei sich, ich danke Dir, Vater,
danke Dir ehrlich und aufrecht, dass ich nicht bin wie die andern,
nicht wie die Räuber, wie Ehebrecher und all diese Frevler.
Gott, bin ich froh, nicht ein Zöllner zu sein wie jener dort drüben!
Vater, Du hast mich für würdig befunden, Deiner zu dienen,
siehst, wie sehr ich bestrebt bin, als Mensch immer besser zu werden.
weißt, dass ich pflichtgetreu Woche für Woche zwei Tage faste,
großzügig immer den Zehnten all meiner Einkünfte spende."

„So sprach der Schriftgelehrte zum Vater", fasst Jesus zusammen,
„so sprechen alle, so denken alle, die hochmütig wurden.
Und … der Zöllner, der hinten stand, wie wandte er sich zum Vater?

Herr, sprach er reuig, du weißt, ich bin schwach und habe gesündigt.
Hilflos bin ich, ich kann mir nicht helfen, so sei mir nur gnädig!
Seht ihr", erklärt der Gesalbte, „auch dieser täuscht sich gewaltig.
Wie könnte Gottes Geschöpf jemals hilflos, unfähig, schwach sein?"

„Ihr müsst verstehen, jeder von euch ist tatsächlich besonders,
also ist jeder Vergleich mit anderen ganz und gar töricht.
Seht, euer Vater liebt alle, was heißt, dass er keinen bevorzugt.
Trotzdem wird Er vollkommen gerecht jedem einzelnen Wesen,
denn Seine Liebe ist ebenso unverrückbar wie zärtlich.
Keiner kann sie korrumpieren, keiner ihr Kraftfeld missbrauchen."

VON KINDERN LERNEN

Auch wenn gewiss nicht jeder versteht, was der Menschensohn predigt,
fühlen doch viele, dass in ihm ein wahrhaft göttlicher Geist ist.
Unentwegt suchen sie Heilandes Nähe, kommen von weit her.
Fest überzeugt, dass es Glück bringt, von ihm gesehen zu werden,
scharen die Leute sich um ihn, rufen beglückt seinen Namen.
Etwas von ihm, vom Gesandten des Herrn, so glauben die meisten,
geht auf sie über, sofern sie es schaffen, ihn zu berühren.
Also bedrängt ihn das Volk und streckt ihm die Hände entgegen.

Mütter und Väter reichen ihm Kinder, dass er sie begnadet.
Manchen legt Jesus die Hand auf, andere nimmt er entgegen,
hält sie im Arm und bringt sie mit heiteren Scherzen zum Lachen.
Schreiende Kinder verstummen, kaum dass der Heiland sie anfasst.
Alle sind fröhlich und ausgeglichen, die Eltern beseligt.

Aber die Jünger des Heilands wollen die Eltern verscheuchen.
wehren sie ab und drängen zurück ihre zahlreichen Kinder.
Ihnen ist dieses Gehabe zu aufdringlich, laut und lebhaft.
Hinreißen lassen sich manche sogar, die Kleinen zu schimpfen.
So wie's die Anhänger sehen, fehlt's dieser Meute an Achtung:

Was fällt dem Volk ein, den Meister so unbekümmert zu drängen?
Haben die Menschen denn gar keine Ahnung, wem sie sich nähern?
Besser, sie gingen auf Abstand und suchten, ihn zu verstehen.

Jesus jedoch unterbricht seine Jünger, rügt ihr Verhalten:
„Lasst doch die Kinder, lasst sie zu mir kommen, öffnet die Augen!
Seht diese Hingabe, seht nur die Stärke dieses Vertrauens!
Gibt es denn irgendeinen von euch, der sich gleich dieser Kinder
ganz und gar hingeben kann dem Moment und frei ist von Sorgen?
Wer von euch schafft es, sich ähnlich restlos auf Gott zu verlassen?
Ohne solches Vertrauen kann keiner ins Himmelreich kommen."

„Glaubt ihr, die Kinder können den Wert des Gesalbten nicht schätzen?
Wie wollt ihr wissen, was ihnen diese Begegnung bedeutet?
Wahrlich, ich sage euch, eines der hier versammelten Kinder
könnte noch eher als jeder von euch Erleuchtung erlangen.
Also bescheidet euch, übt euch in Demut, lernt von den Kindern!"

GEHT UNBESCHWERT!

Öfter besuchen den Heiland führende Männer des Volkes,
angesehene Herren und Händler, vermögend und mächtig.
Jesus empfängt sie nicht anders als andre, lässt sich nicht blenden.
Was einer hat in der Welt, ist für ihn von keiner Bedeutung.
Ruhmreich die einen, verrufen die andern, alle sind Menschen.
Einfach begrüßt er also die vornehm gewandeten Gäste.

„Was, guter Herr", fragt ihn einer der Männer ernst und mit Sorge,
„was muss man tun, um dem ewigen Leben habhaft zu werden?"
„Weswegen nennst du mich gut?", überrascht ihn Jesu Entgegnung.
„Niemand ist gut, nicht ein einziger, außer – Gott, unsrem Vater."
Nickend bestätigt der Mann die tadelnden Worte des Heilands,
hält seine Augen gesenkt und wartet geduldig auf Antwort.

Jesus hält inne, verweist zunächst auf die heiligen Schriften.
„Also ich denke, du kennst die Gebote, lebe nach ihnen:
Du sollst nicht töten, nicht stehlen und niemals Menschen verleumden.
Auch sollst du Vater und Mutter immer die Ehre erweisen."
Doch der Besucher erwidert: „Das hab' ich alles gehalten.
Seit meiner Jugend befolge ich gründlich alle Gesetze."

Mitfühlend ruhen die Augen des Heilands auf dem Besucher.
Leise ergänzt er die eben noch aufgezählten Gebote,
gibt diesem vornehmen Herrn einen weitreichenden Ratschlag:
„Eins fehlt dir noch; ich rate dir, Habe und Gut zu verkaufen.
Nimm dieses Geld und schenk es in vollem Umfang den Armen.
So wirst du dir ein wahres Vermögen im Himmel erwerben.
Wenn du's getan hast, kehre zurück, bereit mir zu folgen."

Trauer erfasst daraufhin den Besucher, da er sehr reich ist.
Folgte er Jesu Gebot, er müsste auf vieles verzichten.
Sollte er fortan wirklich als Bettler Glückseligkeit suchen?
Sprachlos sind auch all die anderen reichen Gäste des Heilands.

Jesus erkennt die Gefühle der Männer, ihre Bedenken.
„Löst euch", empfiehlt er, „löst euer Herz von vergänglichen Gütern!
All euer Reichtum bringt euch dem Himmelreich keinen Schritt näher.
Seht ihr, im Reich des Allmächtigen gelten andere Werte.
Dort zählt ein reines Gemüt nur, Gold oder Silber sind wertlos.
Liebt ihr das Geld, wird euch immer jede Glückseligkeit fliehen.
Liebt eure Güter, und Gottes Güte wird euch nicht erreichen."

„Eng ist der Durchgang zum Reich eures Vaters, kaum eine Hand breit.
Keiner kommt durch, der festhält an seinem Besitz und Vermögen.
Schlüpfte denn je ein Kamel durchs Öhr einer einfachen Nadel?
Das aber, sage ich, würde geschehen, ehe ein Reicher
einträte samt seiner Habe ins ewig selige Leben."

Als die Besucher gegangen sind, möchte sich Petrus versichern,

wissen, ob er und die anderen Jünger richtig gehandelt.
„Rabbi, Ihr wisst, wir verließen Heimat, Besitz und Verwandte.
Jeder hat alles zurückgelassen, um euch zu begleiten."

„Petrus", beruhigt ihn Jesus, „siehe, der Weg ist der eure.
Ausschließlich dem Geist euch zu widmen, dem geistigen Leben,
dazu habt ihr euch gemäß eurer Seelen Pläne entschieden.
Ihr wart entschlossen mit altem, gewohntem Leben zu brechen.
Diese Erfahrung wolltet ihr machen und sie hat ihr Gutes.
Ihr könnt schon heute die nächsten Bewusstseinsstufen erklimmen.
Kein Mensch zuvor ward jemals vom Heiligen Geist unterrichtet.
Er bringt euch näher zu Gott als ein tausendjähriges Beten."

„Auserkoren zu Jüngern des Menschensohns wart ihr genauso
jenseits der Zeit und völlig im Einklang mit Himmel und Erde.
Das, was sich derzeit ereignet, könnt ihr noch nicht voll erfassen.
Seht es als Saatgut; erst im Verlaufe der Zeit wird es keimen.
Das, was ihr seid, ihr werdet es einzig im Geiste verstehen."

DAS LOS DES LAMMES

Still sitzen alle vereint, bis schließlich der Menschensohn fortfährt.
„Ich bin das Lamm Gottes, so wie's dereinst der Täufer gesagt hat.
Ich bin als Lamm gekommen und teile das Los eines Lammes.
Abraham opferte statt seines erstgeborenen Sohnes
froh das von Gott hinbeorderte Lamm und Isaak lebte.
Abrahams Enkel jedoch werden bald schon statt eines Lammes
nun den Sohn selbst, den vom Himmel hierher beorderten opfern."

„Siehe, heraufkommt wahrhaftig ein weltbewegendes Drama.
Bald schon wird aufgehen Geistes wiedererstandene Sonne.
Leben soll Isaak, ebenso alle Enkel des Noah,
leben und wachsen als freie Geister dem Himmel entgegen.
Dafür zu sorgen, ist Auftrag des erstgeborenen Sohnes.

Hört und bedenkt es: Sein Blut wird der Erden Seele befruchten."

„Noch sind die meisten der Menschen blind für die Wahrheit des Geistes,
halten an ihrem Leid fest und glauben an Tod und Vergeltung.
Tief in der kalten Nacht ihrer Gräber ertragen sie's Licht nicht,
speien gar an und verfluchen die aufgehende Sonne.
Doch in die Gräber der Geistvergessenen leuchtet mein Wesen.
Auferstehen wird jeder von ihnen, voran geht der Heiland."

Ratlos verharren die Jünger, nicht in der Lage zu fassen
Sinn und Bedeutung der Worte, Jesu verworrene Botschaft.
Aber sie ahnen gleichwohl, dass nunmehr ein dunkles Geschehen
zukommt auf jeden von ihnen bald schon und manch einen schaudert's.

JERICHO

Kaum ist der Menschensohn Jericho nahe, strömen die Städter
zahlreich hinaus und gehen dem Heiland voll Hoffnung entgegen.
Jeder, wie's scheint, will ihn sehen, diesen begnadeten Heiler.
Weit vor den Toren der Stadt noch säumen die Menschen die Straße.
Groß ist die Aufregung aller, größer sogar die Erwartung.
Tagelang haben sie nur noch über den Rabbi geredet.
Nun ist er da, gelobt sei der Vater, gepriesen sein Künder!

Keiner beachtet indes die Bettler am Rande des Weges.
Mehr noch, man schiebt die Verarmten ohne Bedenken beiseite.
Manch einer meint gar, sie sollten sich alle tunlichst verziehen,
ihre verdreckten Gestalten seien des Rabbis nicht würdig.

Einer der Bettler, ein Blinder wehrt sich beharrlich dagegen.
Er ist gewohnt, gestoßen, beschimpft und verspottet zu werden.
Eins allerdings erlernte er früh: seinen Platz zu behaupten.
Mehr hat er nicht als das Stückchen staubige Erde zum Sitzen.
Ihn überrascht, dass heute so viele die Straße bevölkern.

„He, was ist los?", ruft der Blinde laut in die lärmende Menge,
„stattet uns etwa der König persönlich einen Besuch ab?
So wie es klingt, ist gerade die ganze Stadt auf den Beinen.
Also, was führt euch hierher ins karge Revier der Verlumpten?
Wer ist im Anmarsch? Ich höre keinerlei Hörner erschallen."

Anfangs beachtet ihn keiner, den schamlos schreienden Bettler.
Dann aber stößt man ihn grob in den Staub und heißt ihn zu schweigen.
Doch der Gescholtene möchte zumindest wissen, was los ist.
Da erzählt man ihm, Jesus von Nazareth gehe vorüber.

Diese Verkündung verwandelt komplett des Blinden Verfassung.
Plötzlich erfüllt ist sein ganzes Wesen von Hoffnung und Sehnsucht.
Bebend vor Aufregung schnappt er nach Luft, sein Herz pocht vernehmlich.
Dies ist fürwahr der Moment, auf den er schon immer gewartet,
seit seiner Kindheit gewartet, wiewohl's ihm jetzt erst bewusst wird.

„Jesus, Sohn Davids, erbarme dich meiner", ruft er begeistert.
Wieder fahren die Leute ihn an, sein Geschrei sei unmöglich.
Er solle endlich ruhig sein, weiter den Heiland nicht stören.
Aber die flehenden Bitten des Blinden klingen noch lauter:
„Herr, haltet inne, hilf mir, Sohn Davids, erbarme dich meiner!"

Und in der Tat der Gesalbte hält inne, gebietet die Jünger
herzubringen den Mann, der so ungestüm Gnade erbittet.
Still schweigt der blinde Bettler, sobald er versteht, dass der Heiland
seiner gewahr geworden und ihn nun im Innersten ansieht.
Dankbar ergreift er die dargebotenen Arme, erhebt sich,
lässt sich zum allseits gerühmten Heiler aus Nazareth führen.

Kaum ist er nahe dem Menschensohn, legt sich seine Erregung.
Still wird sein Wesen, ist ganz erfüllt von der Ruhe des Rabbis.
Seine Begleiter verschwinden; so steht er nunmehr alleine.
Auch die versammelte Menge ist plötzlich leise geworden.
Alles scheint aufgehoben im ewigen Jetzt der Begegnung.

Während er blind vor dem Herrn steht, unrein und dürftig gekleidet,
während er dankbar sich hingibt der Freude dieses Momentes,
während er demütig neigt seinen Kopf, die Augen geschlossen,
da offenbart sich dem Mann das lautere Geistlicht des Heilers.
Zärtlich berührt und umfängt es ihn, scheint sowohl außen wie innen.

Volltönend steigt aus dem Lichtgebilde empor eine Stimme,
dringt an sein Ohr und stellt vor ihn hin eine einfache Frage:
„Was möchtest du, Mensch, dass ich für dich tue, wonach verlangst du?"
Ihm ist, als hätte sein Herz genau diese Frage erwartet,
ja, als würde das Wort einem mystischen Plane entsprechen.

„Bloß das eine", erwidert er prompt, „dass ich sehen kann, Meister."
Mehr gibt es jetzt nicht zu sagen, längst hat der Rabbi verstanden.
„Nun denn, öffne die Augen!" befiehlt ihm der Heiland, „sei sehend!
Sieh, denn dein Glaube hat deine Genesung wahrlich ermöglicht."

Blinzelnd gehorcht er, muss dann aber gleich die Augen verschatten.
Blendend erfährt er der Sonnen Licht, das zuvor nie Erschaute.
„Ich … ich sehe!", verkündet er laut und gerät leicht ins Taumeln,
„Hört, was ich sage, ein Wunder, mir ist ein Wunder geschehen!"
Einige Jünger eilen herbei, den Geheilten zu halten.
Dieser jedoch fällt sogleich auf die Knie und dankt seinem Retter,
preist nunmehr leise, fast flüsternd, des Vaters Güte im Sohne.

Staunend mit offenen Mündern und aufgerissenen Augen
stehen die Einwohner Jerichos da und können's kaum fassen.
Blind war der Bettler schon immer und keiner kannte ihn anders.
Nun aber hat sich die Welt auch für sie vollkommen verwandelt.
Nun sind auch ihnen die Augen geöffnet, so dass sie taumeln.
Innerlich preisen sie still die Gnade auch dieser Genesung.

Nunmehr umgeben von zahlreichen Leuten zieht der Gesalbte
schweigend hinein in die Stadt, wo weiteres Volk ihn erwartet.
Alle, so scheint's, sind aus ihren Häusern und Hütten gekommen,

säumen die schattigen Gassen, um zuzujubeln dem Heiland:
Strahlende Mütter sind da, im Arm die gewickelten Kleinen,
Väter dahinter, mit hoch auf den Schultern staunenden Knäblein.

Einer der führenden Zöllner geht im Gedränge fast unter.
Dieser Zachäus versucht vergeblich den Rabbi zu sehen,
denn er ist klein von Gestalt und zappelt im Rücken der Menge.
Schließlich entscheidet er, eilig weiter nach vorne zu laufen.
Dort nämlich ragt ein stämmiger Maulbeerbaum auf in den Himmel.
Bald ist der Zöllner hoch ins Geäst dieses Baumes geklettert.

Freudig erkennt er dort unten sogleich den nahenden Rabbi,
sieht voller Ehrfurcht, wie licht und vollkommen dessen Gestalt ist.
Nun ist der Zöllner erleichtert, oben im Baume zu sitzen,
heimlich und ungeschaut den Gesalbten betrachten zu können.
Er ist nicht würdig, vom Menschensohn angesehen zu werden.
Unbedeutend ist er und ihm mangelt's an Reinheit und Tugend.
Ja, der Prophet, denkt er, soll keine Augenblicke vergeuden,
vielmehr die einfachen, ehrlichen Leute anschauend segnen,
Leute, die ihn als Diener der römischen Herren verachten.

Aber genau als der Heiland beim Maulbeerbaum angelangt ist,
schaut er hinauf, denn er weiß schon, wer sich dort oben versteckt hat.
„He, komm herunter, Zachäus!", ruft er dem Zöllner im Laub zu.
„Einkehren möchte ich heute bei dir, in deinem Haus Gast sein.
Bleib nicht verborgen, denn heute sollst du den Heiland empfangen!"
Da fällt Zachäus vor Schreck fast hinunter, aber er freut sich.
Eilig gehorcht er dem Rabbi, klettert behände vom Baume,
geht dann dem unverhofften Besucher voran durch die Gassen.
Als sie des Mannes Behausung erreichen, lässt er die Diener
unverzüglich ein Festmahl zu Ehren des Heilands bereiten.

Keineswegs einverstanden damit ist das Volk in den Straßen.
Viele der Einwohner murren; verhasst ist schließlich der Zöllner.
Ausgerechnet bei einem wie ihm kehrt er ein, der Gesalbte,

ehrt diesen Sünder mit seinem Besuch, verspottet die Frommen.
Warum beleidigt der Rabbi unsere ehrbaren Alten,
achtet nicht würdig die Weisen der Stadt, ihn als Gast zu empfangen.

Rufe und Schmähungen dringen in Haus und Garten des Zöllners.
Dieser steht auf, betrübt und beschämt, denn ihn plagt sein Gewissen.
Früher, da hätte er weggehört und die Leute verachtet,
hätte verhöhnt die Meute dort draußen, sein Handeln verteidigt.
Nun, in der Gegenwart dieses Propheten, schämt er sich dessen.

Einfach und ohne Bedingung ist Jesus zu ihm gekommen,
ohne Ermahnung, sein Leben zu ändern, ohne zu richten.
Angenommen in Liebe von wahrlich entwaffnender Reinheit
sieht sich der Zöllner nun selbst, sieht wehrlos der Wahrheit ins Auge.
Tränen der Reue quellen hervor aus dem Herzen des Mannes.

„Rabbi", verspricht er dem Gast, „die Hälfte von dem, was ich habe,
gebe ich fortan – so wahr mir Gott helfe – her für die Armen.
All jenen, die ich betrogen, zahle ich's Vierfache wieder.
Ja, es ist wahr, ich hab Fehler gemacht und oftmals gelogen,
lange nicht einsehen wollen, wie wir verwandt sind,
wie ich am Ende immer mich selbst nur betrog und verletzte.
Herr, ich bereue es, würde es gerne rückgängig machen.
Aber ich muss damit leben, Elend verursacht zu haben.
Nun in der Zeit, die mir bleibt, Herr, will ich zumindest versuchen,
wo es nur geht, meiner Brüder und Schwestern Leiden zu lindern."

„Hör, was ich sage, Zachäus", antwortet Jesus dem Manne,
„Lerne als erstes dich selbst mit all deinen Fehlern zu lieben!
Lerne gar das noch zu lieben, was du als Fehler betrachtest!
Ohne den Weg in die Welt des Getrenntseins, gibt's keine Umkehr.
Viele vergessen, woher sie gekommen, *das* ist die Sünde.
So hast auch du dich getäuscht und sahst nicht die Einheit des Lebens,
meintest, du könntest dein Glück auf Kosten des Bruders erlangen.
Hättest du nicht diesen Fehler begangen, hättest du heute

keinerlei Reue gehabt und ich wäre hier nicht erschienen."

BEWÄHRUNGSPROBE

Abends sitzt Jesus erneut allein mit den Seinen zusammen.
„Einst" so erzählt er den schweigend um ihn versammelten Jüngern,
„gab's einen erstgeborenen Fürsten, zum König berufen.
Lauter und leicht war sein Herz, sein Geist gar von seltener Größe.
Als er bereit für sein Amt war, verließ er den Hof seines Vaters.
Weit zog er aus in ein Land, am äußersten Rande des Reiches.
Dorthin entsandt ihn sein Vater, als neuer König zu herrschen."

„Aber die Menschen in dieser fremden, entlegenen Gegend
waren nicht wohlgesonnen dem Vater und auch nicht dem Sohne,
sahen sich länger nicht mehr als Teil des umfassenden Reiches.
Auch wenn der König als oberster Herrscher immer noch täglich
jeden von ihnen beschützte und nährte, stets für sie sorgte,
leugneten sie seine Vormacht und schätzten nicht seine Güte."

„Als der beauftragte Fürst nach mühsamer Reise dort ankam,
hießen ihn nur die wenigsten Bürger von Herzen willkommen.
Viele gehorchten, so zeigte sich, selbsternannten Gebietern.
Diese behaupteten schamlos, Recht und Gesetz zu vertreten,
stellten sich dar als vom großen König berufene Herren.
Hass schlug dem Fürsten vonseiten all dieser Lügner entgegen."

„Einige Jahre versuchte der Fürst, für sich zu gewinnen
Volkes Gemüt, doch das Volk erwies sich als gründlich verblendet.
Viele erlagen der Täuschung durch machtbesessene Herren,
glaubten gehorchen zu müssen denen, die sie unterdrückten.
Anzuerkennen vermochten sie nicht, das Erbrecht des Fürsten.
Dieser entschied sich am Ende, Lügner und Land zu verlassen."

„Ehe er fortging, entbot er zu sich die zehn besten Knechte.

Zehn Säckchen Silbermünzen verteilte der Fürst unter ihnen.
Anvertraut wurde jedem ein Pfund, um es weise zu nutzen.
Einsetzen sollte das Anbefohlene jeder von ihnen,
während der Zeit, da er selbst für länger auf Reisen sein würde."

„Jahre schon standen all diese Knechte im Dienst des Regenten.
Er hatte ihnen gelehrt die Kunst des gerechten Verwaltens.
Er hatte ihnen gezeigt, dass Herrschen gleich Dienen bedeutet.
Nun sollte jeder anwenden, was er vom Meister erfahren,
somit den Fürsten beim Volk dieses Landes würdig vertreten."

„Dann brach er auf, der Fürst, und verschwand ganz früh schon am Morgen.
Ohne Gefolge zog er davon und wohin, wusste niemand.
Er käme wieder, hatte der Fürst noch am Abend versprochen.
Aber im Volk wuchs dennoch der Zweifel, je länger er fort war.
Manche behaupteten schließlich, der fremde Fürst sei gestorben.
Andere meinten, er hätte das Volk verärgert verlassen,
wäre enttäuscht von der fehlenden Treue, Volkes Verderbtheit.
Auch gab es solche, die meinten, es hätte *ihn* nie gegeben."

„Selbst die erfahrenen Diener hatten Momente des Zweifels,
fragten sich, ob der Königssohn wirklich zurückkommen würde.
Doch es gab ebenfalls solche, die voller Zuversicht waren,
voller Gewissheit, ihr Fürst käme bald, den Thron zu besteigen.
Während der Tage und Monde des Wartens zeigte sich deutlich,
wie sehr verschieden jene zehn Knechte charakterlich waren."

„Jeder war nun auf sich selbst gestellt, musste selbst unterscheiden,
was und was nicht den Belangen des Fürsten förderlich wäre.
Wie mit den Silbermünzen verfahren, das galt's zu entscheiden.
Wo investieren, welche Projekte versprachen Gewinne?
Wie war es anzulegen das kostbare Silber des Fürsten?
War's überhaupt ihr Auftrag, des Meisters Vermögen zu mehren?"

„Dies also war die Zeit der Bewährung, geprüft wurden alle.

Viele vermissten die Weisheit des Fürsten, zögerten häufig.
Manchen gelang es ganz gut, das früher Gelernte zu nutzen,
innezuwerden der zahlreichen Lehren ihres Gebieters.
Dann schien es ihnen sogar, als hätte ihr Herr schon vor Jahren
all das vorausgesehen, sie dafür geschult und befähigt."

„Plötzlich indessen und fast wie ein Dieb im nächtlichen Dunkel
kehrte er wieder, der Fürst, und stand vor den staunenden Dienern.
Anfangs erkannten die Knechte ihn nicht, ihr Herr war verändert.
Dies war gewiss nicht der Mann, den sie einstmals meinten zu kennen.
Jetzt erst, so kam es den Knechten vor, jetzt nach längerer Trennung
sahen sie wirklich die leuchtende Königswürde des Sohnes,
sahen verblüfft eine ihnen bislang verborgene Größe."

„Nun sollten sie ihrem Herrn und Gebieter Rechenschaft geben,
über den Einsatz des Pfundes an Silber Auskunft erteilen.
Da trat der erste zügig nach vorne und konnte vermelden,
ihm sei's gelungen, mit einem Pfund Silber zehn zu erzielen.
Diese Verzehnfachung freute den Herrn und sollte sich lohnen.
Da nun sein Diener derart erfolgreich gewirtschaftet hatte,
gab ihm der König die Macht über zehn Städte des Landes."

„Dann kam der nächste und zeigte dem König fünf Säckchen Münzen,
sagte, er hätte die ihm empfohlene Menge verfünffacht.
Dieses Ergebnis stimmte den Wiedergekehrten zufrieden.
So wie der Mann sich bewährt hatte, ward's ihm nun auch vergolten.
Fünf seiner Städte ihm anzuvertrauen entschied sich der König."
„Aber der dritte, der vortrat, hatte nur wenig zu bieten.
Sorgsam verwahrt hatte er all die Zeit das Pfund des Gebieters,
ständig besorgt, er könnte das Silber am Ende verlieren.
Seht, Herr, begann er, hier ist das Silber; ich habe es sicher
aufgehoben zu Hause und nichts ist verloren gegangen.
Wissend, wie streng Ihr seid, wagte ich nicht, die Münzen zu nutzen."

„Ärgerlich wärt Ihr geworden, wenn ich Verlust gemacht hätte.

Furcht trieb mich an, dieses anbefohlene Geld zu verstecken,
wusste ich doch, dass Ihr unerbittlich nur immerzu fordert.
Meins wär' das Wagnis gewesen, doch der Gewinn immer Euer.
Ohne selbst säen zu müssen, hättet Ihr alles geerntet.
Mehr ist das Pfund nicht geworden gewiss, doch weniger auch nicht."

„Dir ward gegeben, sprach der Monarch, als der Diener geendet,
aber du hast nicht genommen das, was der Herr dir anheimgab,
hast nicht genutzt seine Gabe, verharrtest vielmehr in Sorge,
wolltest nicht selbst Verantwortung tragen, warst ohne Vertrauen.
So aber kannst du niemals gerecht werden dem dir Erteilten.
Deswegen nehme ich von dir auch noch die Last dieses Pfundes,
nehme dir damit, so hoffe ich, gleichfalls deine Verzagtheit."

Dann nahm der König den einen Beutel des ängstlichen Dieners,
wiegte ihn kurz in der Hand, als schien er sein Handeln zu wägen,
tat einen schritt hin zum ersten Diener und gab ihm das Silber.
Dieser jedoch, der schon zehn Beutel hatte, staunte darüber.
„Wundre dich nicht", erklärte der König und sprach dann zu allen:
„Jenem, der hat, wird gegeben, jenem, der nicht hat, genommen."
Glaubt ihr und glaubt an euch selbst, so wisst, dieser Glaube wird wachsen.
Fehlt euch der Glaube, wird euch der Unglaube auch noch genommen."

JERUSALEM

Ewig die Stadt erleuchteter Könige, Weisen, Propheten!
Ewig der Tempel des einen Gottes der jüdischen Stämme!
Ewig Jerusalem, einstmals erbaut als Heimstatt der Wahrheit,
aufgeschichtet die Steine zu Ehren des himmlischen Vaters,
leuchtende Hochburg des Glaubens, Ausdruck von Ehrfurcht und Liebe.

Dies ist der Ort, an dem König David die Stämme vereinte.
Dies ist der Ort, an dem Hiram Abif, der Bauherr aus Tyros,
Salomos Tempel nach heiligen Längenmaßen erbaute.

Dies ist der Ort, an dem einstmals die Bundeslade der Väter
hunderte Jahre hindurch gehütet und aufbewahrt wurde.

Jesus weiß wohl um die glanzvollen Tage dieser einst hohen,
nunmehr jedoch verkommenen Stadt voller Heuchler und Lügner,
weiß, weil er sieht, wie lebendig er war, der Glaube der Menschen,
weiß, dass die Priester des Tempels damals noch eingeweiht waren,
eingeweiht in die uralten Kulte ewiger Weisheit.
Tief ist das Geistesleben seit Salomos Tagen gesunken.

Endlich erreicht hat der Heiland die Stätte seiner Bestimmung.
Nun ist gekommen die Zeit, durch den tiefsten Tiefpunkt zu schreiten,
heimzuführen die Kinder des Vaters, ihr Dunkel zu lichten,
einzupflanzen in wartende Erde die Saat seines Geistes,
sichtbar für alle, Todes bedrückende Vormacht zu brechen.

Hergewandert von Jericho, drüben im Osten beim Jordan,
haben Meister und Jünger den Ölberg erreicht und bestiegen.
Still steht sie da, die Gruppe der Pilger, den Blick auf den Tempel.
Heilandes Anhänger ahnen des Augenblickes Bedeutung.
Jeder von ihnen kann spüren, dass etwas Großes bevorsteht,
nicht nur die Zwölf, die schließlich schon lange den Heiland begleiten.
Auch all die anderen Schüler werden vom Anblick ergriffen,
fühlen sich unruhig, seltsam erregt, verstehen den Grund nicht.

Jesus zeigt zwei seiner Leute Bethfage, ganz in der Nähe
„Geht in das Dorf, ihr findet dort angebunden ein Füllen,
gleich am Eingang der Siedlung, zur Linken des dortigen Hofes.
Das ist ein Esel, der bislang nie einen Menschen getragen.
Bindet es los, dieses Fohlen, bringt es behutsam herüber!
Fragt man euch, was ihr da macht mit dem Esel, was ihr denn vorhabt,
sagt, dass der Herr dieses Tieres bedarf, denn das wird genügen."

Als die gesandten Gehilfen Bethfage schließlich betreten,
finden sie alles so vor, wie der Herr es ihnen erklärt hat,

gehen zum Fohlen, schicken sich an, seine Leine zu lösen.
Schon kommt herbei der Besitzer, eher verwundert als böse,
kommt auf sie zu und sagt genau das, was der Herr prophezeit hat,
wörtlich dasselbe, im gleichen Tonfall sogar noch gesprochen.

Da will den Jüngern erscheinen, dass all dies genauso sein soll,
all ihre Schritte und Worte Teil eines himmlischen Plans sind.
Staunend erfahren sie nun des Augenblicks innere Seite,
sehen, als würden sie träumen, wie sich die Handlung entfaltet,
ausfaltet wie eine Blüte, welche erstaunlicherweise
immer schon da war, geborgen im tiefsten Wesen des Samens.

Einverstanden mit allem Geschehen entsprechen sie glücklich
diesem einen Moment, in dem alles so ist, wie es sein soll,
antworten Wort für Wort das, was der Heiland ihnen geraten.
Schweigend, als hätte er darauf gewartet, nickt der Besitzer,
lässt sie das Fohlen davonführen, zeigt sich friedlich und willig.

Lächelnd empfängt der Gesalbte das Fohlen, dankt seinen Jüngern,
kündigt den Wartenden an, dass er nun hineinreiten werde,
einziehen möchte auf diesem Tier in die Stadt seines Vaters.
Einer der Jünger entblößt seine Schultern, wirft seinen Umhang
ohne zu zögern, anstatt einer Decke über das Fohlen.
Andere heben den Heiland sodann auf den Rücken des Esels.

Kaum sitzt ihr Herr auf dem Fohlen, werden die Anhänger alle
förmlich von Freude ergriffen, werfen die Hände nach oben,
taumeln zurück, sind vom Anblick des Rabbis völlig benommen.
Reiner als jemals zuvor erblicken sie hier auf dem Ölberg
Christi Erhabenheit, seine Würde als König des Geistes.

Wie auf ein Zeichen des Himmels legt nun ein jeder sein Kleid ab,
nimmt es und breitet es aus, den Weg dieses Herrschers zu schmücken.
Aufgeregt gehen die Ersten voraus um feierlich Christi
sehnlich erwarteten Einzug in Davids Stadt zu verkünden.

Aus ihren Herzen ergießt sich ein Strom begeisterter Worte.

„Freu dich, Jerusalem, Freu dich, denn siehe: Israels König,
Gottes Gesandter ist angekommen, das Volk zu erlösen!
Öffne das Tor, bereite dich vor, deinen Herrn zu empfangen!
Weine nicht mehr um verlorene Größe, Reinheit und Strahlkraft!
Heute, erst heute erfüllt sich wahrhaftig deine Bestimmung."

„Siehe, der Heiland ist da, der Retter der Kranken und Armen!
Jene, die blind waren, machte er sehend kraft seines Geistes.
Ausgetrieben hat er eine Vielzahl gemeiner Dämonen.
Aussatz, Geschwüre und Schmerzen ließ er für immer verschwinden.
Ja, selbst die Toten erweckte unser Erlöser zum Leben."

„Preiset den Herrn, ihr Bürger Jerusalems, dankt eurem Vater!
Hört, wie die Engelsscharen beim Anblick des Sohnes sich freuen!
Seht, wie der Himmel verharrt, gefesselt vom Sinn dieser Stunde.
Tretet hervor und begrüßt den Messias, singt ihm zu Ehren!
Sorgt euch nicht länger, und legt eure Tagesarbeit beiseite!"

„Dies ist ein Tag voller Freude, seht nur, der Sohn ist gekommen!
Abrahams Herr hat sein auserkorenes Volk nicht vergessen.
Was die Propheten verhießen, unseren Vätern versprachen, –
heute erfüllt es sich, heute werden wir Zeugen der Gnade,
Zeugen der großen Barmherzigkeit Gottes, Zeugen des Wunders."

Schließlich erreicht sie die Stadt, die rauschhaft frohlockende Gruppe.
Zahlreiche Menschen säumen Jerusalems Straßen und Gassen.
Wochen bereits war die frohe Kunde zu hören gewesen.
Jesus aus Nazareth, hieß es, plane die Stadt zu besuchen,
sei auf dem Weg nach Jerusalem, werde bald schon vor Ort sein.
Neugierig haben die Einwohner Jesu Ankunft erwartet,
kannten doch alle die vielfach erzählten Wundergeschichten.

Abseits der Menge betrachten einige Büchergelehrte

voller Empörung den festlich fröhlichen Einzug des Heilands.
Volkes Gesänge und Jubelgeschrei sind ihnen zuwider.
Wie kann ein einfacher Sohn Galiläas, murren die Männer,
wie kann er's gutheißen, dieser ach so besondere Rabbi,
dass ihn die muntere Meute wie einem Gottkönig huldigt,
einholt mit höchster Bewunderung, Ehrerbietung und Demut?

Während der Heiland auf seinem Esel an ihnen vorbeikommt,
treten die Hüter der Schriften heran, ermahnen den Rabbi,
endlich und deutlich zurechtzuweisen die jubelnde Menge:
„Gotteslästerlich, Meister, ist solch eine Menschenverehrung.
Lasst es nicht zu, dass alle hier wie einen Gott Euch bewundern!
Euch, Rabbi, stünde es gut zu Gesicht, bescheiden zu bleiben."

Jesus hält inne, sein Blick voller Mitgefühl und Bedauern.
„Keiner", erwidert er ruhig, „bringt diese Scharen zum Schweigen.
Würde man diesen Menschen das Singen und Jubeln verbieten,
glaubt mir, stattdessen begännen sogar die Steine zu jauchzen.
Sucht, Pharisäer, sucht des Geschehens Bedeutung zu fassen,
öffnet die Augen und seht, was sich hier gerade entfaltet!
Seher und Künder vergangener Zeiten, haben's geweissagt.
Eure Urenkel werden des heutigen Tages gedenken.
Ihr aber, die ihr dabei seid, schlaft und verkennt die Verheißung."

Schließlich, als Jesus im Innern der Stadt den Tempel erreicht hat,
sieht er im Geiste mit plötzlicher Wucht Jerusalems Schicksal,
sieht, wie brutale Gewalt die wehrlosen Einwohner heimsucht.
Überall lodern die Flammen, Felsbrocken regnen vom Himmel,
Eisen trifft Eisen, Blut fließt in Bächen, Dachbalken splittern.
Überall schreiende Mütter, weinende Kinder und Wirrnis.

Dermaßen eindringlich, lebhaft und stark ist der Strom dieser Bilder,
dass er ins Schwanken gerät, der fröhlich gefeierte Seher.
Rasch stürzen einige Jünger herbei, den Heiland zu halten,
aufzuhalten den seitlich sich neigenden Leib ihres Meisters.

Fassungslos sehen die Männer sodann, wie sehr er bewegt ist,
sehen die Tränen des sonst immer ausgeglichenen Rabbis.

Missverstanden derweil werden Jesu Tränen vom Volke.
Die, die sein Weinen bemerken, meinen, gerührt sei der Heiland,
angerührt von der Freude, die ihm hier beim Einzug begegnet.
Doch die Vertrauten des Meisters erahnen andere Gründe.
Fragenden Auges betrachten sie Jesus, machen sich Sorgen.

„Wer sich vom Lichte entfernt", erklärt der Ergriffene ihnen,
„findet sich wieder im Dunkeln, bedrängt von Räubern und Mördern.
Wer sie verleugnet, die Wahrheit des Geistes, lebt in der Lüge.
Wer seinen Bruder betrügt und erniedrigt, macht sich nur Feinde,
sieht sich genötigt, steinerne Mauern der Macht zu errichten,
sieht sich umgeben von Hass, der doch immer einzig in ihm ist.
Wer sich verteidigt, wird Angriff stets zu gewärtigen haben.
Festungen schreien danach, von Feinden belagert zu werden.
Sicher ist keiner, außer allein in der Obhut des Vaters."

Ernst lässt der Heiland sein Auge auf stolzen Bauwerken ruhen.
neigt dann das Haupt, als ertrage er diesen Anblick nicht länger.
Eindringlich redet er weiter, ermahnt und warnt seine Schüler:
„Wisset, das geistige Herz dieser Stadt ist hart und verschlossen.
Die, die berufen sind, Volkes Gedeihen liebend zu dienen,
rauben es aus, belügen, verführen es, drücken es nieder.
Stark sind die Mächte des Dunkels, fordern gewisse Tribute.
Bleibt in der Liebe, verleiht keine Macht den Helfern des Bösen!"
Schwungvoll steigt Jesus vom Esel, geht durch den Vorhof des Tempels.
Eiligen Schrittes folgen die Jünger verdutzt ihrem Meister.
Dann hält er inne, der Herr, die funkelnden Augen geweitet.
Überall sieht er entsetzt, wie schamlose Händler und Huren
hier im geheiligten Haus seines Vaters werben und feilschen,
anbieten unter Missachtung des Geistes Waren und Dienste.

„Liebe heißt nicht", ergänzt er lautstark das bisher Gesagte,

„fügsam zu sein wie ein Lamm und alles geschehen zu lassen.
Liebe heißt auch nicht, zu schweigen dort, wo die Lüge das Wort führt,
feige bloß wegzuschauen, wenn Geistes Bedeutung verkannt wird.
Glaubt mir, das Knurren des Wolfs ist manchmal die reinere Liebe,
reiner zumindest als achtloses Dulden schlimmer Verstöße."

Starr vor Entsetzen die einen, die andern staunend voll Ehrfurcht,
schauen die Jünger ihn an, den nun wie verwandelten Meister.
Selbst seine ältesten Schüler sahen ihn niemals so zornig.
Einige weichen zurück, als könnte die Wut sie versengen.
Glühend wie Feuersglut bohrt sich der wilde Blick des Erregten
tief in den ausgebreiteten Schund, der den Tempel besudelt.

Manchem Begleiter erscheint der Gesalbte irgendwie größer,
plötzlich um Haupteslänge die Größeren gar überragend.
Während der Rabbi, erzürnt und enttäuscht, das Haupt hin und her wirft,
stehen ihm wüst die Haare vom Kopf wie die Mähne des Löwen.
Strotzend vor Kraft ist noch die geringste Bewegung des Mannes.
Die, die dabei sind, fühlen die Wucht des Momentes als Beben,
fühlen sich innerlich wanken unter dem Druck dieser Woge.

Schließlich ertönt aus dem Nichts wie ein furchterregendes Brüllen
Heilandes Stimme und gleich erstirbt das Geschreie der Händler:
„Was fällt euch ein, den Tempel des Höchsten so zu entweihen?
Hat nicht der Herr euch gelehrt, dass dies hier ein Ort des Gebets ist?
Nehmt euer Zeug und verschwindet, nehmt euer klägliches Machwerk!
Macht keine Räuberhöhle aus dem, was euch heilig sein sollte!
Statt euren Reichtum an Silber gierig und blind zu vermehren,
solltet ihr anhäufen vielmehr den Seelenreichtum im Herzen.
Schert euch zum Teufel, entehrt das Haus meines Vaters nicht länger!"

Während er redet noch, reißt er die schweren Tische der Händler,
wutschnaubend um und jagt die Besitzer hinaus auf die Straße.
Heillos und wüst ist das Durcheinander der fliehenden Frevler.
Keiner von ihnen und keiner der starr gewordenen Jünger

trauen sich aufzuhalten den engelsgleich zürnenden Rabbi.
Stürmisch und sämtlichen Unrat aufwirbelnd fegt seine Tatkraft
reinigend durch das Gebäude, über gepflasterte Böden,
treibt sie hinaus, die seelenverdunkelnden Mächte der Habgier.

Jählings erwacht war der Zorn und schneller noch ist er verflogen.
Kaum ist der Tempel von Warenflut und Gewinnsucht gesäubert,
zeigt sich der Heiland beherrscht, besonnen und absolut friedlich.
Klar ist sein Himmel, als wäre gar kein Gewitter gewesen,
wohlklingend sanft seine Stimme, weich seine vornehmen Züge.
Ausgeglichener sahen die Jünger ihn nie und sie staunen.

Draußen im Vorhof, unweit der Einfriedung liegt einem Thron gleich
langmütig wartend im Schatten ein grob behauenes Felsstück.
Dort setzt sich Jesus nun hin und die Leute scharen sich um ihn.
„Seht und versucht zu verstehen", lehrt er mit Blick auf sein Handeln,
„wenn ihr nur haben und mehr haben wollt, verkennt ihr den Vater.
Immerzu jagt ihr Besitztümer nach und kommt nie zur Ruhe."

„Dies ist ein Tempel, erbaut, um des Vaters Geist zu begegnen.
Wie aber wollt ihr ihn hören, wenn Händler schreien und lärmen?
Wo soll er hin, wenn ihr achtlos Täuschung und Lüge hereinlasst?
Frönt ihr der Habgier, kann euch der Heilige Geist nicht erleuchten.
Auch euer Herz ist ein Tempel, haltet es rein und empfänglich!
Werft sie hinaus die Gedanken, die euch vom Göttlichen trennen!
Kauft ihnen ihre schönen Versprechen nicht ab und seid wachsam!
Draußen auf Märkten und Plätzen, da mögt ihr kaufen und handeln,
hier aber, hier im Herzen des Seins sollt ihr ohne Besitz sein!"

Abseits der Menge beraten heimlich derweil Pharisäer,
schauen verdrießlich zum lauschenden Volk im Vorhof hinüber.
Ihnen missfällt die Beliebtheit des ungesetzlichen Rabbis.
Viele hören auf ihn und sie selbst werden kaum noch beachtet.
Das kann nicht angehen, da sind die Schriftgelehrten entschieden.

Lassen sie ihn weiter wirken, bricht ihre Ordnung zusammen.
Wer soll das Volk dann belehren, was fromm zu leben bedeutet.
Dieser Verkünder aus Nazareth dort verführt es zum Aufstand.
Schamlos und offen verhöhnt er der Lehrer Weisheit und Würde.
Aufhalten müssen sie ihn, sie dürfen die Macht nicht verlieren.
Was aber tun, um den Mann am Reden und Wirken zu hindern?
Ständig ist er von Menschen umgeben, die Menge beschützt ihn.
Unausweichlich die Auflehnung, würde man Jesus verhaften.

MACHT UND VOLLMACHT

Voller Empörung und tief besorgt ob der Macht dieses Rabbis
schreiten die Büchergelehrten schließlich hinüber zum Tempel.
Ihnen ist dieser Christus Genannte im Grunde ein Rätsel.
Da sie Betrüger sind, glauben sie gern, auch Jesus betrüge,
glauben, dass er danach trachtet, über sie alle zu herrschen,
sehen in ihm den Rivalen, gekommen, sie zu entmachten.

Sie sprechen kraft ihrer Kenntnis der alten heiligen Schriften.
Sie haben Jahre des Lernens gebraucht, so kundig zu werden,
Jahre der Mühsal in stickigen, schwach erleuchteten Zelten,
Jahre der Furcht vor den Stockschlägen ungeduldiger Meister.
Sie sind berufen allein, die Wahrheit des Herrn zu vermitteln.
Nur wer die Schriften studiert hat, darf sich zu lehren erlauben.

Nun kommt da einer, sammelt die Leute im Tempel und predigt,
redet, als hätte er selbst die heiligen Schriften geschrieben.
Wiederzugeben weiß er mit Klugheit die Worte der Alten.
Öfter zitiert er die Künder aus längst vergangenen Zeiten.
Er kennt sich aus, offensichtlich ist er belesen und kundig.
Ihm liegt das Volk, diese ungebildete Herde, zu Füßen.
Leicht lässt die Menge von schönen Worten und Blendwerk sich täuschen.

Edel und würdig gewandet in langen wallenden Kleidern,

sorgsam gepflegt ihre Bärte, die Kopfbedeckungen prachtvoll,
treten sie stolz an den Rabbi heran, die Priester und Lehrer.
Eingeschüchtert vom Auftritt der mächtigen Herren des Tempels
weichen die einfachen Zuhörer unwillkürlich zur Seite.
Jesus indessen zeigt sich von ihnen wenig beeindruckt.

„Meister", begrüßt ihn der Oberpriester mit freudloser Miene,
„Ihr lehrt die Menge mit großem Einfluss erstaunliche Dinge,
redet vom Himmelreich so, als würdet Ihr damit vertraut sein,
redet von unserem Herrn, behauptet, dass Ihr gar sein Sohn seid.
Wer oder was, so frage ich mich, hat Euch dazu ermächtigt?
Woher die Vollmacht, Euch selbst als Gottes Sohn zu bezeichnen?"

Jesus bleibt ungerührt bei den Worten des mächtigen Mannes.
Ruhig betrachtet er ihn und sein ausstaffiertes Gefolge.
„Sagt mir", erwidert er schließlich, „wie war das damals beim Täufer?
Ähnlich wie ich hat Johannes die Menschen um sich versammelt.
Er hat doch auch nicht das Amt eines Tempelpriesters bekleidet.
Wer also gab meinem Freund die Vollmacht, zu künden und taufen?
Was hat ihn dazu befugt, die Menschen zum Geist zu bekehren?"

Eben noch lächelte siegesgewiss der oberste Priester,
nun aber legt sich ein düsterer Schatten auf seine Züge.
Diesen Johannes haben sie lange und heftig getadelt.
Ähnlich dem Rabbi aus Nazareth, Volkes schlauem Verführer,
fand auch der elende Täufer seinerzeit nicht ihre Gnade.
Er hatte allzu laut angezweifelt des Tempels Bedeutung.

Was soll er antworten, was kann er sagen hier vor den Leuten?
Würde er sagen, Johannes war ein Gesandter des Himmels,
wäre es also ein Fehler gewesen, ihn zu bekämpfen.
Aber zu sagen, der Rufer vom Jordan war ein Betrüger,
scheint ihm in dieser Lage beileibe nicht ratsam und sicher.
Steinigen könnte sehr wohl die wütende Meute sie alle.
Schließlich sind viele im Volk überzeugt, dass dieser Johannes

wirklich die Stimme des Herrn in der Wüste, Gottes Prophet war.

Nun, denkt der Hohepriester, ich lasse mich nicht überlisten.
Du, Galiläer, du, wirst mich nie und nimmer aufs Kreuz legen,
„Leider", entgegnet er deshalb und lächelt scheinbar bedauernd,
„leider ist mir nicht bekannt, womit jener Täufer gewirkt hat,
was ihn ermächtigte, das zu vollbringen, was er vollbrachte.
Nein, tut mir leid, doch was ihn bewegte, ich kann's Euch nicht sagen."

Jesus indes scheint diese Entgegnung erwartet zu haben.
Unverwandt schaut er ihn an, den stattlichen Herrscher des Tempels.
„Wisst Ihr es nicht von Johannes", erklärt er ruhigen Sinnes,
„habt ihr die Kraft nicht erkannt, die diesen zu taufen erlaubte,
werdet ihr auch nicht erkennen, was mir die Vollmacht erteilt hat.
Sucht Eure Antwort im Herzen, jenseits von Für oder Wider!"

DER WEINBERG

Mehr will er dazu nicht sagen, wendet sich wieder dem Volk zu.
„Einmal", beginnt er nunmehr vollkommen entspannt zu erzählen,
„legte ein Herr einen Weinberg an, schöne, fruchtbare Hänge.
Da er für längere Zeit außer Landes ging, brauchte er Pächter.
Mehreren Weingärtnern gab er den Weinberg also in Obhut.
Sie sollten ihm von der Frucht des Bergs einen Teil überlassen."

„Dann, als der Wein geerntet war, schickte der Herr seinen Diener,
abzuholen den Anteil der Frucht, den vereinbarten Pachtzins.
Aber die Pächter wollten vom einstigen Herrn nichts mehr wissen.
Sie hatten angefangen, sich selbst als Besitzer zu sehen,
taten, als würden die üppigen Hänge ihnen gehören,
führten sich auf, als müssten die andern ihnen gehorchen."

„Hergeben wollten sie nichts und leugneten ihre Verpflichtung.
Deswegen hörten sie nicht auf des Dieners mahnende Worte.

Vielmehr begannen sie ohne Bedenken ihn zu verprügeln,
schlugen und traten ihn nieder, nannten ihn gar einen Schwindler,
jagten ihn fort und sein Herr bekam nichts, von dem, was ihm zustand.
Mühsam und stöhnend vor Schmerzen schleppte der Diener sich heimwärts."
„Als nun der Herr davon hörte, war er betrübt und in Sorge.
Hinnehmen wollte und konnte er nicht, das Unrecht der Pächter.
Also entsandte er bald einen zweiten Diener zu ihnen,
einzufordern, was recht war, der Gärtner Vernunft zu erreichen.
Aber auch jener Beauftragte ward verhöhnt und geschlagen.
Eilends und unverrichteter Dinge musste er fliehen."

„Dieser erneute Gesetzesverstoß, der Frevel der Pächter,
ließ dem verleugneten Herrn keine Ruhe, machte ihn traurig.
Also entschied er aufs Neue, jemanden dorthin zu schicken.
Doch auch der Dritte konnte die Weingärtner nicht überzeugen.
Schlimmer sogar als den ersten beiden erging es dem Manne.
Blutig geschlagen ward er, halbtot dann sich selbst überlassen."

„So kann ich, dachte der Herr daraufhin, nicht weiter verfahren.
Knechte zu schicken, selbst gute, hat sich als fruchtlos erwiesen.
Nun werde ich meinen eigenen Sohn zum Weinberg entsenden,
anweisen ihn, meinen Erstgeborenen, mich zu vertreten,
herzustellen erneut meine Geltung als Herr und Besitzer.
Wenigstens ihn müssen diese schändlichen Weingärtner achten."

„Doch als die Pächter verstanden, wer ihnen diesmal geschickt ward,
glühte in ihren Gemütern die Gier und trieb sie zur Untat.
Das ist der Erbe des Gutsherrn, raunten die Männer voll Bosheit.
Schaffen wir ihn aus dem Weg, sein Tod wird sich lohnen für jeden.
Ohne den Sohn muss der Vater uns seinen Berg überlassen.
Dann wird sich bald schon kaum noch ein Mensch an den Gutsherrn erinnern."

„Also von Habgier geblendet, stürzen sich alle gemeinsam
auf den vom Vater beauftragten Sohn, den wehrlosen Erben,
töten ihn herz- und gewissenlos, zögern keinen Moment lang."

Angekommen beim tragischen Höhepunkt seiner Erzählung,
hält Jesus inne und mustert die schweigend lauschende Menge,
schaut in die fragenden Blicke und sucht nach Zeichen der Einsicht,
sieht, wie die Züge der Schriftgelehrten voll Ingrimm erstarren.

„Was", fährt er fort, „wird der Herr dieses Weinbergs nun unternehmen?
Wie reagiert er, als ihm gesagt wird, sein Sohn sei ermordet?
Glaubt ihr, der Herr würde tatenlos bleiben, still für sich trauern?
Glaubt ihr, es wäre dem Vater egal, dass Unrecht obsiegt hat?
Nein, es ist klar, der Herr wird nun selbst seine Herrschaft behaupten.
Kommen wird er und die ruchlosen Gärtner für immer entmachten."

Kaum sind die Worte gesprochen, regt sich Protest und Beschwerde.
Priester und Schriftgelehrte beschimpfen entrüstet den Heiland,
weisen die Darstellung Jesu als ehrbeleidigend von sich.
Hier vor dem Volk vergleicht sie der Mann mit Betrügern und Mördern.
Das ist nicht nur eine Frechheit, das ist empörender Frevel!
Hier wird des Tempels heilige Ordnung mit Füßen getreten.

Jesus indessen bleibt seelenruhig inmitten des Aufruhrs.
„Habt ihr euch jemals gefragt, entgegnet er schließlich den Rufern,
Was es bedeutet, das Psalmenwort vom verworfenen Baustein?
Steht nicht geschrieben, dass dieser Quader zum Eckstein geworden?
Was ihr verleugnet, verfolgt und anzuerkennen euch weigert,
darauf wird einst ein neuer und lichterer Tempel errichtet."

Wieder ertönt ein Geschrei und übel bedroht wird der Heiland.
Aber die Menge weicht nicht beiseite und schützt ihn entschlossen,
hindert die Priester und Lehrer daran, ihn zu ergreifen.
Eingeschüchtert vom Zorn der Gelehrten erblassen die Jünger,
schauen verängstigt zum Meister hinüber, wollen ihn schützen.
Jesus jedoch scheint auch weiterhin ausgeglichen und ruhig.

„Ihr Pharisäer", spricht er, als der Lärm sich etwas gelegt hat,
„ihr könnt das Neue verkennen, es aber niemals verhindern."

Anstoß nehmt ihr nun am Stein, er fügt sich nicht ein ins Gemäuer,
trägt nicht den Tempel, den ihr zum Bollwerk der Herrschenden machtet.
Was ihr auch anstellt, ihr könnt diesen Eckstein doch nicht zertrümmern.
Vielmehr wird jeder der Schläge euch selbst im Innersten treffen."

KEIN FALSCHES WORT

Nach diesem Streit wird Jesus belauert, versucht und bespitzelt.
Mächtige Herren verkommener Ordnung, Sklaven des Hasses,
wollen den Rabbi mit Macht einer falschen Tat überführen.
Ausreichen würde ein unrechtes Wort, den Mann zu verhaften,
anzuklagen den Frevler und ihn zum Schweigen zu bringen.
Auch dieser Jesus hat sich sehr wohl den Gesetzen zu beugen.

Also erscheinen nun mehrmals am Tage vor dem Gesalbten
scheinbar Gerechte und tragen zur Schau geheuchelte Demut.
„Meister", sagt einer von ihnen, „Weisheit durchzieht Eure Rede,
aufrichtig sprecht Ihr zu uns, ihr lehrt den Weg Gottes wahrhaftig.
Deswegen bitten wir Euch uns zu helfen, richtig zu handeln.
Sagt uns, o Rabbi, ist's recht, den Besatzern Steuern zu zahlen?"

Jedem, der zuhört, ist klar, die Frage ist überaus heikel.
Rom und der Kaiser fordern vom Volk ja die größten Tribute.
Schwer ist die Abgabenlast, das Unrecht für viele empörend.
Das weiß auch Jesus, der Volkes Verzweiflung hautnah erlebt hat.
Ihm aber geht's nicht um weltliche Macht, die Herrschaft des Geldes.
Seiner Verkündung Bedeutung liegt jenseits ihrer Intrigen.

„Sicher habt ihr eine Münze dabei", erwidert er freundlich.
Dann hält er lächelnd die Hand auf und nimmt den Groschen entgegen.
Neugierig schaut er den Silberling an und wendet ihn mehrmals.
Fast scheint's, als hätte er niemals zuvor ein Geldstück gesehen.
Nackt liegt es in seiner Hand, hat jede Bedeutung verloren.
Fragend betrachtet er gründlich die fein gezeichnete Prägung.

„Wessen Porträt", fragt er schließlich die Männer, „zeigt diese Münze?"
„Das ist das Bildnis des Kaisers", antworten sie auf der Stelle.
Schweigend, als hätte er dieses erwartet, nickt der Gesalbte.
„Richtig, der Kaiser", bestätigt er, „alles Geld ist des Kaisers.
Deswegen sage ich: gebt diesem Weltenherrscher das Seine,
Aber gebt gleichfalls dem Himmelsherrscher, was Er nennt sein Eigen!"

Das lässt die Männer verstummen, nun gibt es nichts mehr zu fragen.
Jesus lehrt seine Jünger und betet mit allen im Tempel.
Später erscheinen vor ihm Sadduzäer, obere Priester.
Sie wollen wissen, ob er die Ansicht der ihren bestätigt,
prüfen, ob er tatsächlich so weise, beredt und gelehrt ist.
Fragen zum Leben der Seele wollen die Priester ihm stellen.

„Meister", beginnen sie, „was passiert nach dem Tod mit der Seele?
Manche behaupten, sie kehre zurück in fleischlicher Hülle
wieder und wieder, verdammt zum endlosen Kommen und Gehen.
Wir aber glauben, dass beide, Körper und Seele verwesen,
glauben, dass nur unser göttlicher Geist zum Vater zurückkehrt.
Jeder ist einzig, der Mensch, sagen wir, ist nicht wiederholbar."

„Einzigartig ist alles", erwidert der Heiland und lächelt.
„Nichts geht verloren, denn alles ist aufgehoben im Himmel.
Nicht nur die Seele, auch jeder Leib ist im Geiste erschaffen.
Und was des Geistes Geschöpf ist, kennt weder Anfang noch Ende.
Alles währt ewig, die kleinsten Käfer, die Farben der Blüten,
ja, gar die Wolken am Himmel und jeder eurer Gedanken."

„Aber so lange die Augen nur an Vergänglichkeit glauben,
sehen sie immer und überall nichts als Tod und Zersetzung.
Ihr fragt, was war, was wird werden, und denkt in Vorher und Nachher.
Gott allerdings ist das allumfassende Sein aller Welten.
Auch was ihr jetzt zu sein glaubt, ist wesentlich unvergänglich,
ewig wie alles, wofür ihr euch einst zu werden entscheidet."

„Nichts geht verloren, der Tod ist mehr nicht als Wandlung des Zustands.
Knolle wird Stängel, aus Stängel wächst Blatt, aus Blättern die Blüte.
Immer schon da ist alles jedoch im Lichte des Geistes.
Sterbliche Augen erschauen natürlich sterbliche Dinge.
Deswegen sage ich euch, ihr könnt diese Frage nur klären,
wenn ihr euch selbst mit all euren geistigen Sinnen betrachtet."

Ehrfürchtig lauschen die Tempelmänner den Worten des Rabbis.
Als er zu Ende gesprochen, wagen sie kaum sich zu rühren.
Jeder hat wahrgenommen die Tiefe und Kraft seiner Rede.
Schließlich bedankt sich der Älteste zaghaft, höflich und leise.
„Meister", verneigt er sich, „weise und recht dünkt mir Eure Antwort."
Wirklich verstanden jedoch hat sie keiner der Schriftgelehrten.

Nun möchte Jesus die Männer seinerseits auch etwas fragen.
„Ihr nennt den Christus Sohn Davids, sagt mir, weshalb ihr so redet!"
Ratlos verharren die Priester schweigend und blicken zu Boden.
„Sagt denn nicht David", fragt sie der Rabbi, „im Buch seiner Lieder:
Sieh, der Herr sprach zu meinem Herrn: Setze dich zu meiner Rechten,
bis ich dir vor deine Füße hinlege all deine Feinde?"

„David nennt Christus, so steht's im Psalm, seinen Herrn und Gebieter.
Wie also sollte dann dieser Christus zugleich auch sein Sohn sein?"
Groß ist der Männer Entsetzen, als sie am Ende verstehen,
was dieser Rabbi Ben Josef da sagt, für wen er sich ausgibt.
Er soll der Herr sein, der sitzt zur rechten des einzigen Gottes.
Alle verstummen, denn keiner traut sich noch etwas zu sagen.

Später lehrt Jesus erneut seine Jünger, heißt sie sich hüten,
lehrt auch das Volk, denn zahlreiche Menschen hören ihn sprechen:
„Nehmt euch in acht vor den ständig rechtenden Büchergelehrten!
Haltet euch fern von der Rechthaberei und meidet Dispute!
Übt euch in Mitgefühl und verschließt euer Herz nicht mit Worten!
Lasst euch nicht blenden von all diesen fein geschliffenen Reden!"

„Was nützt es euch, in den heiligen Schriften lesen zu können,
wenn ihr zugleich die Augen verschließt vor dem Buch eures Lebens?
Was nützt es euch, der Propheten Wort wiederholen zu können,
wenn ihr nicht seht, was die Künder des Volkes dereinst erschauten?
Was nützt es euch, einen Meinungsstreit mit Geschick zu gewinnen,
wenn ihr nicht fähig seid, Wahrheit im lautenden Ton zu vernehmen?"

„Seht, euer Heil liegt im Leben, nicht in den Büchern der Priester.
Alles, was dort geschrieben steht, himmlisches Wissen und Weisheit,
tragt ihr genauso im Herzen, im Buch, das Gott selbst geschrieben.
Eingeschrieben ward jedem von euch in der Tiefe der Seele
ewiges Wissen vom Ursprung, Wahrheit und Weg eures Geistes.
Lernt sie zu lesen, die innere Schrift, entdeckt eure Weisheit!"

„Lasst euch nicht blenden vom goldenen Glanz der langen Gewänder!
Lasst euch nicht täuschen vom Eindruck bloß oberflächlicher Gesten.
Feierlich laut sprechen oft die Betrüger ihre Gebete.
Ernst und mit großem Gehabe bringen die Heuchler ihr Opfer,
tun so, als würden sie damit ungemein Großes vollbringen.
Gleichzeitig häufen sie heimlich Silber und wertvolle Güter."

Jesus hält inne und blickt zum Opferaltar vor dem Tempel,
sieht eine Frau, die darbringt dem Herrn dort bescheidene Gaben,
nimmt dieses Bild in sich auf und wägt es gewogen im Herzen.
„Seht diese Witwe", fordert er auf und zeigt zum Altar hin.
„Vorkommen mag sie euch minderwertig, die Gabe der Armen.
Doch diese Witwe gibt mehr, als je die Vermögenden gaben."

„Alles gibt sie, was ihr noch geblieben, sich selbst zu ernähren,
kniet als verarmtes Weib vor dem Herrn in vollkommener Demut,
hält nichts zurück, sondern teilt mit dem Schöpfer auch ihre Armut.
Sah man denn solch eine tiefe Hingabe je bei den Reichen?
All diese Herren, vornehm gewandet, von Dienern umstanden,
geben nur so viel, dass stets gewahrt bleiben Ehre und Reichtum.

DES SEHERS GESICHT

Täglich besuchen der Herr und die zwölf Getreuen den Tempel,
beten und schweigen, weilen versunken in geistigen Welten.
Dann scheint sogar noch das schwere Tempelgemäuer zu leuchten,
aufzuleuchten als wäre in ihm eine Sonne verborgen.
Manche der Schüler betrachten verzückt die Schönheit der Steine,
preisen die Pracht des Gebäudes, der Weihegaben im Innern.

Jesus nickt zustimmend, nachdenklich, ernst und lässt seine Augen
auf den umgebenden Steinmauern ruhen, sieht, was bevorsteht,
schaut in die Seele des Hauses, fühlt seine künftigen Schmerzen,
spürt seines Leibes Zertrümmerung, Abriss, Bruch und Zerlegung,
spürt's, als wäre es *sein* Leib, den Hammerschläge zerschmettern.
Kurz von der Wucht des Gesichts überwältigt, schließt er die Augen.

„Das, was euch steinern umgibt", verkündet er schließlich den Jüngern,
all diese sorgsam geglätteten Mauern werden nicht dauern.
Menschenhand richtet sie auf und Menschenhand reißt sie auch nieder.
Das ist das Schicksal aller weltlicher Werke des Menschen.
Setzt nicht auf das, was ihr mit Gewalt aus der Erde geschlagen.
Auch wenn es unverrückbar erscheint, wird es einst nur noch Staub sein."

„Einmal bereits ward der Tempel zerstört und wiedererrichtet.
Wenn sich die Menschen der Stadt, die Herrscher und Priester nicht ändern,
glaubt mir, dann bleibt hier zuletzt kein einziger Stein auf dem andern.
Macht man zur Festung den Tempel, werden ihn Feinde belagern.
Wahrheit wird Lüge, wenn sie mit Mauern vom Menschen getrennt wird.
Gott lässt sich niemals zum Helfershelfer der Mächtigen machen."

„Baut einen Tempel aus Licht, denn der wird die Zeit überdauern.
Die, die des Geistes sind, werden sich dort wahrhaftig begegnen,
dort in den inneren Hallen, denn sie sind offen für alle.
Nie kann im Innern ein Feind euer Allerheiligstes schänden.
Unverwüstlich ist alles, was durch euch die Liebe hervorbringt.

Richtet ihn auf, diesen Tempel, und ihr habt nichts zu befürchten!"

Nachdenklich schauen die Jünger nun auf das schwere Gemäuer.
„Meister", fragt einer von ihnen, „wann wird das alles geschehen?"
Kopfschüttelnd hebt da der Heiland die Hände und er versichert:
„Noch ist das Los dieser Stadt nicht besiegelt, hört, was ich sage!
So, wie die Masse denkt, ist ein düsteres Ende wahrscheinlich.
Unabwendbar jedoch ist es nicht; was geschieht, wird sich zeigen."

„Viele der Juden träumen den Traum von Gewalt und Zerstörung,
glauben an Tod und Vergeltung, an Auserwählung und Herrschaft,
denken, dass ihnen der Vater sogar das Recht gab zu töten.
Viele missachten das Leben, lassen das Fremde nicht gelten,
sehen sich selbst durch die Worte des einen Vaters beauftragt
Fremde zu schlagen und ihre Würde mit Füßen zu treten."

„Scht ihr, wenn viele so denken und glauben, wird es auch werden.
Groß ist, ihr wisst, die Macht der Gedanken, Erwartungen, Wünsche.
Heilen kann sie und befrieden, ebenso aber zerstören.
Glaubt mir, mein Vater wünscht nicht Jerusalems Qual und Vernichtung.
Gleich, was passiert, es ist nie eine Strafe zorniger Götter.
Ihr seid es selbst, die entscheiden, was euch im Leben begegnet."

„Immer schon lauschte das Volk der Unheilspropheten Verkündung,
liebte Geschichten von Feuersbrunst, Zerfall und Verderben.
Insgeheim sehnt man gerade herbei, wovor man sich fürchtet.
So ist es immer, der Mensch muss lernen nach innen zu schauen.
Sonst kommt's ihm ständig so vor, als wäre er vollkommen hilflos
ausgeliefert der Welt, die er letztlich doch selber erschaffen."

„Seid auf der Hut und entzieht dem Rachegedanken den Boden.
Nährt ihn nicht, lasst ihn nicht keimen, nicht Wurzel schlagen im Herzen!
Haltet euch fern von der Bosheit und Angst verblendeter Massen!
Glaubt ihr und denkt an das Gute, werdet ihr Gutes erfahren.
Wahrt ihr den Frieden, ewig wird euer Jerusalem leuchten.

Läutert euch, reinigt den Geist und keine Gewalt kann euch treffen."

„Beten könnt ihr für die Stadt gewiss, wie auch ich für sie bete.
Damit nährt ihr die Hoffnung und lindert die Trauer des Vaters.
Noch ist die Zahl der Gerechten gering, gebraucht werden alle.
Helft eurem Vater und bringt seine Liebe unter die Leute!
Mein Geist wird euch nicht verlassen, wenn ihr euch meiner erinnert.
Ruft mich allzeit beim Namen und stark werden eure Gebete."

„Viele erkennen das Lamm Gottes nicht, doch ihr habt's gesehen.
Ihr könnt und solltet bezeugen, dass Gottes Geist unter euch ist.
Gleich was geschehen mag, lasst euch von Volkes Hass nicht beirren.
Noch ist sie groß, die Verwirrung der Menschen; gebt ihnen Klarheit!
Gleich was da kommt, ob Krieg oder Hungersnot, Erdbeben, Seuchen,
haltet nur immer zum Geist und bleibt in der Freude Domäne."

„Redet und lehrt, doch schweigt, wo Vernunft euch gebietet zu schweigen.
Bald sinkt die Saat in die Erde, bald hüllt sich alles in Dunkel.
Aber bedenkt, dass nur aufgeht, was vorher untergegangen.
Kahl und vom Geiste verlassen wird euch die Erde erscheinen.
Aufgenommen jedoch hat ihr Schoß dann den Samen des Geistes.
Dient dieser Erde in Demut, denn damit dient ihr dem Vater."

„Eisen und andere Erze rauben die Menschen der Erde,
nehmen es her, um Waffen zu schmieden und Münzen zu prägen.
Schwerter und Geld aber nähren euch nicht, sind Mittel der Macht nur.
Kaufen, rauben und schützen ist alles, was damit getan wird.
Leben zu mehren, erlauben euch weder Waffen noch Münzen.
Ihr aber solltet alles Lebendige achten und schützen."

„Wieder und wieder geraten die Menschen stark in Versuchung,
anzuhäufen Besitz und sich damit vom Leben zu trennen.
Vielen von ihnen träumen den Traum vom gesicherten Dasein,
glauben, dass Waffen und Münzen ihnen die Sicherheit bieten.
Deshalb wird kommen die Zeit, da viele das Leben missachten,

bis ihre Felder verwüstet, bis ihre Leiber geschwächt sind."

„Ginge der Tempel zugrunde, wäre dem Volk nichts mehr heilig.
Das ist das wirkliche Übel, die Leugnung geistiger Werte.
Ohne Sinn für das Heilige, seid ihr verwirrt und verloren.
Ginge der Tempel zugrunde, würden die Herzen versteinern.
Ständig in Angst wären alle und ohne Gottesvertrauen,
ständig besorgt und bereit, zu kämpfen, zu rauben, zu töten."

„Keiner gelangt ins himmlische Reich, der die Erde geringschätzt.
Seht, dieser Boden ward euch als Auftrag in Obhut gegeben.
Er ist der Weg, den zu gehen euch frommt und Einsicht vermittelt.
Hier ist der Ort, wo ihr mitfühlen lernt mit Gottes Geschöpfen.
Wachst mit und lernt von der Erde, fallt nicht der Habgier zum Opfer!
Dann kann das Übel, so es denn einbricht, euch nicht berühren."

So unterrichtet Jesus den inneren Kreis seiner Jünger.
Tagsüber lehrt er im Tempel, spricht zur versammelten Menge.
Abends vertieft er's Gesagte mit denen, die eingeweiht sind.
Nachts aber geht er hinaus auf den Ölberg, betet zum Vater,
betet allein und bereitet sich vor auf das, was geplant ist.
Ihm stehen bei die erhabensten Geistesmächte des Himmels.

DAS ABENDMAHL

Dann ist für alle gekommen die Zeit, das Pessach zu feiern,
Volkes Befreiung aus langer Knechtschaft und Not zu gedenken.
Heiter gelaunt wird das Mahl für den ersten Abend bereitet.
Überall sehnt man herbei die Freuden des wichtigsten Festes.
Mangel soll keiner erleiden, im Tempel schlachten die Priester
Rinder wie Schafe und geben geweihtes Fleisch der Gemeinde.

Dies ist seit alters die Feier der ungesäuerten Brote.
Israels Erstgeborene, damals im Land der Ägypter,

wurden vom Engel des Todes verschont, denn der ging vorüber,
ging an den Türen der Juden vorbei, am Zeichen des Blutes.
Seitdem ist's Brauch, fürs Leben der Söhne ein Böcklein zu opfern.
Dieses geopferte Lamm ist für Jesus heute entscheidend.

Also schickt er Johannes und Petrus, das Lamm zu bereiten,
Fleisch des Opferlamms will er im Kreis der Jünger verzehren.
„Wo, Meister", fragen sie, „wollt Ihr denn dieses Abendmahl feiern?"
„Wenn ihr", antwortet Jesus, „hinein in die Stadt kommt, seid achtsam!
Euch wird ein Mensch dort begegnen; der einen Krug trägt voll Wasser.
Folgt ihm ins Haus, in das dieser hineingeht, sucht dort den Hausherrn!"

„Sagt diesem Fremden: Der Meister lässt fragen: Wo ist das Gasthaus?
Wo ist der Ort, an dem ich das Lamm essen kann mit den Meinen?
Dann geht der Hausherr voraus, um euch einen Raum zu eröffnen.
Ihr seht sodann einen hellen Saal, überraschend geräumig,
ausgelegt mit erlesenen Teppichen, Platz für uns alle.
Dort bereitet das Mahl zu, das Festmahl zur Feier des Lammes!"

Dies ist der Ort, an dem Jesus die Jünger um sich versammelt.
Dies ist der Raum, in dem eingeweiht werden Christi Getreue,
eingeweiht in des Lammes Geheimnis, des Opfers Bedeutung.
Aufleuchten sehen die Jünger den tiefen Sinn des Geschehens.
Schauen mit anderen Augen, was war, wie alles gefügt ist.
Also erleben Gesellen geistige, wahre Gemeinschaft.

Angerichtet ist schließlich, der Menschensohn spricht über Pessach,
schaut auf den kommenden Tag und meint doch ein neues Ereignis,
meint die Erlösung der ganzen Menschheit aus geistiger Knechtschaft.
„Alles, was morgen geschieht", erklärt der Gesalbte,
„seht es mit geistigen Augen, seht es, als würdet ihr träumen!
Einmal mehr schützt das Blut eines Lammes das Volk vor dem Tode."

Dann senkt der Heiland die Augen, sieht seinen Becher voll Weines,
hebt ihn empor und alle verstehen ihn schlagartig anders

Jeder der Jünger ist nunmehr wie aus dem Zeitlauf gehoben,
weiß was gesagt wird, ehe der Heiland die Worte gesprochen:
„Das, was ich hier jetzt vollziehe, kommt allen Menschen zugute,
toten und lebenden, ja gar jenen, die noch nicht geboren."
„Nehmt diesen Wein voller Dankbarkeit, teilt ihn, trinkt davon alle!
So sind der Heilige Geist und Gottes Sohn ewiglich in euch."
Schweigend reicht er dem Jünger Johannes zur Rechten den Becher,
schaut, wie sie still und vorsichtig trinken die Zwölf in der Runde,
sieht, wie der Kreis sich allmählich zu schließen beginnt und wartet
weiß, dass einer sie aufbrechen wird, diese Jüngergemeinschaft.

Schließlich ist er, der Zelot, an der Reihe, der Eiferer Judas.
Stumm, mit versteinerter Miene, nimmt er den Becher entgegen,
zeigt sich befangen und Jesus sieht, wie er zögert und zittert,
so heftig zittert, dass etwas vom Wein ihm über den Rand schwappt.
Dann nimmt er freudlos und schnell einen Schluck, die Stirn voller Falten,
fühlt, wie die Augen des Meisters wissend und klar auf ihm ruhen.

Keiner der andern bemerkt die innere Unruhe Judas'.
Alle ergreift der kultischen Handlung besondere Wirkung.
Ihnen ist klar, dass hier nicht bloß Wein miteinander geteilt wird,
fließt doch mit ihm eine Kraft in sie ein, wie keiner sie kannte.
„Dies ist mein geistiges Blut", sagt Christus und schaut in die Runde.
„Ihr seid die ersten, die trinkend Teil meines Geistes geworden."

„Nun", erläutert er, „werdet ihr mich durch den Tod nicht verlieren."
Dann, als die Worte noch nachklingen, nimmt er eines der Brote,
bricht es und gibt es den Seinen, heißt sie, gemeinsam zu essen.
Während die Jünger sich einverleiben den Brotlaib des Meisters,
spüren sie, wie ihre Körper Erde und Himmel umfassen,
sehen, dass Gott sie tatsächlich nach seinem Bilde erschaffen.

„Dies ist mein Leib", erklärt der Gesalbte der Jünger Erfahrung,
„dies ist die wahre und allumfassende Heimat der Seele.
Ohne Beginn oder Ende ist sie, ein Haus ohne Wände.

Ihr seid von Anfang an wesentlich Weite, Schöpfung des Geistes.
Heute erlebt ihr die Wahrheit des Seins, vergesst sie nie wieder!
Anteil habt ihr, ganz gleich, was passiert, am Leib eures Vaters."

Judas indessen hält sein Stück des Brotes zweifelnd in Händen,
scheint mit sich selber zu ringen, fühlt sich vom Meister genötigt,
möchte sich nicht vom zaubernden Rabbi vereinnahmen lassen.
Teil zu werden vom göttlichen Leib ist nicht sein Bestreben.
Er lässt sich jedenfalls nicht vom Dunkel des Himmels verschlucken.
Ihm ist's, als wäre der Meister vom Größenwahnsinn befallen.

Jesus beobachtet Judas, weiß um des Jüngers Entscheidung,
weiß, er wird ihn, seinen Meister, noch heute Abend verraten.
Schwer lastet nunmehr Judas' Gemüt auf dem Tisch der Gemeinschaft.
Plötzlich wird Jesus von Mitgefühl mit dem Frevler erschüttert.
Ähnlich wie er denken viele, doch er war bereit für die Folgen,
er, der Zelot war mutig genug, sich dem Bösen zu stellen.

„Judas", spricht Jesus ihn an und erlöst den Mann aus der Starre,
„Judas, die Zeit ist gekommen und deine Aufgabe wartet."
Dann blickt er auf, der nunmehr vom Glauben gefallene Jünger,
schaut einen tiefen, kurzen Moment in die Augen des Rabbis.
Unendlich traurig sein Blick, denn er liebt den Meister noch immer.
Also erhebt sich der Zwölfte vom Tisch, verlässt seine Heimat.

Christus, der Herr, hat Judas so scheint's einen Auftrag gegeben.
So oder ähnlich verstehen die anderen dessen plötzlichen Fortgang.
Fragenden Blickes schaut aber Petrus zum Heiland hinüber.
Innerlich spürt er, dass hier in der Runde etwas passiert ist,
etwas, das er nicht versteht, was ihm Unbehagen bereitet.
Doch, was er sieht in den Augen des Herrn, vertieft seine Sorge.

Ohne den prüfenden, forschenden Blick vom Gesalbten zu wenden,
fragt er wie beiläufig, was denn Judas so spät noch zu tun hat:
„Womit habt Ihr ihn beauftragt, den Bruder, was ist so wichtig?"

„Das ist nicht leicht zu erklären", antwortet Jesus und zögert.
„Judas hat seine Entscheidung getroffen, sein Los erschaffen.
Er wird den Geist an den Ungeist verraten, das ist sein Auftrag."

„Wie", entsetzt sich der Jünger, „dazu habt Ihr ihn beauftragt?"
„Petrus, ich sagte doch schon", erwidert der Heiland bedauernd,
„Judas tut das, wofür *er* sich entschieden, folgt seinem Antrieb."
„Und" erkennt der Apostel, „*Ihr* wollt ihn nicht daran hindern."
„Niemand, mein Freund, würde Judas zurzeit noch aufhalten können.
Such' zu verstehen, Gott weiß das Böse zum Guten zu nutzen."

„Sieh', auch der Eiferer bringt in gewisser Weise ein Opfer.
Heute kannst du's nicht verstehen, siehst nicht das Ganze vom Geist her.
Bringt nicht der Landmann beim Säen das Saatgut unter die Erde?
Dort bricht es auf und geht als solches für immer zugrunde.
Anders können aus ihm keine Früchte des Feldes erwachsen.
Wirft man dem Landmann nun vor, den Samen verraten zu haben?

„Meister", erwidert Johannes, „ich sehe Geistes Zerschlagung,
große, brutale Gewalt gegen Euch, das alles betrübt mich."
Derlei Gesichte des Schreckens sahen auch andere Jünger.
Manche verstehen erst jetzt, was Jesus schon früher gesagt hat.
Was wird aus mir, wenn der Heiland gegangen, fragen sich viele.
Nicht überzeugt, dass nottut das Opfer, zeigt sich Johannes.

„Gibt es denn", fragt er, „gar keinen anderen Weg der Befreiung?"
„Sicher", sagt Jesus, „es gibt sogar viele, alle sind möglich.
Aber die Menschen haben geträumt, dass der Gottessohn umkommt.
Nur wenn er vor ihren Augen stirbt und den Tod überwindet,
dann und nur dann sind die Menschen bereit, ihm Glauben zu schenken.
Dies ist, bedenke mein Freund, ein Drama für jene, die schlafen."

Nun, da die Jünger erkennen, Jesus wird bald nicht mehr da sein,
fangen sie an, sich über die Zukunft Gedanken zu machen.
Wer soll sie führen, die Gruppe der Jünger, wer ist der Größte?

Wer hat am meisten gelernt, war des Rabbis fleißigster Schüler?
Gibt es nicht gar einen Jünger, den er als Erben betrachtet?
Laut wird geredet, der Heiland indes scheint fast schon vergessen.

Schließlich mahnt der Gesalbte die Streithähne innezuhalten.
„Könige herrschen", erklärt er sodann, „von oben herunter,
thronen als mächtige Männer über die Völker des Reiches.
Könige lassen sich gern als der Menschen Wohltäter feiern,
sehen sich selbst als erlauchte gottgleiche Gönner des Volkes.
Aber im Grunde sind ihnen egal die Menschen dort unten."

„Ihr solltet schlichte Diener der Menschen sein, keine Monarchen.
Also erhebt euch nicht über den Bruder, seid nicht vermessen!
Wer von euch groß ist und geistig erwacht, der sei wie der Jüngste.
Wer von euch aufzusteigen vermochte, der helfe den andern.
Ich habe euch nie beherrscht, mich über das Volk nicht erhoben
Seid meine Schüler, beherzigt, was ich euch vorgelebt habe!"

Dann hält er inne, der Heiland, und ernst betrachtet er alle.
Schamvoll gesenkt sind nun die geröteten Köpfe der Männer.
Schließlich wendet sich Jesus an Simon, der Petrus genannt wird.
„Simon, so oft war dein Glaube bedroht, geschwächt durch den Zweifel.
Ich habe häufig gebetet für dich, gestärkt deinen Glauben.
Stärke nun du deine Brüder und sei für sie eine Stütze!"

„Meister" verkündet der Angesprochene, „ich werde da sein,
ich bin bereit, Euch in Gefängnis und Tod zu begleiten."
„Petrus", erwidert der Heiland betrübt, „du kannst es nicht wollen."
Simon will dem widersprechen, doch Christus lässt ihn verstummen.
„Petrus, ich sehe ganz deutlich, der Hahn wird heute nicht krähen,
ehe du dreimal geleugnet, den Christus auch nur zu kennen."

GETHSEMANE

Später am Abend geht Jesus hinaus zum Ölberg wie üblich.
Diesmal begleiten die Jünger ihn, folgen ihm, dem Bedrohten.
Unten am Berg gebietet er ihnen zu warten, zu beten,
heißt die Apostel wachsam zu bleiben, dem Bösen zu trotzen.
Einige Schritte entfernt von den Jüngern lässt er sich nieder,
sinkt in die Stille des Geistes, betet voll Inbrunst zum Vater.

„Vater", so spricht er, „wenn du es verlangst, nimm von mir den Becher!
Nimm diesen Kelch voller Gift und lass deinen Sohn ihn nicht leeren!
Vater, ich weiß, dein Wille geschehe, doch sieh', er ist bitter.
Steh mir jetzt bei, Herr, und lindre die Todesfurcht deines Lammes!
Dies ist mein Los, ich weiß es, das Lamm wird seit alters geopfert.
Aber … zittert's nicht auch, wenn das Opfermesser gezückt wird?"

Während er betet und ringt mit der Angst, erscheint ihm ein Engel,
stärkt ihn mit himmlischer Kraft und sucht den Entsandten zu trösten.
Doch diesem Beistand des Geistes zum Trotz, ist Jesus alleine,
fühlt er noch stärker sogar, dass keiner, ob Mensch oder Engel,
ihn von der Bürde befreien kann, Menschheitsschicksal zu wenden.
Schweißüberströmt sitzt er da, bis schließlich der Herr ihn beruhigt.

Nunmehr gefasst steht er auf und geht zu den Jüngern hinüber,
findet sie aber vom Schlaf übermannt, nicht einen, der betet.
Einen Moment lang betrachtet er traurig seine Gefährten.
Dann aber rüttelt er sie aus dem Schlaf und ruft ihre Namen.
„Simon, Johannes, Jakobus, wollt ihr nicht beten zum Vater?
Wollt ihr nicht betend beistehen mir, eurem älteren Bruder?"

Ehe die Angerufenen ihm etwas antworten können,
nähert sich rasch eine große Gruppe bewaffneter Männer.
Ihnen voraus geht der Eiferer Judas, Lenker des Bösen,
sieht seine einstigen Freunde, gewahrt auch Jesus, den Christus,
eilt auf den Menschensohn zu, die Arme zum Gruße geöffnet,

gibt ihm geschwind einen Kuss und der Heiland lässt es geschehen.

Doch als sich Judas entfernen will, hält ihn Jesus am Arm fest.
„Damit, du Dummkopf, hast du dich entschieden, mich verraten?
Ausgerechnet ein Kuss ist das vorher vereinbarte Zeichen?"
Schon kommt die Tempelwache herbei und ergreift den Gesuchten.
Judas entwindet sich zügig dem Griff des heftig Bedrängten,
geht vor dem Zorn der Gefährten hinter der Wache in Deckung.

Ohne zu zögern zieht Petrus sein Schwert, den Rabbi zu retten,
schwingt es und schlägt einem Diener der Hohenpriester das Ohr ab.
„Nein, Petrus, halt!", befiehlt ihm der Heiland mit kraftvoller Stimme.
„Greifst du zum Schwert, kommst du um durch das Schwert, Gewalt ist des Todes."
Dann berührt Jesus sachte das Ohr des Verletzten und heilt es.
Ehrfurchtsvoll weicht er zurück, dieser Mann, vom göttlichen Heiler.

Aber die Heilung verstärkt noch der Hohenpriester Bestimmtheit.
Scheint dieser Mann sie damit doch bloß provozieren zu wollen.
Er tut, was sie nicht vermögen; ihnen ist er zu gefährlich.
Worte und Taten des Rabbis stellen die Ordnung in Frage,
ziehen die Vormacht der Priester, Weisen und Lehrer in Zweifel.
Nein, es ist gut, diesem Heiler endlich das Handwerk zu legen.

Doch ist die Gegenwart Christi kraftvoll und stärker als Missgunst,
stärker als Hass und Verblendung, sonnengleich leuchtend im Dunkeln.
Ihr kann sich keiner entziehen, denn jeder spürt diese Würde.
Jeder der nächtlichen Häscher fühlt sich zuinnerst im Unrecht,
spürt, er ist selbst der Verbrecher, nicht der verhaftete Rabbi.
Jeder versucht dieses Unbehagen mit Macht zu verdrängen.

„Weswegen kommt ihr", fragt Jesus, „hierher mit Schwertern und Stangen?
Zogt ihr denn aus, einen Räuber und Mörder dingfest zu machen?"
Täglich saß ich mit den Meinen im Tempel, sprach zu den Leuten,
sichtbar und hörbar für jeden, ich lehrte nicht im Geheimen,
hab' auch Gewalt nie gepredigt, vielmehr dem Hass widersprochen.

Nun kommt ihr her, im Schutze des Dunkels ein Lamm zu ergreifen."

Hilflos und starr vor Entsetzen stehen die Anhänger Christi
vor dieser schrecklichen Wende, diesem Versehen des Schicksals.
Wie kann es sein, dass der Rabbi dem Bösen Macht über sich gibt?
Warum entzieht er sich nicht, wie er's früher mehrfach getan hat?
Tatenlos sehen sie zu, wie Jesus gewaltsam verschleppt wird,
unfähig aufzuhalten den leidvollen Gang ihres Meisters.

Petrus, der eben das Schwert noch geschwungen, möchte nicht bleiben.
Unbedingt nahe sein will er dem Heiland, aber er kann's nicht.
Heimlich in sicherem Abstand folgt er der lärmenden Truppe,
schleicht durch die Gassen der nächtlichen Stadt in stiller Verzweiflung.
Schließlich erreichen die Männer das Haus des oberen Priesters.
Dort wird er festgesetzt, der Verschleppte, und lässt es geschehen.

Draußen im Hof wird ein Feuer gemacht, denn kalt ist's geworden.
Grölend und lachend sitzen die Wächter des Tempels beisammen.
Mägde des Hohenpriesters erscheinen mit Dörrfleisch und Broten.
Wein wird gereicht und laut der Erfolg ihrer Tatkraft gefeiert.
Dann wird es leiser und flüsternd reden die Häscher vom Heiler.
Petrus beschließt sich dazuzusetzen, den Männern zu lauschen.

Aber im Lichtschein des Feuers bleibt er nicht lange verborgen.
Eine der Mägde erblickt ihn, stirnrunzelnd kommt sie ihm näher.
„Du", ruft sie schließlich empört und reckt diesem Fremden das Kinn zu,
„du bist doch einer von denen, einer der dem dort gefolgt ist!"
Eifrig und voller Verachtung nickt sie zum Haus ihr zur Seite.
„Du warst dabei, hast den Gotteslästerer ständig begleitet."

Aufhorchend schauen vereinzelt die Tempelwachen herüber.
Da fühlt sich Petrus bedroht und weitet die Augen verwundert.
„Weib", sagt er heftig, „was redest du da, ich kenne den Mann nicht."
Doch eine kurze Zeit später meint ihn ein Mann zu erkennen.
„Sag mal, bist du nicht ein Anhänger dieses irrenden Frevlers?"

„Nein", sagt nun Petrus erneut, „ich war niemals einer von denen!"

Nach einer Weile erscheint ein weiterer Wächter am Feuer.
„He, Galiläer", erkennt er, „dich hab' ich schon mal gesehen!
Du bist doch immer beim Jesus, diesem Gesalbten gewesen."
Nunmehr zum dritten Mal leugnet der Jünger, Christus zu kennen:
„Leute, ihr irrt euch, ich bin diesem Rabbi niemals begegnet."
Kaum sind die Worte gesprochen, da kräht ein Hahn in der Ferne.

Starr sitzt er da, denn in diesem Moment erinnert sich Petrus,
hört in Gedanken erneut, was der Heiland ihm prophezeit hat.
Bitter beschämt ob der Feigheit, die ihn zu lügen bewegte,
senkt er sein Haupt, die Augen in blankem Entsetzen geweitet.
Dann steht er auf und taumelt hinaus in die nächtliche Schwärze,
irrt allein durch die Gassen und weint, wie er nie zuvor weinte.

Eingesperrt auf dem Wohnsitz des Obersten Priesters indessen
sieht sich der Heiland Verspottung, Drangsal und Hass gegenüber.
Er, der im Leben nie Unrecht getan, wird Opfer des Unrechts.
Grob und brutal sind die Wachen, herzlose Helfer des Bösen.
Hohnlachend ziehen sie über des Häftlings Haupt einen Mehlsack.
schlagen dann ohne Erbarmen ein auf den wehrlosen Rabbi.

Irgendwer nimmt ihm sodann den Sack vom geschundenen Haupte,
fordert ihn auf zu erraten, wer ihn soeben geschlagen.
„Du bist doch Seher, nicht wahr, erschaue doch einfach den Täter."
Grausam die Schläge, beißend der Spott und die Qual nimmt kein Ende.
Jesus bleibt stumm, denn er weiß, es lohnt sich nicht, hier was zu sagen.
Vielmehr bemüht er sich, seinen Peinigern noch zu verzeihen.

DER HOHE RAT

Früh schon am folgenden Tag wird Jesus geholt und gefesselt.
Zeitig hat er vor den Herren des Hohen Rats zu erscheinen.

Deren Ziel ist's, den Aufwiegler schnellstmöglich schuldig zu sprechen.
Unruhen will man vermeiden, die Römer keinesfalls reizen.
Allzu leicht wäre dann ihre eigene Herrschaft gefährdet.
Heute noch, so ihre Absicht, soll dieser Rabbi verschwinden.

Zahlreiche Schriftgelehrten und Priester sind heute gekommen,
hergekommen zum Rat, um der Ältesten Weisheit zu hören.
Viele von ihnen empörten schon oft die Worte des Rabbis.
Schließlich hat er sie getadelt, offen verleumdet, beleidigt,
wieder und wieder willentlich gegen Gesetze verstoßen.
Nein, diesen Sohn Galiläas gilt es zum Schweigen zu bringen.

Als er herbeigeführt wird, recken sie alle die Hälse,
wollen sich gern am Bild des geschlagenen Mannes ergötzen.
Und in der Tat geht Jesus gebeugt, wirkt verletzlicher, kleiner.
Doch die Präsenz seines Geistes ist unverändert geblieben.
Die, die sie wahrzunehmen vermögen, berührt sie im Herzen.
Größe und Macht dieses Mannes beeindruckt auch seine Feinde.

Nunmehr unsicher rutschen die Ältesten auf ihren Plätzen,
suchen sich aufzurichten im Sitzen und würdig zu wirken.
„Du Galiläer", ertönt die Stimme des obersten Priesters,
„sag uns, bist du jener Mann, der Jesus Ben Josef genannt wird."
Aber der Aufgeforderte schweigt und blickt weiter zu Boden.
Streng hebt der Priester die Brauen, Abneigung prägt seine Züge.

„Du wirst", erklärt er dem Häftling, „schwerer Vergehen beschuldigt.
Antworte! Bist du der Christus, jener angeblich Gesalbte?"
Da hebt der Heiland sein Haupt und sein klarer Blick überwältigt.
Fast scheint es so, als würde sein Antlitz mitfühlend leuchten,
aufleuchtend alle erfassen, Ausdruck erschütternder Liebe.
Die, die dafür empfänglich sind, senken die Augen und schweigen.

„Sage ich's euch", gibt der Angeklagte den Priestern zur Antwort,
„glaubt ihr es nicht, und frage ich euch, so schweigt ihr betreten.

Ich bin mir dessen bewusst, wer ich bin, doch ihr seid verschlossen.
Schlafend seid ihr und nicht in der Lage, die Wahrheit zu sehen.
Wüsstet ihr, wen ihr verhört, ihr könntet euch selbst nicht ertragen.
Bald aber sitzt der Menschensohn wieder zur rechten Hand Gottes."

Da scheinen anzuhalten die Alten des Rats ihren Atem.
Alle erstaunt diese kühne Behauptung, Jesu Entgegnung.
Rasch überlegen die Weisen, was seine Antwort bedeutet.
Dieser Verkünder war und ist ihnen weiter ein Rätsel.
Ihm muss gewiss der Ernst seiner misslichen Lage bewusst sein.
Selbst in der Not versucht er erst gar nicht, sein Leben zu retten.

Eher als andere findet der Ankläger wieder zu Sprache.
Drohend und düster beugt sich der oberste Priester nach vorne.
„Hab' ich dich richtig verstanden, nennst du dich selbst, Nazarener,
Sohn Adonais, ein von Gott, vom heiligen Vater Erzeugter?
Willst du uns sagen, du selbst seist ein Gott, ein göttliches Wesen?
Meinst du denn Gott hat noch mehrere Kinder, Enkel womöglich?"

Innerlich ruhig erwidert Jesus den Blick dieses Mannes,
schaut tief hinein in des Hohenpriesters verborgenes Wesen,
sieht, was er war, dieser Mensch, und möglicherweise mal sein wird.
Dunkel und unerkennbar bleibt nichts seinem geistigen Auge.
Jesus erkennt, was ihm jetzt als Letztes zu äußern geblieben.
„Wahrlich, Ihr sagt es, ich bin es", gibt er entschlossen zur Antwort.

Hartherzig richtet der Priester sich auf und schaut in die Runde.
„Wir haben alle gehört, was der Angeklagte behauptet.
Nicht nur erklärt er, Sohn Gottes zu sein – was Frevel genug ist –
er stellt zudem neben Gott, dem Einen, noch weitere Götter.
Damit missachtet der Mann das vornehmste aller Gebote.
So könnte jeder dahergelaufene Rabbi ein Gott sein."

Unmut erfasst die Versammelten, wüste Worte ertönen.
Hass lodert auf und die Ältesten rufen zur Ordnung.

Erst als es still ist erneut, verkündet der Priester das Urteil.
„Ihr habt gehört, wie des Mannes Worte ihn schuldig gesprochen.
Er hat mit dem, was er sagte, sich selbst als Frevler gerichtet.
Zeugen bedürfen wir keine, der Angeklagte ist schuldig."

PONTIUS PILATUS

Nun ist's für alle entschieden, Nazareths Rabbi muss sterben,
hinzurichten ist Jesus zum Wohle des Volks und der Ordnung.
Doch eines Todesurteils Vollstreckung obliegt den Besatzern.
Einzig den Römern steht zu, dem Menschen das Leben zu nehmen.
Deshalb zieht die Versammlung mit Jesus hinab zum Präfekten.
Nun soll Pilatus, der Statthalter Roms, Verantwortung tragen.

Diesem Vertreter des Kaisers sind Judenpriester zuwider.
Ihm ist verhasst deren selbstgefälliges, eitles Gehabe.
Er weiß natürlich, wie sehr sie ihn und die Römer verachten.
Deswegen sucht er die Hohenpriester, wenn möglich, zu meiden,
lässt sie die Riten vollziehen, auch ihrem Gottvater opfern.
Doch wie er hört, wollen Gottes Männer ihn umgehend sprechen.

Staunend betrachtet der Römer, wer heute vor seinen Sitz tritt.
Laut und aufgeregt führen sie her, wie es scheint, einen Häftling.
Ihm wird erzählt, der Mann sei gefährlich, er nenne sich König,
würde behaupten, er selbst sei der rechte Herrscher des Volkes,
hätte es aufgewiegelt, das Volk, und Gesetze missachtet.
Da schickt Pilatus sie raus, will Jesus alleine verhören.

Auch wenn's den Tempelmännern nicht recht ist, sie müssen sich fügen.
Grimmige Wachleute drängen hinaus die vornehmen Herren.
Unter Protest verlässt die Versammlung des Statthalters Halle.
Schließlich steht nur noch der Angeschuldigte vor dem Präfekten.
Neugierig schaut ihn der Statthalter an, versucht zu erkennen
Zeichen der Angst, doch der Mann scheint vollkommen in sich zu ruhen.

Langsam erhebt sich der Römer vom Sitze, nähert sich Jesus,
mustert den Schicksalsergebenen lang mit wachsender Neugier.
Unverkennbar für ihn sind die Spuren gewaltsamer Schläge.
Trotz der Misshandlung verströmt dieser Mann erhabene würde.
So wie er schaut, diese Milde des Blickes, warmherzig, gütig,
ist er zwar wach und präsent, zugleich aber scheinbar woanders.

Über die Jahre hinweg hat Pilatus kraft seines Amtes
zahlreiche Leute ohne zu zögern zum Tode verurteilt.
Nie hat er Anlass gehabt, seinen Richterspruch zu bereuen.
Die, die er hinrichten ließ, hatten alle Schlimmes verbrochen.
Dieser Mann aber, das spürt er sehr wohl, ist vollkommen harmlos.
Dieser angebliche Aufwiegler könnte ihm niemals schaden.

Kopfschüttelnd spricht er ihn an, den scheinbar verhassten Verkünder.
„Du wirst der schweren Vergehen beschuldigt, Hinrichtung droht dir.
Was hast du dazu zu sagen? Rede und rette dein Leben!"
Aber der Menschensohn schweigt, verteidigt sich nicht, bleibt gelassen.
Er schaut den Statthalter an und sein Blick erschüttert den Herrscher,
rührt den Präfekten so sehr, dass er heftig schwankend zurückweicht.

„Was ist mit dir?", bedrängt ihn Pilatus, „bist du von Sinnen?
Sieh, deine eigenen Leute wollen dich hinrichten lassen.
Warum bestreitest du nicht die Vorwürfe jener Gelehrten?
Bist du, wie eben behauptet, wirklich der König der Juden?
Rede verdammt noch mal, sag mir die Wahrheit, schweige nicht länger!"
Da senkt der Heiland das Haupt und scheint mit sich selbst zu beraten.

„Wahrheit?", erwidert er schließlich, „Wahrheit ist einzig beim Vater.
König bin ich in der Tat, doch mein Reich ist nicht wie das Eure.
„Wo ist dein Reich?", begehrt nun der Herrscher von Jesus zu wissen,
„wäre es möglich, dass ich es betrete, *dein* Reich besuche?"
Aber so sehr er auch drängt, Pilatus erhält keine Antwort.
Unruhe regt sich im Herzen des Römers, ihm ahnt nichts Gutes.

Unwirsch befiehlt er, hereinzuholen die jüdischen Priester.
Bald sind sie wieder vor ihm versammelt, erwarten sein Urteil.
Erst als es vollkommen leise geworden, spricht er zu ihnen:
„Ich sehe nicht, woran dieser Prediger schuldig sein sollte.
Auch scheint er keineswegs irre zu sein, vom Wahnsinn befallen
Vielmehr ist er, wie ich meine, von großer geistiger Klarheit."

Während er spricht, bemerkt der Präfekt die Wirkung der Worte.
Grimmiger werden sogleich die Züge der bärtigen Männer.
Das hat Pilatus erwartet, genüsslich redet er weiter:
„Wenn er euch stört, dann bestraft ihn, das ist nicht unsere Sache.
Haltet uns raus, denn es geht hier allein um Glaubensgesetze.
Geht zu den Euren und tut, was ihr für das Richtige haltet."

Das ist nun nicht, was die Tempelmänner von Rom sich erhoffen.
Einige machen empört große Augen, schnauben vernehmlich.
Rufe ertönen, die Fäuste der Menge recken nach vorne.
Unruhe breitet sich aus und die Wachen straffen die Körper.
Voller Verachtung betrachtet Pilatus ihre Erregung.
Er hat die Macht und er weiß, dass auch diese Priester es wissen.

Dann tritt ein Hohepriester nach vorne, die Hände erhoben.
Alle verstummen sogleich, vertrauen des Wortführers Weisheit.
Wortgewaltig mit all seiner Würde versucht er noch einmal
umzustimmen des Kaisers Vertreter und Rom zu verpflichten.
Er heißt das Volk Galiläas glaubensschwach, untreu dem Kaiser,
weist daraufhin, dass auch der beschuldigte Rabbi von dort kommt.

Da horcht er auf, der Präfekt, und sieht für sich selbst einen Ausweg.
„Ach, Galiläer ist er", erwidert Pilatus verwundert.
Nun, wenn das so ist, Ehrwürden, seid ihr zum Falschen gegangen.
Ich bin nicht zuständig, ihr müsst zum König, er soll entscheiden.
Da trifft sich's gut, dass euer Herodes zurzeit in der Stadt ist.
Geht zum Monarchen, wenn ihr diesen Rabbi tot sehen möchtet!"

Immer schon wollte Herodes Nazareths Heiler begegnen,
eins seiner Wunder erleben, ihn als Gefolgsmann gewinnen.
Dieser Prophet ist beim Volk beliebter als damals der Täufer.
Könnte er ihn an sich binden, säße er fester im Sattel,
wäre nicht länger als Roms Vollstrecker verhasst bei den Seinen.
So ist er froh, als er hört, dass Jesus gerade gebracht ward.

Anscheinend wollen die Priester und Schriftgelehrten den Heiland
nicht länger dulden, vielmehr beseitigen Volkes Propheten.
Weshalb nur, fragt sich Herodes, lässt es der Gute geschehen?
Möglicherweise ist er ja anders, als alle behaupten,
gar nicht gewaltig und eindrucksvoll, sondern bloß ein Betrüger.
Nun, man wird sehen, wie er sich macht, denkt der König belustigt.

„Jesus, mein Freund“, begrüßt er den Heiland, „sei mir willkommen!“
Scheinbar erfreut betrachtet der König den Gast wider Willen.
Wachleute führen den Häftling unsanft zum Thron des Monarchen.
Dieser bemängelt voll Spott den Aufzug des ruhmreichen Heilers.
„Ehrlich gesagt bin ich etwas enttäuscht, ich glaubte dich größer,
irgendwie stattlicher, nicht so schäbig, verdreckt und verwahrlost.“

„Aber gewiss trügt der Schein“, beruhigt der König sich leichthin.
„Waren Propheten nicht immer ziemlich verlauste Gestalten?
Sicher ist einer wie du mit Weisheit und Weitsicht gesegnet.
Sag mir, verkünde mir bitte: Wer soll mein Nachfolger werden?
Wird mir denn meine Gemahlin noch viele Söhne gebären?
Komm, mein Prophet, verrate mir: Wie lange werde ich herrschen?“

Aber der Angesprochene antwortet nicht, blickt zu Boden,
scheint den Monarchen ihm gegenüber nicht zu beachten,
scheint auf Benehmen, Sitte und Höflichkeit ganz zu verzichten.
Heilandes Schweigen enttäuscht den König, verdirbt ihm die Laune.
„Nun Galiläer, was ist?“, bedrängt er den schweigenden Häftling,

„hast du mir gar nichts zu sagen, kannst du mir gar nichts verheißen?"

Grimmiger, ungeduldiger fordert der König ein Zeichen.
„Gut, wie du willst", erklärt er, „ich sähe auch lieber ein Wunder.
Komm, streng dich an und verwandle einfach in Wein dieses Wasser!"
Hochmütig zeigt der Monarch auf den kleinen Krug ihm zur Seite,
wartet zunächst, blickt hinein ins Gefäß und zeigt sich ernüchtert.
Nichts ist passiert, seiner Bitte ward überhaupt nicht entsprochen.

„Schade", befindet Herodes, „mehr hab' ich wahrlich erwartet.
Doch offenbar bist du nicht in der Lage, Wunder zu wirken.
Du bist ein Angeber bloß, wie so viele dieser Verkünder.
König sagst du, dass du bist? Ich zittre, du lehrst mich das Fürchten.
Wo aber sind deine Truppen, wo deine edlen Paläste?
Wo ist die weitreichende Macht, von der alle erzählen?"

„Wache", befiehlt er verärgert, „bringt ein Gewand diesem König!"
Eilfertig holen die Wachleute eins der Königsgewänder,
bringen ein strahlend weißes und werfen's dem Menschensohn über.
Lauthals derweil verspotten sie Jesus als Möchtegernkönig,
schubsen und stoßen ihn grob, verbeugen sich schadenfroh grinsend.
Schließlich beendet Herodes den Spaß, entlässt den Verhöhnten.

Auch wenn des Rabbis Erscheinung König Herodes enttäuscht hat,
will der Monarch sich mit Jesu Tötung nicht weiter belasten.
Ihm hat das Volk die Ermordung des Täufers noch nicht verziehen.
Ließe er Jesus hinrichten, könnte es Aufstände geben.
Er wird sich nicht an diesem Verkünder die Finger verbrennen.
Soll doch Pilatus über das Los dieses Rabbis entscheiden.

DAS URTEIL

Also steht Jesus schon bald erneut vor dem römischen Herrscher.
Dieser ist keineswegs froh, den Verklagten richten zu müssen.

Etwas beunruhigt ihn, er kann es nicht näher benennen.
Seit ihrer ersten Begegnung, weicht Jesu Anblick nicht von ihm.
Unüberhörbar mahnt ein Gefühl ihn dringend zur Vorsicht.
Ihm scheint, der Tod dieses Mannes würde den Göttern missfallen.

Zahlreiche Juden sind diesmal gekommen, Männer des Tempels,
zornige Priester und aufgeblasene Büchergelehrte.
Alle verlangen von ihm die Tötung eines der Ihren.
König Herodes wollte, wie's scheint, ihrem Wunsch nicht entsprechen.
„Weder Herodes noch ich", erklärt er der drängenden Menge,
finden an diesem Mann eine Schuld, keinen Grund ihn zu töten."

Wie zu erwarten war, schlägt ihm laute Empörung entgegen.
Dunkel und groß ist der Hass, besänftigen muss er die Menge.
Also erhebt sich Pilatus vom Sitze, Ruhe gebietend.
„Seht diesen Mann hier!", verlangt er mit Macht und deutet auf Jesus.
„Seht diesen Juden, Heiler, wie's heißt, eures eigenen Volkes!
Weder geraubt noch gemordet hat er und keinen betrogen."

Eindringlich redet der Römer und duldet keinerlei Störung.
Wachen mit Lanzen betonen Anspruch und Hoheit des Herrschers.
Rasch fährt er fort, der Präfekt, verteidigt beredt den Beklagten.
„Böses hat er nicht getan, dieser Mann", erklärt er noch einmal,
„doch da er Unruhe stiftet, will ich ihn auspeitschen lassen.
Dann allerdings ist er frei, seines Weges friedlich zu gehen."

Kaum hat Pilatus sein Urteil verkündet, wütet die Meute,
fordert von ihm einen Tausch zweier verurteilter Männer.
Freilassen soll er den Unhold Barrabas, schuldig des Mordes.
Dafür jedoch den verhassten Rabbi ans Kreuz schlagen lassen.
Rom solle Volkes Wille entsprechen, das Volk ist entschieden.
Barrabas' Freiheit nimmt es in Kauf für die Hinrichtung Jesu.

Wieder bemüht sich Pilatus, wortreich dagegen zu halten.
„Ihr wollt, dass ich einen grausamen Schwerstverbrecher verschone,

einen mit Blut an den Händen, ohne Moral und Gewissen?
Hinrichten soll ich im Tausch einen völlig schuldlosen Rabbi?
Das ist verrückt, das könnt ihr nicht wollen, ihr seid von Sinnen!
Rom steht für Recht und für Ordnung, und ich verabscheue Willkür."

Hohngelächter erhält der Vertreter des Kaisers zur Antwort.
Nunmehr verzweifelt sucht er das Schicksal des Heilands zu wenden,
abzuwenden die Schuld, die die Juden ihm aufbürden wollen.
„Dieser Mann Gottes", sagt er und deutet erneut auf den Häftling,
„schaut ihn euch an; ihr findet an ihm weder Habgier noch Bosheit!
Harmlos ist er, denn nie hat er Leid oder Schaden verursacht.

„Nagelt den Ketzer ans Kreuz, ans Kreuz mit ihm, zögert nicht länger!",
schallt es Judäas Präfekten nur umso lauter entgegen.
„Kreuzigt den Scharlatan! Kreuzigt den Frevler! Er ist des Bösen.
Streitbarer werden die Priester, drängender tönen die Rufe.
Angespannt blickt der Hauptmann der Wache zum Herrscher hinüber.
Jeden Moment kann die Lage hier auf dem Platz eskalieren.

Fassungslos, innerlich aufgewühlt, mit versteinerter Miene
steht der Präfekt vor der Menge, sieht sich zum Unrecht genötigt.
Fieberhaft wägt er die Chancen, den Seher doch noch zu retten.
Ihm ist bewusst, dass die Meute dann zu Gewalt greifen würde.
Und einen Volksaufstand gilt es, um jeden Preis zu verhindern.

Wieder gebietet er Ruhe, betont mit herrischer Geste.
Drohend formiert sich die Wache, sogleich verstummen die Rufer.
„Hört, ihr Söhne Judäas!", beginnt er mit tragender Stimme,
„losgeben soll ich den Schuldigen, den, der Schlimmes verbrochen.
Hinrichten wollt ihr, dass *ich* aber den, der schuldlos geblieben.
Das ist es, was ihr verlangt… und ich werde dem … entsprechen."

Plötzlich verstummt die versammelte Masse, Fäuste erschlaffen.
Nun ist gefällt des Statthalters Urteil und Jesus des Todes.
Fast schon verstohlen betrachten die Schriftgelehrten den Rabbi.

Eindringlich haben sie alle Heilandes Tötung gefordert,
Doch im Moment der Entscheidung trüben sich ihre Gemüter.
Furchtsam verdrängen sie forsch eine unerwartete Trauer.

Schwer lässt sich nieder Pilatus und sinkt in trübe Gedanken.
Er wagt es nicht, den soeben Verurteilten anzusehen,
ihm in die Augen zu schauen, Heilandes Blick zu erwidern.
Hart sind die Züge des Römers, bitter die Pflichten des Amtes.
Er weiß, er muss damit leben, unrecht geurteilt zu haben,
ahnt, dass er auch über sich ein schreckliches Urteil gefällt hat.

Jesus wird abgeführt und für kurze Zeit scheint es ein Traum nur,
scheint des Ereignisses Ablauf unwirklich, gleich einem Trugbild,
gleich einem Tanz, Bewegung erfüllt von geheimer Bedeutung.
Leicht sind des Menschensohns Schritte, bedrückt der Zuschauer Herzen.
Zeugen sind alle und doch harrt ein jeder seiner Erwachung.
Einer nur kennt die Tragweite dieser dramatischen Stunde.

GOLGATHA

Dies ist der Weg voller Qualen, den viele scheinbar erwarten.
Dies ist das Leid, das die meisten als unvermeidlich betrachten.
Dies sind die Schmerzen des Lammes, Opfer verborgener Ängste.
Einer muss sterben, bändigen jedermanns Furcht vor dem Tode.
Einer muss leiden, weil viele nicht an sich selbst leiden wollen.
Einer geht vor, doch irgendwann folgt ihm die Heerschar der Seinen.

Wo ist der Schauplatz, an dem dieses Traumes Sinn sich entfaltet?
Wo ist's und wann, dass der Sohn den noch nicht Erwachten vorangeht,
ihnen den Weg leuchtet, aufzeigt, dass Gottes Geist ist in allem?
Zerrbilder bloß sieht die Menge dort in Jerusalems Gassen.
nur einen Ausschnitt des Bildes, ahnt nicht das geistige Ausmaß,
sieht mit den äußeren Sinnen, was sie zu sehen gelernt hat.

Lichter als jetzt war sie nie, die Gestalt des himmlischen Sohnes.
Er lebt das Drama des Lammes bewusst, sein Geist ist umfassend.
Das, was hier jetzt geschieht, jedes Wort, jeder Schritt, jede Handlung
wirkt in der Welt als das Bild eines unergründlichen Sinnes.
Ewig zugegen ist Christus, er lehrt vom Leid sich zu lösen,
geht durch die Leiden der Angsterfüllten, behält seinen Frieden.

Aufrecht und fruchtlos geht Jesus hinaus zum Richtplatz der Römer.
Wachen bedrängen ihn nicht, die Männer begleiten ihn staunend.
Keinerlei Widerstand leistet der Mann und ihnen ist unwohl.
Ihm hinterher wird getragen das Kreuz, das Werkzeug des Todes.
Simon von Kyrene haben die Wachen dazu gezwungen.
Scheinbar zufällig kam er des Weges, als einer gebraucht ward.

Zahlreiche Menschen sind da und säumen den Weg des Gesalbten.
Einfache Leute starren entsetzt auf den Lauf des Geschehens,
weinen und klagen und können das Todesurteil nicht fassen.
Einmal hält inne der Heiland und tröstet trauernde Frauen,
hellt ihre dunkle Bekümmertheit auf, nimmt weg ihre Sorgen.
Teilhaben lässt er die Frauen am Frieden seines Gemütes.

Da wird den Frauen gewahr, dass jenseits vom Leben und Sterben,
jenseits vom laufenden Wandel des Leibes ewig der Geist ist.
Licht ist die Gegenwart Christi, Liebe und Wahrheit sein Wesen.
Nichts kann es schmälern, verletzen, gefährden, gleich was sich zuträgt.
Diese Gewissheit erleben, fühlen die Frauen im Herzen.
Kurz sind sie wie aus dem Dasein gehoben, plötzlich erleuchtet.

Aufgehoben im Sein des Gesalbten ist ihnen gegeben,
Liebe in allem, was ist, zu erkennen, Wahrheit und Weisheit.
Alles ist da, das Gesagte, das Ungesagte, die Stille.
Da ist das Kind in der Krippe, der Knabe sitzend im Tempel,
da ist der Heiler verzweifelter Seelen, Lehrer des Volkes,
da ist die Saat in der Erde, die neues Wachstum ermöglicht.

Schon ist er weitergegangen, der todgeweihte Verkünder.
War er soeben tatsächlich bei ihnen stehengeblieben?
Er hatte innegehalten, ihnen ward innegeworden,
aller Verbindung zum Ganzen, aller Verpflichtung zum Leben.
Hellsichtig schauen sie ihm hinterher, die seelisch Erwachten,
schauen und sehen den Weg hinaus über Qual und Verleumdung.

Nun hat erreicht der Gerechte den Richtplatz, Ort seiner Umkehr.
Grob wird gebrochen sein Leib und sein Blut befruchtet die Erde.
Neben dem Menschensohn richten die Römer auch zwei Verbrecher,
kreuzigen einen zur Rechten, einen zur Linken des Heilands.
Unweit vom Ort der Vollstreckung harren die Menschen in Scharen
starren verstört auf die Schmerzen, die Gottes Künder erleidet.

Unter dem Kreuz versuchen die Henker sich selbst zu bereichern,
wollen des Heilands Gewand, beginnen sich darum zu streiten,
werfen am Ende das Los und ahnen nicht, wem es gehört hat,
ahnen viel weniger noch, was sich hoch über ihnen vollzieht.
Wüssten die Männer, wen sie gehenkt haben, würden sie leiden,
unter der Last ihrer Schuld gar ganz die Besinnung verlieren.

Anders die Priester und Schriftgelehrten, denn sie könnten wissen,
dass dieser Mann dort am Kreuz wahrhaftig ein großer Prophet ist.
Sie sind gelehrt und müssten erkannt haben Gottes Entsandten.
Wunder und Worte bezeugten ja dessen geistige Größe.
Manche Gelehrte verfolgten den Vorgang anfangs noch ängstlich.
Könnte der Zorn ihres Gottes sich jetzt noch gegen sie wenden?

Doch als kein Wunder geschieht, kein Blitz auf die Henker herabfährt,
atmen die Rechthaber auf und sehen sich nunmehr bestätigt.
Übermütig auf einmal, verhöhnen sie Jesus am Kreuze,
fordern ihn auf, sich doch Wunder wirkend selbst zu befreien,
unversehrt, wenn's gefällt, aus der misslichen Lage zu lösen.
Tief sitzen Hass und Zorn der von Dünkel Verdunkelten Seelen.

Jesu Bewusstsein derweil ist weiter denn jemals im Leben.
Jenseits der Schmerzen des Leibes, trägt ihn die Güte des Geistes.
Ihm offenbart sich ein anderes Bild als das seiner Spötter.
Ihm wird gewahr, wie sich nunmehr die starke Sonnenkraft Christi
ausdehnt und loslöst vom Leib, um sanft mit dem Rinnsal des Blutes
einzugehen in Wesen und Leib der sich sehnenden Erde.

Alles ist in seinem Geiste enthalten, Gott ist in allem.
Sirrende Mücken, irrende Menschen, schmähende Reden:
alles ist das, was es ist, ist ewig und immer vollkommen.
Hellsichtig sieht er und fühlt, wie die Hasserfüllten sich schaden.
Nahe dem Tode versucht er noch deren Herzen zu heilen,
weiß, dass sie unwissend sind, vergibt ihnen Unrecht und Untat.

Auch den Soldaten verzeiht er, den groben römischen Wachen.
Voller Gewalt und von Angst verseucht sind die Seelen der Männer.
Jesus erkennt, welchen Weg sie gegangen, was sie geformt hat.
Wie zu erwarten war, höhnen sie ihn, den scheinbar Besiegten.
Schadenfroh reichen die Söldner ihm Essig, heißen ihn trinken,
fordern ihn auf, den König der Juden, herunterzukommen.

Dann wird es still, es beginnt ein qualvolles Harren des Todes.
Jesu zur Seite hängen und leiden für sich die Verbrecher.
Uneinsichtig, verbittert und hart ist der Mann ihm zur Linken,
grunzt und verhöhnt seinen Nachbarn noch jetzt, am Tag seines Todes,
zeigt weder Reue noch Gram noch irgendwie Neigung zum Guten.
Stumm bleibt der Heiland indes, zur Schmähung gibt's nichts zu erwidern.

Dann aber regt sich der Mann ihm zur Rechten, rügt den Kumpanen.
„Hast du denn gar nichts gelernt, Mann, bist gar nicht klüger geworden?
Fürchtest du nicht einmal Gott, das Urteil des himmlischen Richters?
Wir beide enden zu Recht hier am Kreuz, verdienen die Strafe.
Dieser in unserer Mitte jedoch ward schuldlos gerichtet.
Unrecht hat er nicht getan und den Menschen niemals geschadet."

Rau ist die Stimme des Mannes, reuig sein innerstes Wesen.
Ehrfurchtsvoll richtet der Schuldbewusste das Wort an den Heiland.
„Jesus, Sohn Gottes, denke an mich, steh mir bei, wenn ich sterbe!
Weise den Weg mir ins Reich deines Vaters, Jesus, verzeih mir!
Da schaut der Heiland ihn an und sieht geläutert die Seele.
„Heut' noch", versichert er, „wirst du mit mir im Himmelreich weilen."

Während das Licht des Gesalbten der Erde Seele erleuchtet,
schwindet auf einmal das Licht der äußeren Sonne am Himmel.
Sechs Stunden alt ist der Tag erst, Wolken sind keine zu sehen.
Finsternis aber senkt sich herab und die Menschen erstarren.
Niemand der Zeugen bezweifelt, dass dies ein Zeichen des Herrn ist.
Keiner getraut sich zu reden und furchtsam schaut man nach oben.

Damals, als Jesus zur Welt kam, harrten die Hirten des Lichtes.
Tief in der Nacht ward es hell, das Kommen des Heilands verkündet.
Nun wird das Antlitz der Welt am helllichten Tage verdunkelt.
Engelsgesang hört man nicht, der Himmel hüllt sich in Schweigen.
Jene, die eingeweiht wurden jedoch, die Zeugen am Rande,
sehen den Christus aufgehen als geistige Sonne im Innern.

Stunden vergehen und erst, als die neunte fast schon vollendet,
lichtet sich wieder der Himmel und alle scheinen erleichtert.
Drüben im Innern des Tempels derweil, im heiligsten Raume,
reißt der verbergende Vorhang entzwei und nichts bleibt verheimlicht.
Nie mehr verwehrt werden solle dem Volke Weisheit und Wahrheit,
nie mehr getrennt werden Innen und Außen, Schöpfer und Schöpfung.

Jesus schaut auf in den Himmel, senkt seinen Blick auf die Erde,
schließt mit Bedacht seine Augen und sammelt sämtliche Kräfte.
Er ist in Gott und die Zärtlichkeit Gottes hebt ihn zum Lichte.
Einmal, ein letztes Mal hebt er die Stimme, spricht voller Sehnsucht:
„Vater, *mein* Geist ist *dein* Geist, ich lege ihn dir in die Hände.
Vater, verlass nicht mit mir diese Welt, behüte die Meinen!"

Schließlich, als alles vollbracht, erfüllt ist der himmlische Auftrag,
eingegangen die Sonnenkraft Christi ins Dunkel der Erde,
sichergestellt ist die Umkehr aller verlorener Söhne,
grundgelegt auf lebendigem Boden der Weg hin zum Vater,
löst sich die Seele des Jesus Ben Josef glücklich vom Leibe,
löst sich, bereitet sich vor auf das wahre Wunder der Wandlung.

Tief vom Geschehen betroffen, rührt sich die Seele des Hauptmanns.
Andächtig nunmehr und still, verneigt vor dem Kreuz sich der Römer,
wendet sich um zu den Wartenden, fasst Gefühltes in Worte:
„Dies ist fürwahr ein Gerechter gewesen, einer der Großen.
Wirklich ein König war er, dieser Mann, ein König der Wahrheit."
Ohne ein weiteres Wort verlässt der Verstörte den Richtplatz.

GRABLEGUNG

Josef aus Arimathäa steht schmerzerfüllt vor dem Kreuze,
sucht das Ereignis zu fassen, wessen er Zeuge geworden.
Schon als vor Jahren herumgingen erste Wundergerüchte,
sagte sein Herz ihm, dass endlich der große Künder gekommen.
Seitdem war er dem neuen Propheten im Geiste verbunden.
Jäh hat sich heute jedoch sein Leben dramatisch verändert.

Stärker als jemals zuvor erlebt er nun Christus im Innern,
spürt die gewaltige, zärtliche Macht des Heiligen Geistes,
weiß diesen nahe als Seelenführer erstaunlicher Strahlkraft.
Ohne Gefühltes in Worte zu kleiden, sieht der Bewegte:
Jenseits von Leben und Sterben sind ewig Wesen und Wahrheit.
Überall scheint er ihm nunmehr zu sein, der Lehrer des Lichtes.

Aber den leblosen Leib hier am Kreuz, das fühlt er zuinnerst,
gilt es vor weiterer Schändung zu schützen, sorgsam zu hüten.
Josef verspürt das Bedürfnis, den Leichnam Jesu zu ehren,
aufzubewahren des Künders Körper an friedlicher Stätte.

Während er dasteht noch, sieht er plötzlich ganz klar, was zu tun ist,
sieht eine Höhle im Felsen, weiß, welche Schritte zu gehen.

Also verlässt er den Richtplatz, eilt zum Präfekten Pilatus.
Josef ist Ratsherr, der Römer deshalb bereit, ihn zu hören.
Höflich zwar, aber entschieden bittet der Arimathäer
Rom um den Leichnam des Rabbis, ihn nicht den Geiern zu lassen.
Da willigt ein, der Präfekt, und gestattet nunmehr erleichtert,
abzunehmen vom Kreuz den Leib dieses schuldlosen Mannes.

Unverzüglich kehrt Josef zurück an den Ort der Verwandlung,
lässt seine Diener die Eisen entfernen, mahnt sie zur Vorsicht.
Leichter als alle erwartet, lassen die Nägel sich lösen.
Fast sieht's so aus, als würden – Eisen und Holz ihnen helfen,
schamerfüllt freigeben das, was Henkers Gewalt ihnen auflud,
endlich erlöst von Schande und Last ihres bitteren Schicksals.

Eingewickelt wird Heilandes Leib noch am Fuße des Kreuzes,
eingehüllt in das kostbarste Leinen, das Josef erstanden.
Leise erklingen von Ferne die Klagelieder der Frauen.
Innig ist dieser Moment, auch der Ratsherr weint nun betroffen.
Hochgehoben wird schließlich der Leichnam und sorgsam geschultert.
Dann wendet Josef sich ab und zügig verlässt er den Richtplatz.

Bald schon erreicht er das Felsengrab, das zuvor nie benutzt ward.
Vorsichtig tragen die Diener hinein den Leib des Gesalbten,
legen ihn ab auf dem flachen Gestein und murmeln Gebete.
Josef ist ihnen gefolgt und erkennt gerührt ihre Trauer.
Jetzt erst, in diesem Moment, wird ihm klar, wie viel seinen Leuten
Jesus bedeutet hat, was sie mit diesem Rabbi verloren.

Draußen verkündet des Tages Ende die Neigung der Sonne.
Was wird aus uns, fragt sich Josef, nun, da der Heiland gegangen.
Während er schweigend den Himmel betrachtet, horcht in die Stille,
ahnt er, welch tiefen Einschnitt sie darstellt, die Kreuzigung Christi,

ahnt, dass der heutige Tag des Zeitalters Ende bedeutet,
Ende von allem, was bisher als richtig, recht und gerecht galt.

In die Gedanken des Ratsherrn mischt sich das Keuchen der Knechte.
Schwer ist der Stein, den die Männer vors Grab zu wälzen begonnen.
Schließlich gelingt es, den Eingang der Höhle ganz zu verschließen.
Damit, so scheint es, sind abgeschlossen die Grauen des Tages,
endgültig Tod und Verlust des vom Volk verehrten Propheten.
Nunmehr von innerer Ruhe erfüllt, geht Josef nach Hause.

Unweit des Felsens indessen harrt eine Gruppe von Frauen,
Heilandes treue Begleitung, Töchter und Mütter der Heimat.
Keinen Moment sind sie heute von seiner Seite gewichen.
Nun aber kehren sie um, verlassen den Ort der Bestattung,
gehen, um zuzubereiten dem Meister duftende Öle,
ehe es dunkelt, ehe der Sabbat zur Ruhe verpflichtet.

AUFERSTEHUNG

Gramgefüllt ist der Tag, der nun folgt, und die Welt scheint verloren.
Groß ist die Hoffnung der Frauen, Freunde und Jünger gewesen,
einläuten würde ihr Herr eine neue, lichtere Ära,
gründen ein eigenes Reich voller Liebe, Sanftmut und Weisheit.
Nun allerdings, nach dem jähen, grausamen Ende des Meisters,
herrschen Bestürzung und Not, zu stark sind die Mächte des Bösen.

Aber die Frauen sind Frauen, wissen, das Leben geht weiter,
tragen den Christus im Herzen, bleiben gedanklich beim Nächsten.
Erst und vor allem gilt es den Leichnam des Meisters zu ehren,
auszuwachsen die Wunden, zu ölen geschundene Glieder.
Früh schon am folgenden Tag, noch ehe die Sonne erschienen,
ziehen sie los, begleitet von kräftigen Knechten, zum Felsen.
Dort wird die Hilfe der Diener indessen gar nicht benötigt.
Aufgemacht ist die Höhle bereits, der Stein schon verschoben.

Stirnrunzelnd schauen die Frauen sich an und halten kurz inne.
Wer ist so früh schon gekommen, Heilandes Grab zu besuchen?
Zögernden Schrittes und aufmerksam horchend gehen sie weiter.
Alles ist friedlich und still, die Frauen betreten die Höhle.

Anfangs erkennen sie wenig, zu tief ist Felsengrabs Schwärze.
Dann aber sehen die Frauen verwundert: Leer ist die Höhle.
Was, so fragen die blitzenden Augen, hat das zu bedeuten?
Wer hat geöffnet das Grab, genommen den Leib ihres Meisters?
Auffinden können sie einzig die Leinentücher des Leichnams,
blutbesudelt und teilweise achtlos zu Boden geworfen.

Plötzlich erhellt ein lebendiges Licht das Dunkel des Grabes.
Erst denken alle, die Sonne strahle hinein in die Höhle.
Aber verborgen ist weiter ihr Antlitz hinter den Bergen.
Angezogen vom Licht, von der Hoffnung, die darin geborgen,
wenden die Frauen sich hin und wenden sich gleichsam nach innen.
Dies ist kein irdisches Licht; Erregung ergreift ihre Herzen.

Aufragend stehen vor ihnen, gehüllt im Licht ihres Wesens,
friedvoll zwei Fremde, die geistgeboren den Frauen erscheinen.
Diese sind sprachlos und schlagen demütig nieder die Augen.
Nichts ist geblieben von ihren düsteren Sorgen und Ängsten.
Himmlische Ruhe, auch eine Sphäre erhabener Freude
breiten sich aus und beglücken zutiefst der Frauen Gemüter.

Klangvoll ertönt aus dem Licht eine Stimme lauteren Sinnes:
„Was sucht ihr, Mütter und Töchter, jenen, der lebt, bei den Toten?
Auferstanden ist er, hat geläutert den Leib, ihn erhoben.
Angekündigt ward euch dieser Vorgang, werdet euch inne!
Heilig und heil ist des Geistes Leben, der Leib seine Schöpfung.
Glaubt an den Geist und ihr werdet gleichfalls den Tod überwinden."

Wortlaut und Wortsinn sind eins im Herzen der lauschenden Frauen.
Wahr ist der Boten Verkündung, Zweifel und Ängste verstummen.

So wie gesagt, muss es sein, vom Sinn her wird alles verständlich.
„Wahr ist ein Wir", erklingt's aus dem Licht, „denn der Geist ist in allem.
Nun sind die Saatgedanken gesät und geebnet die Wege.
Hütet sie wohl, diese Erde, achtet die Früchte des Glaubens!"

Dann sind sie fort, die Boten des Himmels, benommen die Frauen.
Nachdenklich schauen sie nun auf die ausgebreiteten Tücher,
schauen erfüllt und bewegt vom Wert der vernommenen Worte,
schauen sich an und erkennen doch stets die gleiche Gewissheit:
Das, was der Herr ihnen angekündigt, ist wirklich geschehen.
Er ist nach drei Tagen auferstanden und wieder am Leben.

Plötzlich belebt von der Botschaft löst sich der Staunenden Starre,
wollen sie länger nicht warten, die frohe Kunde zu teilen,
eilen hinaus aus der Höhle, kehren zurück zu den andern.
Petrus, Johannes, Jakobus sollen es schleunigst erfahren.
Jeder der Jünger soll wissen, dass auferstanden der Meister.
Welch eine Freude wird's sein, der Trauernden Gram zu vertreiben!

Doch als die Frauen die Jünger erreichen, ihnen begeistert,
aufgeregt von der Auferstehung des Heilands erzählen,
schenken die Männer dem sonderbaren Bericht keinen Glauben.
Eindringlich spricht Maria aus Magdala über die Boten,
sprechen Johanna oder Maria, die Mutter des Jakobs,
lebhaft vom Wunder des Wandels, ebenso andere Frauen.

Aber die engsten Jünger des Heilands, von Kummer geblendet,
weisen zurück das Gehörte, lachen mit freudloser Häme
über den Wahn dieser Weiber und halten wortreich dagegen.
„Habt ihr denn nicht", so fragen sie, „Jesu Verletzung gesehen?
Wie soll ein derart geschundener Leib zum Leben erwachen?
Weswegen sollte der Meister so seine Leiden verlängern?"

Worte wie diese erbittern die Frauen, Widerstand regt sich.
„Wir waren da", erwidert Johanna und streckt ihren Körper,

„wir haben ausgeharrt bis zum Schluss, sind beim Meister geblieben.
Und … wo wart ihr in der bittersten Stunde unseres Lehrers?
Ängstlich und aufgeschreckt wie die Hasen habt ihr euch verkrochen.
Uns braucht ihr nicht zu erklären, wie sehr der Heiland gelitten."

„Ihr wart am Kreuze geduldet", halten die Männer dagegen,
„wir aber nicht, man hätte uns sicher gefasst und verprügelt.
Viel zu gefährlich war also der Ort, wir mussten uns schützen.
Sollten wir Sendboten Christi so unser Leben gefährden?
Wir konnten nichts für den Meister mehr tun, sein Los war besiegelt.
Nein, es war redlich und gut, dass wir uns in Sicherheit brachten."

Das kann Maria, Jesu Vertraute, nun gar nicht verstehen.
„Seid ihr nicht aufgefordert", entgegnet sie, „Glauben zu leben,
abzulegen ein Zeugnis für das, was ihr glaubt und gewählt habt?
Kleingläubig wäre es doch, bekennend den Tod zu befürchten.
Seht ihr euch wirklich schon jetzt vom Geist des Gesandten verlassen?
Mut, ihr Männer, ist das, was der Himmel von uns jetzt erwartet."

„Ihr meint", stellt Thomas in Frage, „euch seien Engel erschienen,
also gleich zwei dieser göttlichen Boten seien gekommen.
Diese sollen gesagt haben: Hört, euer Herr ist am Leben.
Sicher habt ihr euch das eingebildet, ihr wolltet es hören.
Klar, ich versteh, dass es schwerfällt, diesen Verlust zu verschmerzen.
Aber ihr solltet euch hüten, den Tod als Faktum zu leugnen."

Nachdenklich mustert Johanna die Jünger, Jesu Erwählte,
fragt sich, warum sie nicht hören wollen die Kunde vom Leben.
Da wird ihr klar, dass die Wahrheit im Herzen allein offenbart wird.
Sie haben vorhin der Boten Botschaft im Innern vernommen.
Geistig war ihre Erfahrung, erfasst mit inneren Sinnen.
Nun muss den Männern gleichfalls die Wahrheit im Geiste begegnen.

Petrus bemerkt diese Wandlung, ahnt, was den Frauen geschehen.
„Lasst uns nicht streiten", versucht er zu schlichten, „wahrt euren Frieden!"

Das, was ihr sagt", erklärt er den Frauen, „erscheint uns unglaublich.
Aber ich spüre, dass euch etwas Lichterfülltes passiert ist.
Wir sollten", sagt er mit ernstem Blick auf die anderen Männer,
„prüfen zunächst der Worte Gehalt in der Stille des Geistes."

Später geht Petrus hinaus, möchte selbst die Höhle besuchen,
fühlen die Schwingung des Ortes, suchen nach Spuren der Wahrheit.
Kein Mensch ist da, als er sich der Felsenwand vorsichtig nähert.
Leer ist tatsächlich das Grab und Licht fällt hinein durch die Öffnung.
Nirgendwo riecht's nach Verwesung, alles ist friedlich und lauter.
Nichts deutet hin auf Gewalt oder Raub, es schweigen die Wände.

Schließlich gewahrt er die abgelegten, gelassenen Tücher,
geht in die Knie, betastet ergriffen das fleckige Leinen.
Da, in der Stille des Grabes, fühlt er die Nähe des Lebens,
fühlt sich gelabt und gestärkt vom Geist seines Meisters.
Jetzt erst, so scheint ihm, wird er sich des wahren Menschensohns inne.
Schweigend versteht er des leeren Grabes okkulte Bedeutung.

DER WEG ZUR QUELLE

Drei Tage her, nach irdischer Zeit, ist die Hinrichtung Jesu.
Unwiederbringlich zerstört scheint den Jüngern Israels Tempel.
Heilandes Leib ward gebrochen, des Geistes Heimstatt geschändet.
Niedergeschlagen sind alle, leer ist ihr Leben geworden.
Schließlich ward ihnen sogar der Leichnam des Lehrers genommen.
Nichts scheint den Jüngern geblieben, schwer fällt es, weiter zu hoffen.

Einst war Jerusalem jedem die hehre Heimat des Glaubens,
glanzvoller Sitz überragender Herrscher, Dichter und Weisen,
leuchtendes Abbild fürwahr der himmlischen Hauptstadt des Einen.
Nun ist getrübt und verdorben der Ort durch Arglist und Frevel.
Hier ist der Geist ihres Herrn der Habgier zum Opfer gefallen,
hier ward der erstgeborene Sohn ihres Vaters gemeuchelt.

Langsam löst sich die Starre der Jünger, ihr Schreck weicht dem Alltag.
Manche verlassen ernüchtert die Stadt; das Leben geht weiter.
Fort möchte Kleopas, einer der Jünger, fort in die Heimat.
Unweit Jerusalems wohnen die Seinen, nahe den Quellen,
wenige Stunden entfernt in den sanften Hügeln Judäas,
wohnen im Dorf, das ob seiner Quellen Emmaus genannt wird.

Bald zieht er los, in Begleitung eines der anderen Jünger.
Während sie langsam der Kreuzigung Unrecht hinter sich lassen,
während sie spüren, wie wohl ihnen ist, des Weges zu gehen,
finden sie wieder zur Sprache, reden von dem, was passiert ist.
Aufgewühlt sind sie beide, denn rasch hat sich alles verändert.
Ihnen ist das, was geschehen, ein Rätsel, nicht zu erklären.

Irgendwann, wie aus dem Nichts, gesellt sich zu ihnen ein Fremdling,
schließt zu den Wandernden auf und fragt sie nach ihrem Befinden,
fragt und erkundigt sich, wovon die Leute derzeit so reden.
Traurig bleibt Kleopas stehen, tut einen qualvollen Seufzer.
„Weißt du denn nicht" entgegnet der Jünger dem Fremden verwundert,
„was sich vor kurzem ereignet, uns aus der Fassung gebracht hat?"

Das scheint der Mann nicht zu wissen, fragt er doch gleich, was sie meinen.
Also erzählen die Jünger von Nazareths Künder und Heiler,
reden voll Ehrfurcht von dessen machtvollen Worten und Taten,
reden begeistert erneut von der großen Hoffnung des Volkes,
wütend jedoch von der falschen Anklage gegen den Rabbi,
traurig von Jesu qualvollem Ende am Kreuz der Besatzer.

„Nun ist", so Kleopas, „auch noch des Meisters Leichnam verschwunden.
Möglich und denkbar ist schon, dass die Hohenpriester ihn nahmen,
eilig und heimlich entfernten den Leib des allseits Verehrten.
Die wollten wohl", vermutet der Jünger verdüsterten Blickes,
„unweit des Tempels der Pilgerstätte Entstehung verhindern.
Nichts sollte bleiben vom Meister, auch nicht ein Ort des Gedenkens."

„Aber" ergänzt jetzt der Zweite, „all das ist unklar, verworren.
Einige Frauen aus unserer Mitte waren am Grabe,
sagen, dass ihnen dort Engel erschienen, Boten des Himmels,
ihnen zu künden, dass auferstanden vom Tode der Rabbi.
Keiner weiß wirklich, was er noch glauben soll", endet der Jünger,
„Tatsache ist, dass die Herde nun ihren Hirten verloren."

Aufmerksam hört den Erzählern zu, der fremde Begleiter.
Dann, als die beiden geendet, spricht er vom Sinn des Geschehens.
Schnell wird den Reisenden klar, der Mann ist gelehrt und belesen.
Mehr noch, der Fremde ist wirklich mit großer Weisheit gesegnet,
zeigt ihnen auf, dass vom ganzen Wirken und Weg des Gesalbten,
ausführlich kündeten schon die großen Propheten des Volkes.

Vielfach zitiert er die Schriften, erklärt der Worte Bedeutung,
fügt sie und Christi Erscheinen glaubhaft zum Ganzen zusammen.
Sichtlich gebannt von den Worten des Mannes lauschen die Jünger,
staunen darüber, wie klar sie Sinnes Verbindungen sehen.
Alles bringt ihnen der fremde Begleiter Schritt für Schritt nahe,
alles scheint immer schon dagewesen und nichts bloß des Zufalls.

Zügig erreicht ist Emmaus, der Fremde grüßt sie zum Abschied.
Da aber laden die Jünger ihn ein, bei ihnen zu bleiben,
deuten nach Westen, die Sonne steht tief über den Hügeln.
„Bald wird es dunkel, ihr solltet lieber bei uns übernachten."
Lächelnd willigt er ein, der Begleiter, geht mit in die Siedlung.
Groß ist die Freude der Dörfler, die Männer wiederzusehen.

Kleopas geht zu den Seinen, bittet den Freund und den Fremden
ihn zu beehren, mit ihm gemeinsam zu Abend zu essen.
Gut gelaunt und erleichtert bereiten die Frauen die Speisen.
Doch als die Männer schließlich am Tisch sitzen, ändert sich alles.
Ehe der Gastgeber darreichen kann das Brot seinen Gästen,
nimmt es der Fremde, bedankt sich, bricht es und gibt es den Jüngern.

Plötzlich verharren die beiden, die Augen sprachlos geweitet,
starren mit offenem Mund auf den Mann, der ihnen das Brot reicht.
Wäre ein Geist ihnen eben erschienen, irgendein Dämon,
wäre nicht größer, nicht stärker gewesen ihre Verblüffung.
Vor ihnen, vor ihren Augen sitzt der so schmerzhaft Vermisste,
sehen, erkennen sie nun ihren tief betrauerten Heiland.

Kaum ist die Glaubensgewissheit gefolgt der Jünger Bestürzung,
kaum haben sie vom Schreck sich erholt, da verschwindet ihr Meister,
löst sich in Luft auf, als wäre er bloß ein Traumbild gewesen.
Aber genügt hat der Augenblick und es gibt keinen Zweifel.
Ihnen erschienen ist heute am dritten Tag seines Todes,
hier in Emmaus der auferstandene Rabbi Ben Josef.

Einvernehmlich entscheiden sich beide Beglückten auf Anhieb
ohne ein Wort der Erklärung; ihnen ist klar, was zu tun ist.
Schnellstmöglich müssen die anderen Jünger dieses erfahren.
Nun ist den Männern egal, wie spät es inzwischen geworden,
unwichtig auch, wie gefährlich die Wanderwege bei Nacht sind.
Auf! Zurück nach Jerusalem führt sie der Weg ihrer Freude.

Rasch kommen beide voran, die Strecke scheint kürzer als vorhin.
Ehe es gänzlich dunkel geworden, gewahren die Freunde
unweit entfernt das ersehnte Ziel ihres schwungvollen Weges.
Schwarz erhebt sich die Mauer der Stadt vor dem tiefblauen Himmel.
Reglosen Riesen gleich ragen die Türme hoch aus der Schwärze.
Weichen jedoch wird schon bald die Nacht vor dem Licht ihrer Kunde.

Rastlos auf einmal, scheint endlos ihnen der Weg durch die Gassen,
unnötig weit der Versammlungsort ihrer Freunde im Geiste.
Kaum können beide das Wiedersehen noch länger erwarten.
Hoffnung gewiss wird ihr Zeugenbericht den Trauernden geben.
Aufgeregt treten sie ein, erfreut, dass so viele noch da sind,
viele vereint auf der Suche nach Trost und tröstender Nachricht.

Doch als die beiden Herangeeilten die Brüder und Schwestern
näher betrachten, sehen sie deren Gemüt wie verwandelt.
„Freut euch!", so sagt man den Angekommenen, „freut euch im Herzen.
Hört, unser Heiland ist auferstanden, dem Simon erschienen."
So bleibt den Jüngern Emmaus lediglich das zu bezeugen.
Ausführlich schildern sie alles Erlebte staunenden Freunden.

ICH BIN

Während sie reden von Wort und Wissen des Wiedergekehrten,
während sie lebhaft ihre gemeinsamen Schritte beschreiben,
aufgeregt schildern das Brechen des Brotes, plötzliche Einsicht,
da ist auf einmal zugegen der, von dem alle berührt sind,
da tritt der Auferstandene selbst in den Kreis der Erwählten.
Fassungslos weichen die Jünger zurück, geprüft wird ihr Glaube.

Nachsichtig lächelt der Herr, als würde er Kinder betrachten.
„Freunde", beginnt er, öffnet die Arme als Zeichen des Friedens,
„Freunde, was seid ihr erschrocken, *bin* ich denn nicht euer Meister?
Sind wir nicht oftmals zusammengesessen, Wege gegangen?
Habe ich nicht eure Kranken geheilt, geführt eure Seelen?
Weswegen weicht ihr zurück, erkennt ihr den Heiland nicht wieder?"

Langsam nur finden die Jünger wieder zur inneren Ruhe.
Zaghaft entspannen sich ihre Gemüter, Züge und Glieder.
Noch sind Beklemmung und Zweifel nicht aus den Augen gewichen.
Noch ist ihr Glaube zu schwach, die Furcht vor dem Fremden zu bannen.
Tote sind tot, der Leib kehrt nicht wieder, das Fleisch wird zur Erde.
Wie kann es sein, dass der Meister jetzt aber körperlich da ist?

Jesus geht langsam umher und die Jünger lauschen den Schritten,
hören den Klang des Gewandes, Stoff über Haut und Gelenke,
spüren des Bodens leichter Erschütterung unter den Füßen,
nehmen sie wahr, die Luft, die von Leibes Bewegung bewegt wird.

Aufmerksam mustert ihr Herr die Zweifler, betrachtet sie fragend.
„Seid nicht erstaunt", erklärt er gelassen, „bedenkt, was ihr lerntet!"

„Ich bin des Vaters ‚Ich bin', der Sohn, der in allen von euch ist.
Ich bin das ewige Leben, das sterbend stetig sich wandelt.
Ich bin der Eine, in mir sind Himmel und Erde enthalten.
Glaubt euren Sinnen, sie sagen die Wahrheit, zügelt den Zweifel!
Glaubt meinen Worten, werdet euch meiner Belehrungen inne!
Glaubt an die Vormacht des Geistes, löst euch vom Schrecken des Todes!"

„Kommt, fasst mich an!", ermuntert der Wiedergekehrte die Männer.
„Glaubt ihr schon nicht euren Augen, glaubt ihr vielleicht euren Händen.
Nichts von dem, was mein Vater erschuf, geht jemals verloren.
Nie würde er ein vollkommenes Werk für immer vernichten.
Wisst, dass der Leib als kostbares Gut im Himmel verwahrt wird.
Nichts wird verworfen, das fleischgewordene Wort bleibt erhalten."

Auffordernd streckt der Gesalbte ihnen die Hände entgegen,
zeigt seinen Jüngern die Male, Spuren erlittenen Leides.
Nunmehr verheilt scheinen sie und eher noch leuchtend als blutig.
Auch seine Füße zeigt er und alle betrachten sie staunend,
scheinen die Wundmale doch in der Tat von innen zu leuchten.
Fragende Blicke wechseln die Zweifelnden, suchen Gewissheit.

Jesus weiß wohl und hat zeitlebens häufig davon gesprochen,
dass man nur sieht, was man glaubt, und des Menschen Glaube beschränkt ist.
Vorbereitet hat er seine Jünger, sie sorgsam erkoren,
eingeweiht in die Wahrheit des Geistes, ihr Auge geöffnet.
Wäre er ihnen im Geiste erschienen, würden sie glauben.
Nur sein leibhaftiges Wiederkommen hat keiner erwartet.

Also geht er an den Tisch und blickt auf des Abendmahls Reste,
nimmt vom gebratenen Fisch und isst vor den Augen der Seinen.
So, als ob dies ein geheimes Zeichen ist, lange vereinbart,
so, als ob diese Handlung den Jüngern ein Schlüssel zum Jetzt ist,

sehen sie plötzlich das Ganze, ein Bild vollkommener Schöpfung,
schauen sie endlich Wesen und Wahrheit des Wiedergekehrten.

Alles Gesagte, alles Geschwiegene jenseits der Worte,
alles Gewusste, alles Verborgene fernab der Sinne –
allesumfassend fürwahr ist dieser Moment den Verklärten.
Alles Getane, alles Erlittene, jemals erlitten,
alles Gewesene, alles, was ist und vorfallen könnte,
ruht in der Gegenwart Christi, ruht in des Augenblicks Weite.

Hören ist nunmehr gleich Sehen, unmittelbares Verstehen.
Angehoben vom Sein ihres Meisters, erkennen die Jünger
Zahlen und Zeichen der Schrift, das Gerüst verborgenen Sinnes.
Gleich einer Landkarte ferner Gefilde, groß und lebendig,
zeigt sich den Jüngern das ganze Ausmaß der Schöpfung auf einmal,
öffnet sich vor ihrem Geistauge Gottes ewiger Anfang.

Nun offenbart sich den Auserwählten der göttliche Bauplan,
Gottes Gedanke, die weltgewordene Liebe des Vaters.
Weise gefügt sind die Worte des Herrn, gezählt und gewogen,
niedergeschrieben nicht nur in den alten, heiligen Schriften,
niedergeschrieben im Leib eines jeden seiner Geschöpfe,
niedergeschrieben, zu weisen den Weg zurück in die Ganzheit.

Niemals zuvor ward den Jüngern gewährt ein solch tiefer Einblick.
Vor dieser Stunde schien keiner von ihnen dafür gerüstet.
Auch das Lamm Gottes muss sich den irdischen Abläufen beugen,
muss den Gesetzen des Wachstums gehorchen, Zeit akzeptieren.
Immer schon da war und wird sein dieser Moment der Erkenntnis,
so wie auch Blüte und Frucht von Anfang an da sind im Samen.

Dies ist die Zeit, da aufbricht die Knospe im Geiste der Jünger.
Dies ist die Zeit, da einbricht von jenseits der Zeit und des Werdens
leuchtendes Wissen und läutende, immerwährende Wahrheit.
Nichts bleibt zu fragen, verblasst sind Besorgnis, Kummer und Zweifel.

Jeder der Sehenden sieht die Weisheit der Seele Entscheidung.
Geist ist in allem, und alles, was ist und was wird, ist des Geistes.

Christi Mission ist erfüllt, wird sich laufend weiter erfüllen.
Vollkommen frei, da gänzlich im Einklang mit seiner Bestimmung,
bildet sein tönender Geist Gesänge unendlicher Vielfalt,
bringt er zum Klingen die Sehnsucht scheinbar verlorener Seelen.
Gott stirbt als Mensch, um im Menschen aufzuerstehen vom Tode,
bringt sich als Weg in Erinnerung, heimzuführen die Seinen.

Sie, die nun Eingeweihten, sind Teil dieses göttlichen Werkes.
Sie sind die Zeugen, berufen, von Christi Liebe zu künden,
aufgefordert zu öffnen Augen und Herz der Verwirrten.
Noch sind nicht viele bereit, ihr eigenes Licht zu erkennen.
Ihnen soll helfen die frohe Kunde von Gottes Erbarmen,
bis sie erwachen und jede Täuschung zurücklassen können.

Geistes Heimat

Dann nimmt der Meister sie mit, seine Jünger, führt sie im Geiste,
führt sie hinaus an den Ort seiner Taufe, nahe dem Jordan.
Dort in Bethanien, dort, wo der Geist von jenseits der Sterne
über ihn kam, und ihm zur entscheidenden Aufgabe wurde,
dorthin zurück kehrt der Leidgeprüfte am Ende des Weges.
Alle verstehen, die Zeit ist gekommen, Abschied zu nehmen.

Nahe dem Ufer des Flusses wartet Johannes der Täufer,
Er ist im Geiste zugegen, um ihn, den Bruder, zu ehren.
Glücklich vereint sind die Freunde, geistig vollkommen in Eintracht.
Andere Schüler sind da, die ihrerseits Meister geworden,
Weise des Ostens, mächtige Lehrer des inneren Friedens.
Alle sind da, zu preisen und loben die Gnade des Königs.

Dann ergreift er das Wort, der Vollendete, dankt seinen Brüdern,

würdigt ihr Schaffen als unverzichtbaren Beitrag zur Rettung,
Heilung und Heimführung scheinbar verlorener Seelen,
fordert sie auf, die leuchtende Kraft seines Geistes zu nutzen,
künftig im Lichte der nunmehr vorhandenen Wahrheit zu wirken,
gibt ihnen kund, die Aura der Erde auf immer zu hüten.

Schließlich fasst er seine Jünger jüdischen Glaubens ins Auge,
jene im Land Galiläa erwählten Söhne und Töchter,
macht ihnen Mut, an das Gute im Menschen immer zu glauben,
sagt ihnen zu, ihre Schritte auch fortan stets zu begleiten,
hebt seine Hände und segnet sie alle, hebt sie zum Gruße,
geht in die Heimat, denn aller Rückkehr steht nunmehr am Anfang.

Schweigend, noch etwas benommen öffnen die Jünger die Augen,
finden sich wieder inmitten des Raumes ihrer Versammlung,
sehen umringt sich vom einfachen Dasein irdischer Dinge,
wissen, für sie ist nunmehr gekommen die Zeit der Bewährung.
Vor ihnen liegt der bereitete Weg und er ist die Prüfung.
Ihnen, den einstmals Geführten, obliegt es, künftig zu führen.

Danksagung

Ein Buch zu schreiben ist eine einsame Angelegenheit. So scheint es zumindest. Man schafft Bilder, schmückt sie aus, taucht in sie ein, verliert sich und ringt um Worte. Schweigend lauscht man den Rhythmen geschriebener Sätze, versucht zu ergründen, was gesagt werden will. So sitzt man still für sich im Angesicht einer Leere, in der noch alles möglich ist. Wer schreibt, redet nicht.

Und doch kommuniziert ein Schriftsteller ununterbrochen. Im Geiste steht er ständig im Austausch mit seiner Zeit und seinen Zeitgenossen. Sie bringen sich in Erinnerung, bringen ihre Sehnsucht zum Ausdruck, begutachten das Geschriebene, stellen Fragen, machen Vorschläge. So gesehen, ist ein Buch immer ein Gemeinschaftswerk. Ich bedanke mich also bei meinen Zeitgenossen, die, vielleicht ohne es zu wissen, zur Entstehung dieses Buches beigetragen haben.

Mein besonderer Dank gilt Martin Luther für seine Bibelübersetzung und der Deutschen Bibelgesellschaft für die Revision und Herausgabe der Luther-Bibel.

Eva Kunstmann hat es auf sich genommen, das komplette Manuskript laut zu lesen und es auf Unstimmigkeiten oder Fehler zu überprüfen. Dafür bin ich ihr sehr dankbar.

Danken möchte ich nicht zuletzt meiner Frau Jutta für ihre Geduld und ihr kritisches Ohr. Die Gespräche mit ihr bereicherten stets meine innere Zwiesprache.

München, im Sommer 2020
Leonard Heffels